天下.文化
BELIEVE IN READING

CB510

文明的代價

追求繁榮、效率、正義、永續，沒有白吃午餐

The
Price
of
Civilization

Reawakening American
Virtue and Prosperity

by Jeffrey D. Sachs

傑佛瑞・薩克斯/著

廖月娟/譯

文明的代價
追求繁榮、效率、正義、永續，沒有白吃午餐

目錄

The Price of Civilization
Reawakening American Virtue and Prosperity

不付代價,哪來文明?
── 薩克斯論述對台灣的啟示

高希均

「我歡喜付稅,因為稅金可以購買文明。」
── 美國大法官霍姆斯(O. W. Holmes, Jr.)

「我歡喜進步觀念,因為它可以構建文明社會。」
── 一位經濟學家

先從書名談起

作者薩克斯(Jeffrey Sachs)是一位譽滿國際的經濟學者,近著《文明的代價》(*The Price of Civilization*)的書名及內容均極具吸引力。我們所嚮往的「文明社會」泛指匯聚的社群,具備高度文化水準及科技發展,同時擁有多元創新的誘因、相互包容尊重的生活方式,以及共同致力於永續發展。要構建及維繫這種「文明」,社會就要付出「代價」。

這個「代價」(price)包括兩方面:一是具體數字的成本面(如擁有一流大學、博物館、實驗室),要花很多錢,這就是書中第11章所論述的「為文明所負擔的支出、費用及納稅」;另一個是難以數字化表現的層面,如具有文明素養的公民，應會參與公眾事務，應會樂意分享財富，應會有公平正義的同理心等等。這些均需要時間、愛心及參與的投入，可以無形的「代價」來概括。書中第9章「有心有感的社會」（Mindful Society）就希望社會的每一份子，在八個生活層面，都有相似的價值觀，凝聚社會的和諧。

本書作者是一位有強烈人道關懷的紐約哥倫比亞大學講座教授，曾任聯合國秘書長特聘顧問，對蘇聯、波蘭、玻利維亞等國家提供經濟轉型改革策略，因其改革幅度要大、時間要快，被形容為「震撼療法」（shock therapy），曾受到質疑。

美國《時代》雜誌曾經選他為「全球百大影響力人士」，法國媒體選他為「對全球化最有影響力的五十位領袖之一」，已發表過逾百篇論文及多本專著，並獲十餘所大學榮譽博士。

如果讀者再參照尼爾·弗格森（Niall Ferguson）所著的《文明》（Civilization，聯經，2012）一書，以這位著名的歷史學者觀點，加上這位經濟學者的論述，將能對西方文明與國家興衰有更多的瞭解。

從「超強」到「衰退」

1989年10月，柏林城牆倒塌，東西陣營的冷戰壽終正寢；兩年後，蘇聯解體，結束兩百年來資本主義與共產主義的制度優越之爭。美國變成了二十世紀來唯一的「超強」。在獨領風騷的傲慢優越感下，美國政府、民主與共和兩大黨、跨國企業、華爾街、利益團體、媒體等，不幸地在自滿中加速腐化，「獨霸」心態害了美國。在不到二十年間，從出兵伊拉克、華爾街闖下全球金融危機大禍、製造業節節撤退、國民教育品質普遍降低，到當年風光一世的汽車城底特律最近宣布破產，引起了美國社會（特別是經濟學家與政治學者）的反省。

當前普遍聽到的聲音是：「美國生病了，但不是不治之症。」「美國是衰退了，但沒有倒下去。」

我自己則更同意這種看法：「美國人因反省而出現反彈的新創造力與競爭力，全球不應低估。」。

做為一位實務經驗豐富的優秀經濟學者，作者開宗明義就指出：美國經濟危機的根源是來自道德危機，因此必先要構建一個「有心有感」的社會。但是要構建這樣的一個文明社會，必須要有「對」的經濟制度。他就指出，只有「混合型經濟」（mixed economy），才能持續發展文明社會。

因此，我們先從經濟制度的討論開始。

混合型經濟體制

經濟制度是指滿足消費需要以及資源分配的各種可能運作方式。一國的法律、習俗、價值準則等即反映各種運作的方式。一國的經濟發展型態通常受歷史、文化、宗教、人口、自然資源、氣候、地形等影響，又受制於治國者所倡導的思想，以及達到目的的各種主張。

不論是哪一種主義：資本主義、三民主義、社會主義、共產主義，都須要決定如何處理這幾個基本經濟問題：（1）生產什麼？（2）「如何」生產？（3）如何「分配」？（4）如何「維持」持續的經濟成長？

由於解決這些問題方法和策略的不同，就產生了不同的經濟制度：

- 生產工具是「私有」或「國有」？
- 生產行為是否以「價格」或「管制」為核心？
- 經濟活動是以「私人」或「政府」部門為主？
- 是否允許個人財富大量累積？

大家較熟悉的資本主義，可借用一生鼓吹市場經濟的諾貝爾經濟獎得主傅利曼的話來形容：政府的管制要減少到最低，人民誘因要發揮到最高；市場充滿了競爭，當然沒有聯合壟斷；賺錢的廠商應任其不斷的擴展，虧本的事業應任其倒閉；政府預算不宜有赤字；貨幣供給量應當受到穩定的控制；人民的資金與貨物可以在國內外自由地流動；在公開競爭下，效率比公平更重要；在現代社會裡，自由比平等更可貴；人為了滿足自己，結果反而利人；人如果一心為了利他，結果反而兩頭落空。

　　強烈批判資本主義的馬克斯，在1848年的《共產主義宣言》中居然寫下這段話：「資本主義所創造出的力量，比以往歷代的總和還更巨大……它所創造出的奇蹟，遠超過埃及的金字塔、羅馬的競技場，或是哥德式大教堂；它所從事的征服，使從前各國的移民與十字軍東征都顯得微不足道。」馬克斯的目的不是崇拜、而是摧毀資本主義。

　　隨著時代的變遷，建立在利己主義（一隻看不見的手）、自由放任、私人財產、價格機制的資本主義，不斷出現各種問題。1930年代的經濟大恐慌，產生了所謂的「凱因斯革命」，主張政府扮演積極的角色，以財政與金融政策調整總體經濟活動。資本主義經過修正，而產生「混合型經濟」的新思維，認為私人企業仍然重要，但政府部門必須參與眾多經濟決定。

　　這使人想起二十世紀一位大經濟學家熊彼德在1942年的名著《資本主義、社會主義和民主》中，首先就自問自答：「資本主義能活存下來嗎？」「不，我不認為它能。」但是1930年代經過修正的資本主義（混合型經濟）不僅活下來了，而且變成當前世界主要的經濟制度。對這種經濟制度的重視，正可與《國家為什麼會失敗》（*Why Nations Fail*，衛城出版，2013）一書相呼應。本書作者艾塞默魯（Daron Acemoglu）和羅賓森（James A. Robinson）指出，一國之繁榮與富裕在於它採用何種經濟制度與政治制度。

　　近年來，薩克斯教授憂心美國經濟的衰退、公民社會的解體。他在書中提出重振美國價值及經濟繁榮的途徑，就是在極端的市場經濟與極端的政府干預之中，以中道的「混合型經濟」來持續維護美國的文明。

　　隨著經濟活動的複雜，市場經濟中到處發生「經濟無效率」（economic inefficiency）：如資源移動（如人口、資本、技術）的遲滯；私有財消費（如汽車、購物中心）過多、公共財（如學校、醫院、公園）太少而造成社會不均衡（social imbalance）現象；以及財富分配不均及弱勢團體的處境；近年更有環保、氣候變遷、永續發展等公共議題。對付這些毛病，無一不需要政府的積極參與及規劃。

　　若以市場經濟的自由度vs.政府角色的參與度來看，美國學術界可以粗略地區分為：市場經濟派（有時也稱為「芝加哥學派」），代表人物是海耶克與傅利曼；凱因斯學派（當前以克魯曼為代表）；還有介於兩者之間的「混合型經濟」，大部分學者的論述在這個折衷的領域，如諾貝爾獎得主薩繆森、托賓、史迪格里茲等，他們稍偏於政府要多參與；另一些著名學者及專家則贊成應讓市場機制多發揮，如貝凱能（James M. Buchanan Jr.）、葛林斯班。

　　薩克斯書中所提的經濟三大目標正是「混合型經濟」思維的產物：效率、公平和永續經營。在第3章中他慷慨直言：「我發現混合經濟的概念引人入勝，四十年後的今天，我仍是它的信徒。」令他有些傷感的是，當他在1980年拿到哈佛經濟博士、留校擔任哈佛助理教授時，正是市場經濟走向巔峰的傅里曼年代。雷根於1981年1月接任總統，致力減少政府干預，擴大經濟自由。已擔任了一年多的英國首相柴契爾夫人在大西洋對岸，也正展開類似的政策，彼此相互呼應。一瞬間，從我們都是「凱因斯信徒」轉向了「傅利曼信徒」。1980年代初，傅利曼二次來台，所發表的自由經濟理論，讚賞之餘，我有些也不能完全苟同：如廢除經建會（參閱拙文〈傅利曼對經濟問題的看法〉，1981年5月15日《聯合報》）。薩克斯批評雷根主政的八年，因為雷根輕視政府救濟的窮人，鼓勵富人不斷追逐利潤，使社會上貪婪之心四處瀰漫。他指出：「貪婪就像傳染病，直到今天仍蠱惑美國的政治體系。」

美國社會的病態

當美國有識之士擔心美國生產力、科技或自然資源衰退之時，他則提出了四項更具宏觀的觀察與呼籲：

- 促使政治體系拿出魄力，解決問題。
- 不在意短期慾望，把目標放在未來。
- 鉅富要願意負擔更多社會責任。
- 大家要改變態度、情感及敞開心胸，採取集體行動，改善社會。

薩克斯沉痛地指出：只有把經濟、政治、社會和心理幾個面向全部納入考量，美國才能東山再起。美國的政治制度已不再是純正的民主，而是民主與共和兩黨輪流壟斷，兩黨在過去三十年來的共同「政績」是：

- 積極保護大企業利益。
- 降低富人的最高邊際稅率。
- 讓與政府有關係的企業，獲得政府合約。
- 坐視上升的財政赤字。
- 擴增軍費，縮減其他支出。

民主政治仍是當今世界主流思維；但這樣的結果，令人憂慮。當前的台灣也感染了嚴重的「民主病」。

構建「有心有感」的社會

美國社會的大環境是如此的偏袒有錢、有勢、有權的人，因此作者語重心長地要推動有心有感的社會。他呼籲大家在市場機制、政治勢力與公民社會三者之間建立一個健全與健康的關係，以對付二十一世紀複雜的挑戰。要做到「有心有感」，他在第9章中指出八個層面來共同實踐：

- 自身要節制，避免個人大量消費。
- 工作與休閒取得平衡。
- 重視知識與教育。
- 樂意與人合作，並有同情心。
- 保護地球生態。
- 對未來發展有責任感。
- 對公眾事務參與，培養共同價值。
- 對世界抱多元觀點，建立和平社會。

　　薩克斯所嚮往的社會不是只有財富，而少同情心：或只是拚命工作，而少生活幸福；他在第1章中就特別以釋迦牟尼和亞里斯多德為例，要行中庸之道，抗拒極端的引誘，行為要節制，一心向善。「節制和同情是良善社會之柱。」

　　作者也在書中提出反思、冥想及修練的益處。對整天不能離開網路的「低頭族」，他說：「今天我也可試著關掉電視、手機，別去看臉書。只要我們下決心、有系統地脫離網路和螢幕，就可恢復內心的平靜，找回自制力，去除很多衝動、成癮的行為。」

　　薩克斯引證神學家昆恩（Hans Kung）提出「全球倫理」（global ethic）的觀念，提議「人道就是所有經濟行為的倫理量尺」、「讓人活得有尊嚴」。他進一步列舉重要倫理法則：對別人的尊重與容忍；生存權及其發展；自然環境的永續經營；法治；公平分配與團結；誠實與相互依賴及尊重。

「代價」共同承擔

美國當前有影響力的評論家如湯瑪士・佛里曼（Thomas Friedman）、扎卡里（Fareed Zakaria）都異口同聲地指出美國當前的各種病態：美國的金錢政治之難以遏阻、利益團體勢力之囂張、媒體對立與財政赤字的嚴重、失業與貧窮的普遍、單獨議題（single issue）的堅持與擴散、加稅及改善社會福利之困難、啟動國外戰爭之道德性、國民教育品質的普遍下降等，不可勝數。可是，從另一方面看，從科技、創新、資訊、文化娛樂等，到卓越的大學教育與企業研發，美國的軟實力均占世界領先地位，尤其美國社會對吸引外國人才之開放及努力，令人羨慕。

因此，就如本書作者的結論：「每個人都是重要角色……儘管問題嚴重，只要我們團結一致，認真面對，基於自由、正義來行動，關心未來，依然可以化險為夷。」

「文明」是大家值得提升與維護的普世價值，「代價」理應透過「混合型經濟」體制，由社會上每一份子來共同承擔。

對台灣的啟示

《文明的代價》這本書，對當前的台灣又有什麼直接的啟發作用？可以歸納為三點來說明。

- 要構建一個文明社會，必須要擁有代表文化與科技進步的重要標誌，如著名的大學、宏偉的圖書館、出色的歌劇院、優秀的醫院、偉大的建築物、創新的跨國企業、航空公司、太空計畫等。這需要巨額經費及長期投資。**美國有，台灣欠缺。**
- 文明社會除了硬體，人民要擁有強烈的公民意識，包括開放、法治、自由、民主、正義、公平等普世價值。這些都需要自己的參與和奉獻。**美國有，台灣欠缺。**
- 美國近三十年的民主出現了危機：保護大企業利益，財政赤字上升，媒體兩極化，政黨對立等等。**這些缺點美國有，台灣還沒有到美國社會的地步，但也都有。**

薩克斯教授呼籲要改善這些缺陷，必須要美國政府增加效率、民間增加監督，全民建立一個「有心有感」的社會。

半世紀前我大學畢業時，月薪八百元台幣，每人所得不到兩百美元。所幸五十年前台灣經濟開始起飛，也早已跳出當年的貧窮與落後；但距離像美國這樣的文明社會，尤其與它的優秀面來比，台灣要加速努力：

- 學習美國，增加一流大學、研究機構、實驗室、科技中心，跨國企業，以及提升藝術、音樂、體育等文化領域接近國際水平。
- 學習美國社會無處不在的開放、多元、民主、法治、容忍、透明等的傳統，以及他們對這些軟實力的珍惜，特別注重對全球人才的吸引。
- 學習美國富豪巨額捐獻，民眾參與社區公益活動，人民平均稅率約25%（台灣則不到13%），公共知識份子所扮演的反省角色，以及年輕人仍然擁有冒險的創業精神。

　　台灣要變成高度文明社會，還有漫長的路。事實上，我們在六十年前已經啟動，沒有輸在起跑點上；此刻在中途站，卻顯得疲憊，需要新願景、新動力。薩克斯的這本書應當可以給台灣社會一股新生衝刺的力量。

（作者曾於 1964-1998 年任教於美國威斯康辛大學河城校區經濟系）

台灣更應閱讀反思的一本經濟之書！

南方朔

自從金融海嘯後，2008年11月5日，英國女王伊莉莎白二世在英國倫敦經濟學院一所新大樓落成典禮上說：「這太可怕了，為什麼居然沒有經濟學家看見危機的到來？」當英女王當著一大群傑出的經濟學家的面，提出了這個大哉問，於是當代經濟學家的反省開始了。

總體經濟學的反思

近年來，世界重量級經濟學家的批判與反省已多，諾貝爾經濟學家史迪格里茲已明言，當代資本主義已變成了「流氓資本主義」；另一個諾貝爾經濟學家克魯曼則說，「當代的總體經濟學，要不是無用，就是百害」。法國頂級的高等師範經濟博士生，並發明了「自閉經濟學」這個新名詞，來指當代經濟學已成了一種形同知識詐騙的學問。英國經濟評論家克萊恩（Philip Klein）在他的著作《經濟學無視於經濟》中，更明言當代絕大多數經濟學家只會人云亦云，彈唱自由放任的不變老調。而少數美國頂級大學的經濟學者則控制著各種經濟學報，扮演著經濟學的看門角色，他們只研究瑣碎小問題，對大問題的另類主張則不屑一顧，這乃是近當代的總體經濟學已和現實經濟愈來愈脫節的原因。英國經濟評論家任金斯（Simon Jenkins）更明言，近當代總體經濟學已陷入了崩潰的困境。

近當代對經濟學的批判反思已多，相關的著作車載斗量。人們隨便一找，就可以找到許多相當傑出的著作，而我前年讀到當代著名學者薩克斯（Jeffrey D. Sachs）新出的《文明的代價》時，即對該書至為激賞，我在許多報章雜誌的專欄裡都引用過該書的某些論點。

本書開宗明義第一段就說：

> 今日美國經濟危機根植於道德危機，也就是美國的政治與經濟菁英公民道德的淪喪。如果一個社會擁有財富和權力者，不尊重社會其他的人和這個世界，不能誠實相待，也無同情之心，這樣的社會即使有市場、法律和選舉制度，還是不夠的。美國已發展出全世界最激烈的市場社會，卻棄公民道德為敝屣。如無法重振社會道德風氣，負起社會責任，經濟復甦也就遙遙無期。

由這一段話，其實已顯露出了本書的論旨：它是以古典政治經濟學的標準，將社會視為一個整體，重新去反省經濟的目標。如果經濟不能致力於社會公共之善，這種經濟和經濟學又

有什麼意義？而當代美國的經濟學和經濟制度在公共之善這個
大目標上到底出了什麼差錯？薩克斯乃是當代重要的總體經濟
學家，他以經濟學家的身分，回頭去看社會共同福祉、公共道
德、國家與社會的責任等基本的古典問題，這種角度的反省著
作，在當代實在並不多見。本書借用「臨床經濟學」這種新的
方法論，對當代經濟和經濟學加以診斷，它對人們了解當代經
濟的癥候，實在極有啟發之效。

政府角色之爭論

當時我在讀此書的英文版時，我印象最深刻的乃是本書中
搶救政府的論點，現在我願繼續加以引伸。

西方自從現代民族國家形成後，對於國家（政府）的職
能就有兩派爭論。一派以柏拉圖、亞里斯多德到洛克為主，人
們稱之為「國家工具論」，它認為人民的自由很重要，但人民
的自由並不能保證共同福祉的達成。因為，為了達到公共之
善，政府必須是個調控工具，政府藉著調控，可以調和階級族
群的利益，也可以釐定人民的權利義務關係。這種「國家工
具論」，德國的大思想家黑格爾講得最透澈。他在《法哲學原
理》這部經典之作裡即表示，一個社會只談個人自由和社會本
身，其結果注定是人人圖取自利，成為弱肉強食的一盤散沙，
一個社會的整體之善，只能在國家（政府）身上才能完成。黑

格爾將國家的角色太擴大，已成了「國家主義」，但洛克等自由主義思想家，只強調國家（政府）的重要，並沒有將國家神聖化，因為它被稱為是「理性的經驗主義」。近年來，強調政府及社會整體利益的，又叫做「新社群主義」。

另一派則以十八世紀啟蒙運動時的蘇格蘭為主。當時蘇格蘭社會教育發達，民智極高，社會活力強大，它認為一個社會會自動組織，追求社會的自我利益，不需要政府的介入，政府的介入只會妨礙到社會的活力。古代的此種思想，稱之為「社會的自由意志主義」。到了近當代，它成為「自由放任主義」。

上述兩種價值，以前乃是前者影響較大，因此一直到1970年代，經濟學一方面強調市場的重要，但也不偏廢政府的角色。前代經濟學大師薩繆森（Paul Samuelson）遂主張市場及政府角色均衡的「混合經濟」，市場有市場的角色，政府則在公共建設、公共消費、財經調控、教育與科研上扮演角色，這種角色是市場不可能扮演的。

搶救政府以平衡市場

薩克斯教授指出，市場與政府各司其職，乃是經濟目標：效率、公平性、永續經營的保證，但他指出，自1980年代雷根主政後，市場已被神化，政府的角色則被妖魔化，於是經濟的兩大支柱：市場與政府，遂失去了政府這一支，這乃是美國經濟片面化、貧富日益不均、基本建設落後、經濟的永續性倒退的關鍵。我在讀該書時，對他所提，「在沒有來不及之前搶救政府」的主張遂格外有感。

一個經濟體乃是個經濟社會。既然也是一種社會，就有它的倫理基礎，必須讓這個社會能夠永續存在，然後可以使人各安其位；一個無法永續發展的社會，不會是個好的社會。本書在各種臨床診斷中，將搶救政府列為重點之一，這不只是對美國極為迫切，對台灣不也亦然！

今天的台灣，正以一種微型的方式，在重演著本書裡的各種癥候：經濟在倒退，多數人的薪資倒退回了十七年前，社會的不公平已開始固定化，而且被跨代遺傳；政府也誤解了全球化的意義。這已造成了台灣經濟的中衰，在這樣的時刻，薩克斯教授的這本著作，其實也值得台灣政府及一般讀者一齊來閱讀反思！

（本文作者為作家、詩人及評論家）

Part 1

第一部

大崩壞

看不見的手失靈，利益團體操縱金權遊戲，在台上呼風喚雨，在幕後扮演黑手，政府淪為跑龍套的角色。政治成為服務財團的工具，經濟是為富人量身打造的提款機。國家菁英早就忘卻他們對社會責任的承諾，只是一昧追逐財富和權力。

01

為美國經濟危機把脈

財富不是我的眼中釘，我想消滅的是貧窮。

今日美國經濟危機根植於道德危機，也就是美國政治與經濟菁英公民道德的淪喪。如果一個社會擁有財富和權力者，不尊重社會其他的人和這個世界，不能誠實相待，也無同情之心，這樣的社會即使有市場、法律和選舉制度，還是不夠的。美國已發展出全世界競爭最激烈的市場社會，卻棄公民道德為敝屣。如無法重振社會道德風氣，負起社會責任，經濟復甦也就遙遙無期。

寫這本書時，我發現自己常深陷驚愕與不安。在經濟學這個領域，我已深研了四十年之久，我原本對美國信心滿滿，認為以美國的財富、學習深度、科技進步與民主政體，我們的社會必然會愈來愈好。於是，我在早先進行研究之時，把目標放在其他國家面臨的經濟挑戰，我認為那些國家的經濟問題比較嚴重，值得關注。此刻，我不得不為自己的國家擔憂。近年來的經濟危機反映出國家政治權力與文化力量不斷惡化，病根深痼，已到岌岌可危的地步。

核心價值的危機

這樣的危機早在幾十年前已開始萌生、蔓延，才會如此根盤錯節。我們目前面臨的問題不是短期的市場反轉，而是社會、政治與經濟的長期看空。從很多方面來看，這樣的危機是整個嬰兒世代必須面臨的苦果，也是民主、共和兩黨相爭的惡果。其實，民主、共和兩黨，一個是龜、一個是鱉，共和黨與石油業者親善友好，民主黨跟華爾街稱兄道弟，誰也沒比誰清高。我們看看政府在2009年至2010年祭出的刺激經濟方案、2011年的預算刪減以及年復一年的減稅福音，哪一項不是請鬼抓藥方？我們社會需要的是深遠的改革，而不是討好選民的花招。

從歐巴馬執政的頭兩年，我們已能看出，美國經濟與政治情勢的險惡可說是史上之最。我和很多美國人一樣，對歐巴馬寄予厚望，希望他帶我們突破險境，開創新局。雖然有些改革已經上路，但不變的遠比變的還多：歐巴馬一樣身陷阿富汗戰爭的泥淖、大幅增加軍事預算、屈服於議案說客、吝於對外國伸出援手、繼續用減稅這帖猛藥來刺激市場、預算赤字攀升到史無前例的規模、不肯面對美國經濟與社會問題的深層原因、往返白宮和華爾街的人一樣絡繹不絕。為了解決美國經濟危機的病根，我們必須了解美國政治體系為何如此抗拒改變。

說來，美國經濟有一個趨勢，也就是只為了少數人服務，政府又不能用誠實、公開、透明的解決方式把國家拉回軌道。太多美國菁英，如鉅富、企業執行長以及大學教授等，早就忘了他們對社會責任的承諾，一昧地追逐財富和權力，不管社會變得怎樣。

在這二十一世紀之初，我們必須重新省思何謂好的社會，然後努力開創一條道路，通往這樣的社會。最重要的是，我們必須承擔好公民應盡的責任，為文明付出代價，例如繳納應付的稅款、了解社會所需、謹慎地教導下一代，並牢記同情心是社會的黏著劑，使社會不致於崩解。我希望社會大眾能了解這樣的挑戰，且願意接受。我在為這本書做研究之時，漸漸了解一般美國人的看法。針對美國的價值觀，我們不知討論了多少次，我也查看了數百項意見調查與研究。我發現美國人的形象和所謂的社會菁英、媒體專家所言大不相同。美國人大抵來說心胸寬大、溫和寬厚、慷慨大方，和電視塑造出來的那種有錢有勢的形象大異其趣。

然而，美國政治早已崩壞，因此一般大眾並不怪罪那些社會菁英。只是政治崩壞難免使社會大眾受到牽連。美國社會由於媒體滲透，形成消費至上、重利愛財的風氣，因此公民素養低落，難以有效發揮公民精神。

臨床經濟學

我是個總體經濟學家，研究的是一國的整體經濟功能，而非某個經濟層面的運作。我認為經濟與很多面向緊密相連，包括政治、社會心理學和自然環境，很難單獨研究，然而很多經濟學家還是落入這樣的陷阱。譬如看畫，總體經濟學家看的是全景，而非局部。以經濟生活而言，文化、內政、地理政治、民意、環境和自然資源的限制等都扮演重要角色。

　　過去二十五年，我擔任總體經濟顧問，所做的就是診斷經濟危機，矯正經濟重要層面的缺失，讓國家經濟得以正常運作。為了做好這樣的工作，我必須仔細了解經濟和社會各個層面是否相合，而且如何透過貿易、財政、地理政治與世界互動。此外，我還必須努力了解一般大眾的信念、國家的社會史以及社會的根本價值。要做到這些，需要各式各樣的工具。我像其他經濟學家，深入研究圖表和數據，我看了一疊又一疊的民意調查資料，也鑽研文化和政治史。我與政商界的領導人交換心得，參觀工廠、金融機構、高科技服務中心以及各地的社區組織。經濟改革的方案必須接受一層層的測試，從最低的社區開始乃至最高的國家政治層次，都要能適用才行。

　　總體經濟學家面臨的挑戰正如臨床醫師。醫師看病人出現嚴重症狀，病因未明，則必須做出正確診斷，找出病根，對症下藥。我在《終結貧窮》一書稱這個過程為「臨床經濟學」。我的靈感來自我太太桑妮亞。她是一位很有才華的醫師，她的引領讓我見識臨床醫學的奇蹟。

　　我會走進臨床經濟學這個領域，說來也是因緣際會。我的經濟學理論訓練、加上我太太給我的啟發以及職業生涯吉星高照，終於使我開拓出一條與眾不同的臨床經濟學研究路徑。我有幸進入哈佛大學和研究所就讀，在1983年，我二十八歲那年，即獲聘為哈佛大學終身職教授。1985年，我因協助玻利維亞解決經濟問題，開始有經濟實務的歷練，自此我的研究生涯即建構在理論與實務之上。1980年代，我在債台高築的拉丁美洲。該地區過去二十年在暴力軍事統治之下，瘋狂舉債、經濟幾乎破產。我的任務就是協助他們走向民主，穩定經濟。1980年代末期和1990年代初，我受邀前往東歐和前蘇聯，幫他們轉型，從共產主義和獨裁政治走向民主與市場經濟。接下來，我深入亞洲，仔細觀察中國龍與印度象這兩大新崛起的經濟勢力，就這兩個社會的市場改革與其他學者辯論、交換意見。從1990年代中期開始，我的焦點轉向世界最貧窮之地，特別是非洲撒哈拉以南的地區，希望協助當地居民解決貧窮、饑餓、疾病與氣候變遷等難關。

這一路走來，我已研究、診斷了數十個經濟體，漸漸了解政治、經濟與社會價值的交互作用。只有把社會生活的各個要素納入考量，使之平衡，才能找到長久的經濟解決之道。

我將在本書以臨床經濟學診斷美國經濟危機，全面觀照美國經濟問題，了解今日社會的沉痾何在，矯正過去三十年來的誤診，提出治療方案。早在1970年代，美國經濟走下坡，政治右翼的領導人雷根認為美國經濟衰弱不振是政府之過。這樣的診斷雖然不正確，美國大眾卻認同附和，雷根因而贏得大選，開始對經濟下猛藥，如大減稅和市場鬆綁。然而，由於誤診、亂下藥，美國人直到今天還在承受當年政策錯誤造成的苦果，加上輕忽全球化、技術變革、環境威脅帶來的挑戰，情況更是雪上加霜。

改弦易轍

　　本書前半部的重點在為美國經濟把脈，之後則會詳細討論如何振衰起敝。我提出的建議也許會引發一些疑問。首先，在龐大的預算赤字之下，政府還能有更多積極的作為嗎？我會證明，我們可以做到，而且應該這麼做。其次，我們真的能夠徹底改革嗎？即使政府長久以來有效能不彰的弊病，我認為這樣的改革依舊可行。第三，在此政治分裂，政黨爭吵不休的年代，改革計畫能否得到所有政黨的支持？成功的改革計畫幾乎一開始總是要面對巨大的反對聲浪，如「這是不可能的。」「民眾不會同意的。」「無法達成共識。」每次有人提出深入而實質的改革，總是會聽到這種唱衰的論調。我在世界各地區進行經濟研究的二十五年中，不知聽過多少次這種悲觀的說法，但我發現深度改革不但可能達成，而且是不得不這麼做。

　　本書有一大部分論及富人的社會責任。所謂的富人約占美國總家戶數的1%，也就是位居美國社會金字塔頂端的一群，生活之奢華為史上之最，同時卻有一億個美國人活在貧困之中，或是擺脫不了貧窮的陰影。[1]

　　財富不是我的眼中釘。很多富人才華洋溢、慷慨大方、樂善好施，而且有很高的創造力。我想消滅的是貧窮。如果一個社會只有金字塔頂端的是富人，巨大的底層都是窮人，這時還讓富人享受減稅優惠，此舉不但不道德，而且有害。畢竟很多公共投資都需要錢，像是教育、兒童照顧、職業訓練、基礎建設等，如此才可減少貧窮或終結貧窮，如果沒有經費，窮人將難以翻身。

本書也談到提前計劃。我是市場經濟的堅定信徒，然而美國在二十一世紀的繁榮需要政府計劃、政府投資以及基於社會價值、明確、長遠的政策目標。政府計劃雖不見容於今日的華盛頓，但我在亞洲研究了二十五年，因而相信政府計劃長遠的價值。當然，所謂的政府計劃不是前蘇聯的中央集權，而是長遠的公共投資，以品質教育、基礎建設、穩定的低碳能源和環境的永續經營為目的。

有心有感的社會

蘇格拉底曾言：「未經檢驗的人生不值得活。」[2]我們也可以說，未經檢驗的社會經濟，無法使人過著安樂、幸福的生活。我們經常以為，只要一心一意追逐財富，就能創造出健康的社會。這實在是一種妄想。美國人就是為了爭奪財富而精疲力竭，枉顧社會信任、誠實和同情等價值。我們的社會已經變得冷酷無情，身在華爾街、石油業和華盛頓的菁英更是自私自利、不負責任。了解到這樣的現實之後，我們更該開始好好整頓經濟。

人類史上最偉大的兩個聖賢，東方的釋迦牟尼和西方的亞里斯多德都勸戒我們別去追逐稍縱即逝的幻影，專注於幸福最深遠的源頭。這兩位聖賢都勉勵我們行中庸之道，抗拒極端的引誘，行為與態度務求節制，一心向善，除了滿足自己所需，更不要忘了同情他人。他們也警告我們，追逐財富和豪奢的生活將使人沉溺而無可自拔，最後還是得不到快樂，虛度一生。其他偉大的聖人，從孔子到亞當・斯密（Adam Smith）、甘地和達賴喇嘛也都指出，節制與同情是良善社會之柱。

追逐財富和過度消費都是欲望的無底洞。我們必須小心翼翼，才不致於落入其中。在這個充滿噪音、混亂與誘惑的媒體年代，要抗拒物欲，更是不容易。我們只有創造出一個有心有感的社會，使個人重視自覺和節制、同情他人，突破社會階層、族群、宗教和地理的隔閡，互相合作，才能破除經濟幻影。只有回歸私德與公民道德，不只獨善其身，更求兼善天下，繁榮才能失而復得。

02
失落的繁華

與其說我們面臨的挑戰在於生產力、科技或自然資源的限制，不如說是阻礙合作的藩籬、滿足私利的短視和對社會責任的逃避。

美國經濟、政治、社會必然出了大差錯。美國人正瀕臨崩潰邊緣：戒慎恐懼、悲觀而憤世嫉俗。

近來，美國被挫折感淹沒。三分之二以上的美國人說自己「對國家現狀不滿」，但在1990年代末期，只有三分之一的美國人有這樣的感受。[1]此外，也有三分之二的美國人認為國家已「脫離軌道」。[2]

關於政府的本質與角色，很多美國人都嗤之以鼻。一般美國民眾與華府已嚴重疏離。根據民意調查，71%的民眾認為聯邦政府不過是一個「特別的利益團體，只注重自身利益」，持反對意見的只有15%。美國民主政治竟然遭到這樣的批評，真教人感慨萬千。同樣地，70%的民眾認為「政府和大企業常聯手傷害消費者和投資人」，不贊同的民眾只有12%。[3]翻開現代史，包括美國等高所得國家，沒有一個政府像今日的美國政府這樣不得民心。美國聯邦政府的動機、倫理和效能，在在令人民心生疑慮。

美國人不只對政府失去信心，對國家重要機關、組織一樣無法信賴。正如最近發布的一份民意調查資料（表2.1）所示，美國大眾不只不相信政府部門，也無法信任銀行、大企業、新聞媒體、娛樂產業、工會等，特別是勢力龐大的全國或全球機構，如國會、銀行、聯邦政府和大企業。相形之下，對接近家庭的機構和組織，如小型教會、學院和大學等，民眾給予的評價較高。

表2.1：美國大眾對各類機構效能的評價

	正面（%）	負面（%）	其他（%）
銀行和金融機構	22	69	10
國會	24	65	12
聯邦政府	25	65	9
大企業	25	64	12
全國性新聞媒體	31	57	12
聯邦機構和部門	31	54	16
娛樂產業	33	51	16
工會	32	49	18
歐巴馬政府	45	45	10
大專院校	61	26	13
教會等宗教組織	63	22	15
小型企業	71	19	10
科技公司	68	18	14

資料來源：皮優公眾與媒體研究中心（Pew Research Center for the Peple and the Press），2010年4月

　　美國人不只對政府機構失去信心，人與人之間也充滿猜疑、冷漠。根據社會學家普特南（Robert Putnam）等人所做的研究，美國已變成一個無心無感的社會。美國人對社會事務愈來愈漠不關心，對他人也愈來愈不信任（普特南以「一個人打保齡球」來比喻民眾不熱中於社會活動）。一般大眾休假的時候，寧可待在家裡打電腦、看電視，也不願走出去，參加社會活動。如果一個社區有許多不同的族裔，該社區的人多半低調行事，互不信任。[4]

　　我們的兩大政黨都無法帶我們走出危機。儘管兩黨為稅金、開支、戰爭與和平等議題激烈爭鬥，卻都只觸及一小部分

的政策，不能從大處著眼，解決美國當前的問題。造成我們癱瘓的原因並非一般人所想的政黨意見不合，而是沒能認真思考未來何去何從。

選舉帶來政黨輪替，換人上台，然而很多老問題還是沒能解決，像是龐大的預算赤字、戰爭、健保、教育、能源政策、移民法改革、競選募款改革等。每一次選舉，新上任者信誓旦旦說要改革，卻不過是和前任政府走相反的路，踩著小碎步來回打轉。

政府效能不彰，日益惡化，犧牲的是人民的生活品質。美國人向來知足，因居住在全世界最富足、自由、安全之地而心滿意足。為什麼我們不能繼續過這樣的生活？我們真該好好聽聽美國人近數十年來的心聲，看他們是否對生活感到滿意、過得快樂。正如經濟學家伊斯特林（Richard Easterlin）多年前的調查研究，近幾十年來，儘管美國人的財富大幅提升，快樂指數（subjective well-being，簡稱SWB）卻一直持平。[5]我們可從圖2.1發現，從1972年到2006年的快樂趨勢線幾乎是平的，儘管平均國內生產毛額已從2萬2千美元躍升為4萬3千美元，快樂指數依然在2.1和2.3之間（1代表不快樂，3則是非常快樂）。

儘管美國平均國民生產毛額提高，人民的快樂指數不但未見上揚，根據最近的研究，女性的快樂指數甚至變得更低。[6]根據蓋洛普國際協會（Gallup International Association）的調查，

圖2.1：平均GDP和快樂指數趨勢線，1972-2006年

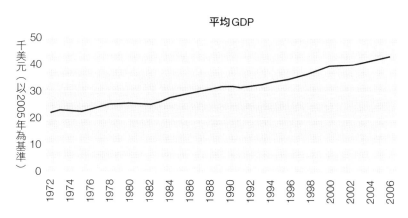

資料來源：美國經濟分析局（U.S. Bureau of Economic Analysis）。

資料來源：美國社會普查（General Social Survey）。

其他國家人民的生活滿意度都已提高，美國依然和19世紀差不多。[7]美國人努力追求快樂，卻一直在原地踏步，陷入心理學家所謂「快樂跑步機」的困境。[8]

工作與儲蓄危機

美國勞動人口失業率將近9%，這種情況已經持續了兩年。[9]從2007年就業高峰期往下滑，到了2009年的低谷期，失業人口達860萬人之多。在這波危機之前，即千禧年的第一個十年，已是二次大戰以來工作成長率最低的時期。[10]

然而，就業市場中，並非所有教育階層都感受同樣程度的痛苦。低技術勞工的失業率最高：高中教育程度以下的勞工失業率達15%，教育程度為高中或專科學校者，失業率為10%，大學程度以上者所受衝擊較小，在2006年失業率為2%，到了2010年12月則提高為4%。[11]

我們將在後面的章節深入探討這樣的差異。右頁圖顯示不同教育程度的所得有別。在1975年，擁有大學文憑的人要比高中畢業程度的人薪資多60%，然而到了2008年，兩者的薪資差距已達100%。

2008年金融海嘯之後，數百萬美國人也身陷財務窘境，雖然保住工作，卻失去房子和儲蓄。幾十年來，中產階級都把自己的房子當做提款機，利用房屋淨值貸款（home equity loan，即房產估值減去房貸債務餘額）做為抵押或擔保。然而，在房

圖 2.2：大學畢業程度以上者薪資才有實質成長，1975-2007 年

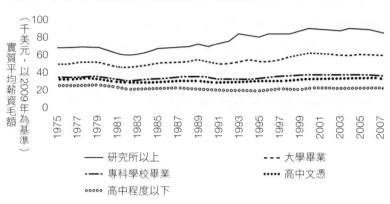

資料來源：2008年，美國人口普查局（U.S. Census Bureau），當期人口調查

市泡沫破滅之後，數百萬家戶發現自己的房屋市值已低於貸款
金額，因而拖欠房貸還款。

　　如此規模龐大的財務危機是一世代的人漸漸不思儲蓄的
結果。我們可從全國儲蓄率看出端倪。為了未來儲蓄，透過這
樣的未雨綢繆、自我節制，一個家庭才能維繫長遠的安樂。
然而始自1980年代，個人可支配所得的儲蓄率陡降（參看圖
2.3），直到2008年金融海嘯衝擊之後，才有些微回升，可見
美國有無數的家庭已不克自制，過度花費，不思未來。

　　不僅民間如此，華府也是。美國人民揚棄個人理財的嚴謹
態度，國會和白宮也棄守預算平衡的紀律。正如圖2.4所示，
從1955年至1974年，預算赤字大抵不到GDP的2%，但從

圖2.3：可支配所得的個人儲蓄率，1952-2010年

資料來源：美國經濟分析局

圖2.4：財政赤字占GDP的百分比，1955-2011年

資料來源：美國行政管理和預算局（Office of Management and Budget）歷史資料檔案[12]

1975年到1994年，已大幅增加，幾乎都在GDP的3%之上。
從1995年到2002年，由於國內與軍事支出減縮，加上稅收提
高，暫時得以把預算赤字壓下來。可惜，一旦有了盈餘，政治
人物又急著開政治支票。2001年，小布希政府一邊大幅減稅，
一邊增加軍事支出，致使聯邦預算又出現赤字。2008年金融危
機爆發，政府一方面稅收減少，一方面不得不以大量資金援助
金融體系，導致赤字飆升，而金融風暴帶來的衝擊也促使歐巴
馬祭出為期兩年的振興經濟方案。

美國家家戶戶多年來不思儲蓄，加上政府開支漸多（尤其
是州政府和地方政府），嬰兒潮世代因而即將面臨退休危機。
嬰兒潮世代年齡最長者出生於1946年，亦即在2011年已屆65
歲的退休年齡。但數百萬戶嬰兒潮世代家庭因長久以來儲蓄
不足，退休生活的品質必然大受影響。波士頓學院（Boston
College）退休研究中心（Center for Retirement Research）提出
「國家退休風險指數」（National Retirement Risk Index），衡量
退休後無法維持退休前生活水準的家戶比例。證據顯示，退休
後陷入財務窘境的家戶愈來愈多，從2004年的43%，攀升到
2009年的51%，其中包括60%的全體低收入戶。[13]

不僅一般家庭如此，中央和地方政府的雇員也有相同的處
境。公務人員退休金計畫長年有挹注不足的問題，福利不及政
府許諾的水準，只是缺口究竟多大仍有爭議。[14]退休金計畫挹
注不足會導致三重效應：縮減公共支出、中央和地方增稅，以

及重議退休福利。

銀根緊縮

全國儲蓄淨額減少，意味著可用於國內投資的資金存量變少。

在中國，國民所得的儲蓄比率約為54%，可以建造數百哩的地下鐵、幾萬哩連結各都市的快捷鐵路線；相形之下，美國的基礎建設幾乎乏善可陳。[15]其實，美國既有的基礎建設已逐漸老舊，連外國觀光客都震驚不已。美國土木工程學會（American Society of Civil Engineers）充當我們的耳目，密切注意這個日益嚴重的危機，每幾年發表報告，詳述彌補重大建設缺失所需的預估五年投資計畫。這份報告讓人深感悲哀，裡頭沒有幾項合格。紐奧良受到卡崔娜颶風肆虐的那場災難，就在在曝露出公共建設千瘡百孔：道路坑坑洞洞、橋樑與水壩有坍塌的危險、堤防與河流需要整治。再者，供水系統大都已遭受污染。土木工程學會對美國基礎建設現況的整體評估為「D」，也就是「劣等」，要改善缺失至少要花五年、2.2兆美元，亦即我們每年必須增加約4千億美元的基礎建設投資，約占每年GDP的2%至3%。[16]

美國向來引以為傲的智慧資本也逐漸減少。當今世界科技的領導者已不再是美國，中國等其他國家紛紛投入再生能源和幹細胞研究，躍升為科技要角。美國的能源系統岌岌可危，電力網絡老舊，又沒能建設先進的全國電力輸送系統。有關各種發電方式，如核能、火力、碳捕捉及儲存（carbon capture and storage, CCS）技術、離岸風力發電、生物燃料、頁岩天然氣及深海鑽油等，政府仍莫衷一是，陷入政策癱瘓。

然而，上述問題都不若人力資本短缺嚴重。美國未來幾十年是否能夠繁榮昌盛，關鍵就在勞動力的品質。美國公立學校學生在閱讀、科學和數學這些核心科目的表現，已漸漸落後其他國家，這是我們不得不正視的警訊。國際學生能力評量計畫（Programme for International Student Assessment, PISA）每三年針對全球六十五個國家的十五歲中學生所做的評量值得參考。以2009年為例，美國學生在閱讀方面的排行為第15名、科學為第23名，數學更掉落到第31名。[17]中國上海的學生在上述三個方面的表現皆名列第一，亞洲其他經濟發展快速的國家也都在前十名之列（包括南韓、新加坡和香港），成績遠優於美國。我們落後的教育成果和它對未來的寓意，恐怕是近來最沉重的一記警鐘，然而我們的媒體卻無動於衷。

還有其他發展讓我們瞠目結舌。美國過去在高等教育領先全球，如今25歲到34歲的人口當中擁有兩年專科學校學位以上者的比例已滑落到全球第12名。[18]其他有很多國家的人民完成大學教育的比例已大幅攀升，尤其是四年制的大學，由此提高了所得、就業率以及工作保障。雖然在美國就讀大專院校

的學生人數增加，但能夠取得四年制大學學士學位者的比例自
2000年起皆無多大變化。[19]過去數十年，美國勞工的教育程度
向來居世界之首，但目前已落後歐亞諸國。

分裂的職場

過去三十年來，職場也日益惡化。我們大部分的收入以
及很多生活的樂趣都來自有建設性的工作。有健全的職場，才
有健全的社會。然而，這三十年來，我們發現資深管理階層和
一般勞工在權力、薪酬和工作保障出現巨大鴻溝。現在，一家
企業執行長的薪資高得令人咋舌，而普通職員的薪水不但愈來
愈少，工作環境也愈來愈差。低技術勞工（只有高中學歷或更
低）的工作變得相當不穩定。勞工階級不但面臨外國的低薪競
爭，不少傳統產業的技術也已落伍。

公司最高主管人人荷包滿滿。正如圖2.5所示，自1970
年代中期開始，全美百大執行長的薪酬不斷飛漲。在1970年
代，一般執行長的薪酬約是員工的四十倍，然而到了2000
年，執行長的薪酬已是一般員工的一千倍！執行長薪酬大幅攀
升的主因是公司給高階主管的股票選擇權。

雖然企業執行長的薪酬愈來愈豐厚，一般全職員工的薪資
自1970年代初期以來幾無調升。圖2.6顯示，美國男性全職員
工所得中位數最高的時候竟然是在1973年。根據經濟研究聯

圖2.5：全國百大執行長與一般員工薪酬比，1970-2006年

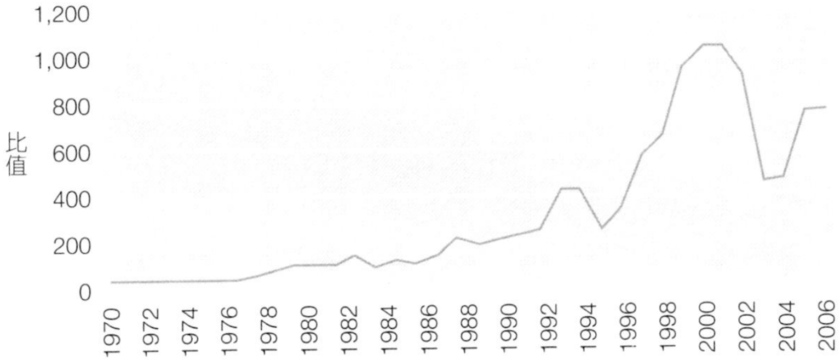

資料來源：薩耶茲（Saez）與皮克堤（Piketty）〈論美國的所得不均〉（Income Inequality in the United States）一文的資料庫

圖2.6：美國全職男性員工實質薪資中位數，1960-2009年（以2009年為基準）

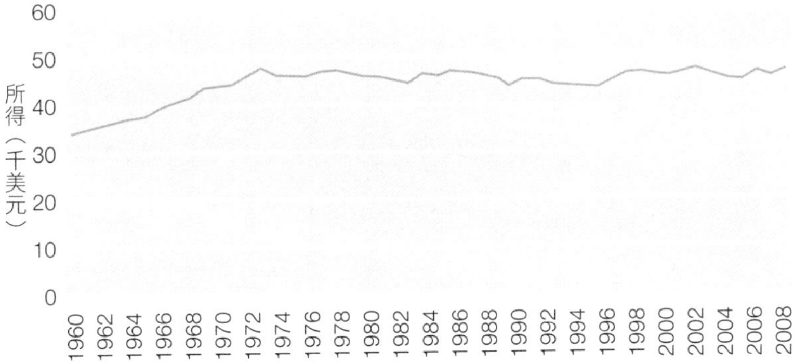

資料來源：美國人口普查局

合會（Conference Board）的調查研究，接下來的二十五年，
員工不只薪資不增反減，工作滿意度也逐漸下滑。[20]

新鍍金年代

　　過去三十年來，對企業執行長親善的政治環境、全球化的
經濟效應加上華府祭出的特別法規和財稅政策，都促使人民收
入與財富的不均到達史無前例的地步。今天，我們活在一個新
鍍金年代，奢華、浪費的程度遠超過1870年代和1920年代。
目前，每八個美國人就有一個是靠聯邦政府發放的食物券過
活，大多數的美國人根本無法想像那些在財富金字塔頂端的人
過著如何豪奢的生活。[21]

　　今天，最富裕的1%美國人口擁有的財富淨值超過底層
90%的人口。所得前1%的人，稅前所得高於底層50%的人。[22]
美國上次出現如此巨大的貧富差距是在大蕭條前夕，然而今日
的貧富不均也許更甚於1929年。新政與二次大戰後的改革縮小
了貧富差距。從二戰結束到1980年代，經濟成長的果實普為全
民共享。之後，所有的經濟利益都一面倒地流入富人之手（參
看圖2.7）。

　　金字塔尖端的財富與權力暴增，改變了美國社會。他們以
天子驕子自居，睥睨其他人。有錢有勢者，像企業執行長、財
務經理與他們結交的高官，似乎可為所欲為，不受懲罰，甚至

圖2.7：貧富不均擴大，1913-2008年

　　最有錢1%人口的所得份額　　　　最有錢0.01%人口的所得份額

資料來源：薩耶茲與皮克堤〈論美國的所得不均〉

凌駕法律之上。

　　最近爆發的諸多企業醜聞有愈演愈烈之勢，讓我們見
識到醜聞纏身的企業和政治權要如何狼狽為奸。錢尼（Dick
Cheney）本是哈利博頓能源公司（Halliburton）的執行長。這
家公司長久以來利用賄賂、違約、做假帳、違反工安規定，沒
想到這樣一家公司的最高主管竟然可以直登副總統寶座，趁職
位之便，向石油業獻媚。2008年金融危機的始作俑者無非是華
爾街那幾家大公司，如高盛、花旗、摩根大通，但歐巴馬上台
之後還是在華爾街延攬肥貓擔任資深經濟顧問。

　　我們還不知今日美國企業欺騙成風、倫理蕩然無存的病根

為何。不誠實是社會傳染病，一旦病發，就會不斷蔓延。[23]我們社會的免疫系統已經潰守。也許是我們飽受不實廣告、競選文宣以及越戰、伊拉克戰爭、阿富汗戰爭時軍方說法的轟炸，感覺已經麻木。也許是有太多執行長幹下不法勾當，欺騙自己的公司、投資人和顧客，我們因而認為美國企業的老闆都是這副德性。也許是我們一再聽到企業的謊言，包括藥廠和石油公司等大公司、金融評級機構、投資銀行、軍事包商等，所以見怪不怪。

　　事情一旦出了差錯，相關單位的反應是先說謊、再掩飾，等到紙包不住火才會承認，例如某種新藥經後續測試之後才發現對人體有害；某項演習其實非常危險；或是某個民兵單位涉入謀殺或凌虐事件。我在哈佛也親眼目睹這樣的事：一名同事因涉及聯邦合約的內線交易而遭政府起訴，校方為此動員公關對外辯解，而非查明真相。

　　我們的社會如此偏差，根本原因也許在於領導人說謊或者鑄成大錯也可全身而退，幾乎不會遭到懲罰。即使真相大白，也沒有上位者為錯誤付出代價。拖垮全球經濟的銀行家依然在華爾街呼風喚雨，出席白宮會議，或在國宴擔任總統貴賓。像在1990年代末期大力阻止對衍生性工具監管的前財長桑默斯（Larry Summers），不但在華爾街擔任要職、回哈佛當校長，還被總統歐巴馬任命為國家經濟委員會主席，負責金融海嘯後美國經濟的復甦政策。

真正違法犯紀者只受到輕微的懲戒。即使高盛因次級房貸事件遭到美國證券管理委員會（SEC）起訴，最後高盛仍與證管會達成和解，支付5億5千萬美元了事。高盛在2009年的營收高達134億美元，被罰這一點錢可說是不痛不癢。次貸危機的另一個推手，也就是全國金融公司（Countrywide Financial）執行長莫茲洛（Angelo Mozilo）以詐欺罪被起訴，一樣和證管會達成和解，罰款6,750萬美元。莫茲洛2001年至2006年的薪酬據估高達4億7千萬美元，吐出來的罰金只算是小意思。諸如此類的事件不勝枚舉。華爾街連連認錯，但只要罰點錢就能輕鬆過關。[24]

卻顧所來徑

美國的問題目前看來似乎難以解決，大抵是因為美國背離真正的社會改革，不認真解決問題。一旦我們找出真正的病灶，擬出治療方針，對症下藥，才能真正解決問題。儘管我們面臨種種挑戰，如預算赤字、金融醜聞、企業欺騙大眾、不實宣傳、有過無罰、國民教育差強人意，美國經濟依然富有革新精神，具有旺盛的生產力。即使2008年遭逢金融海嘯，股市大跌，平均國民所得仍有5萬美元之多，高居世界第一。我們沒有糧食短缺、限水限電的問題，醫療照護體系依然一樣運作，新產品也持續源源不絕地推出。

　　與其說我們面臨的挑戰在於生產力、科技或自然資源等層面，不如說是我們能否衷心誠意地合作。我們能否促使政治體系拿出魄力，解決一長串的問題？我們是否放下短期的欲望，轉而把眼光放在未來？社會裡的鉅富是否願意擔負起對社會的責任？因此，問題不是生產力已死或資源耗盡，關鍵在於我們的態度、情感及是否願意敞開心胸面對集體行動。

　　在接下來的章節，我們將回顧國家的發展。我們曾經是數一數二的經濟強國，何以在這麼短的時間內陷入絕望？我們將剖析四個層面浮現的危機來診斷這個國家究竟生了什麼病，包括經濟（第三、六章）、政治（第四、七章）、社會（第五章）和心理（第八章）。只有把經濟、政治、社會和心理這幾個面向全部納入考量，我們才能了解，美國數十年的凝聚力和高成就，如何淪為分裂與危機。鑑往知來，只有深入研究過去，才能找到解決之道。

03
自由市場的謬誤

自由市場不是經濟效益的保證。長達兩百年的市場經濟實驗告訴我們：只有結合市場力量與政府行動的混合型經濟，才能同時達成效率、公平和永續。

美國自從二次世界大戰之後在全球經濟一直扮演領導者的角色，但自1980年代起已經遺忘經濟學的基本教義，只會應聲呼口號（讚頌自由市場的奇蹟），忽略經濟政策的藝術。經濟學最基本且最重要的理念之一就是混合型經濟（mixed economy），主張企業和政府在經濟中扮演相輔相成的角色。然而，近年來這個經濟理論卻被打入冷宮，教我既驚訝又不安。本章目標就是為了挽回混合型經濟的一片天。

我將在本章討論經濟的三大目標，亦即效率、公平和永續。政府必須扮演主動積極、富有創造性的角色，與私有市場經濟攜手合作，才能達成這些目標。

薩繆森的年代

我何其有幸，求學之時（1972至1980年）正值混合型經濟理論當道的時代，在大師親炙之下，接受經濟學的洗禮。美國多虧這些大師的帶領，才能在二次大戰之後走出經濟困頓。薩繆森（Paul Samuelson, 1915 － 2009）可說是1940年代至1970年代經濟學思潮獨領風騷的天才。他在二次世界大戰之後為美國與歐洲的混合型經濟奠基，更參與經濟政策的制定，締造美國經濟榮景。

當我還是個哈佛新鮮人，已研讀過薩繆森的經典經濟學教科書，也必看他在《新聞週刊》發表的專欄。他勤寫不輟，發表過無數具有開創性的研究報告，我也一直跟著研讀，直到今天。我聽過不少他的傳奇故事，知道他才智儡人，更曾在他的課堂上或在經濟學會議中，親眼目睹大師風采。他無疑是美國經濟學宗師，也是美國榮獲諾貝爾經濟學獎的第一人。他對我這一輩的年輕經濟學者非常親切，照顧有加。

他這一生在學術上的貢獻，具體來說，就是現代混合型資本主義的五大核心觀念，這些觀念是我和我這一輩學生的經濟學基石。

- 就社會的稀少資源而言，市場是具有一定效率的分配機制，能促進生產力，維持均質的生活水準。
- 然而，效率並不保證所得分配的公平性（或正義）。
- 要實現公平，必須靠政府重新分配所得，尤其是取鉅富者之餘裕，補貧弱者之饋乏。
- 在市場機制下，某些「公共財」普遍供應不足，如基礎建設、環境保護、教育、科學研究等，而要由政府擔任供應者，才能達成適足水準。
- 市場經濟容易出現金融不穩定的現象，政府可透過積極的政策運作使其穩定，如金融管制或引導合宜的貨幣政策和財政政策。

薩繆森一方面主張利用市場力量分配大多數財貨，另一方面呼籲政府肩負三項重要任務：藉由所得重分配保護貧窮弱勢、供給公共財（如基礎建設和科學研究）、穩定總體經濟。這種主張對我這樣的年輕經濟學學生很有吸引力，我也因而了解市場與政府之間相輔相成的責任。我覺得混合型經濟的概念引人入勝，四十年後的今天，我仍是混合型經濟的信徒。

　　薩繆森與他同一時代的偉大經濟學家，包括諾貝爾獎得主托賓（James Tobin）、梭羅（Robert Solow）和亞羅（Kenneth Arrow），都不是純理論派。從新政、二次大戰時期，直至戰後之初，混合型經濟在許多層面已然成形。純理論幫助這些偉大的經濟學家解讀他們看到的經濟現象，而他們的理念也更進一步形成經濟政策。理念與歷史因此相互交織、辯證。關鍵的歷史事件，像是大蕭條和二次大戰，引領經濟理論的發展，而經濟理論也反過來塑造下個階段的歷史。這就是經濟學最精采、動人之處。只要我們能夠深入了解事件，就有機會幫助世界在歷史軌跡上邁向更美好的未來。

一九七〇年代的智識大巔覆

　　我在當學生時，渾然不知一場猛烈的智識風暴即將襲擊經濟學領域：混和型經濟的共識即將動搖。1971年，也就是我進大學的前一年，布列敦森林美元匯兌體系（Bretton Woods dollar-exchange system）瓦解，根本原因在於美國於越戰期間採取擴張性的貨幣及預算政策，造成國際經濟動盪。尼克森總統在1971年8月15日宣布美元與黃金脫勾。通貨膨脹席捲全球，各主要經濟體尋找全球貨幣體系新制。接下來，1973至74年間，在全球通膨延燒的當口，石油輸出國大幅調高油價，更是讓情況雪上加霜。飆漲的油價導致經濟停滯結合通貨膨脹，世界陷入所謂的「大滯脹」（Great Stagflation）危機。停滯性通貨膨脹是我早期的研究焦點之一。[1]

　　1970年代的世界經濟危機結果使美國經濟和政治治理分道揚鑣。對混合型經濟的樂觀論調飽受攻擊。薩繆森的市場與政府整合說在學術界遭到猛烈撻伐。由傅利曼（Milton Friedman）與海耶克（Friedrich Hayek）領軍的自由經濟學派蔚為風潮，貶抑混合型經濟，鼓吹市場制度的運作效能。傅利曼與海耶克絕非自由市場的狂熱者，因為他們支持政府扮演明確而有限度的角色，但他們對於政府在經濟上所扮演的角色，也表達出遠比過去更為深切的質疑。

　　1980年，我拿到博士學位，我的經濟學教育也隨之告一段落。1972年，我在薩繆森時代進入哈佛大學當新鮮人，1980年秋天，我在傅利曼時代啟幕之時加入哈佛擔任助理教授。那年，雷根主張縮限政府角色，贏得總統大選。在大西洋對岸，英國新任首相柴契爾夫人也與之應和。雷根執政時的重要經濟政策，如大幅裁減最高稅率、解除產業管制，得到經濟學家和社會大眾普遍的支持。

雷根革命的主要效應倒不是特定經濟政策，而是新引發對政府管制反感、鄙視仰賴政府救濟的窮人、鼓勵富人拋開對社會道德責任等。雷根協助播植一個新觀念：對社會最有幫助的不是堅持富人實踐公民美德，而是為富人減稅，激發他們的企業家熱忱。如此能否激發企業家熱忱仍有待商榷，但無庸置疑的是，貪婪因此脫韁出籠。這貪婪就像傳染病，直到今天仍蠱惑著美國的政治體系。

為混合型經濟喉舌

我們必須了解自由經濟思想到底在哪裡出錯。我們可從市場經濟的基本運作開始探討，特別是供需法則。供需運作失調之時，政府就應該介入。

在一個由眾多供應者和消費者所參與的競爭市場，各項財貨和服務的價格會調整以達供需平衡。如果某種商品的供給超過消費者需求，市場價格便會下降，造成供給者減少供給量，而消費者增加購買；如果供給低於需求，市場價格就會上升，導致供給者增加供給，而消費者減少購買。如果每項商品和服務的供需平衡，我們就說經濟已達到所謂的「市場均衡」（market equilibrium）。

根據十八世紀末經濟學之父亞當・斯密（Adam Smith）的核心理念，市場均衡毋需中央調控即可達成，而且有利於國家，特別是高生產力和財富。只要所有公司和家計單位都追求自利，市場均衡就能達到整體的利益，而這股市場力量就是亞當·斯密所說的「看不見的手」。正如他在《國富論》這部經典中所言：

> 我們之所以能填飽肚子，不是因為肉販、酒商或麵包師傅大發善心，而是因為他們都在追求自身的利益。與其說他們博愛，不如說他們愛自己。不必對他們說我們需要什麼，只要告訴他們，供給顧客所需可以得到什麼好處。[2]

用現代科學術語來說，市場那隻看不見的手就叫「自我組織系統」，意謂一個高度複雜而有生產力的體系可以創造出井然有序的分工系統，系統裡的每一個人都努力追求一己之利，進而為全體帶來利益。如此一來，就不需要一個中央控管的力量來分配社會資源。

亞當·斯密認為透過自我組織達成的市場均衡往往能達致高度生產力，為人民帶來高收入和財富。以現代術語來說，競爭市場均衡具有效率，也就是不會浪費資源。[3]運作良好的市場能消除資源浪費。浪費的公司將無法與較有效率、低成本的公司競爭，終會被市場淘汰。即使某家公司以人為手段製造產品的稀少性，也會被新競爭者破壞，無法維持獨霸局面。

市場為什麼需要政府？

遺憾的是，自由市場不是經濟效益的保證。有些市場無法提供或供應規模不當的公共財，就需要政府提供，如高速公路。在供應者和顧客都非常多的情況之下，私有市場可以運作得很好，如衣物、家具、汽車、飯店、餐廳等。然而，只需要單一供給者的情況下，競爭市場會失靈，像是警力、消防隊、軍隊、司法系統、高速公路網或供電系統。

在這些情況下，人民只需要一個或少數幾個供給者，例如一個國家不需要成立多支軍隊、警力，使其互相競爭，我們的城市也不需要好幾個互為競爭對手的消防隊。同樣地，從甲地到乙地的交通和電力輸送，我們只需要一條高速公路、一條輸電線路，而不是在同一條路線上舖設相互競爭的數條公路。

再者，如果產品製造者會產生負面外溢效果，危害社會其他人，自由市場也會失靈，例如將有毒的化學物質排放到河川，或是燃煤發電廠排放過多的二氧化碳到空氣中，引發氣候變化。這時任憑私有經濟發展，不予管制或懲罰，商家就可能過度生產，對環境造成危害。為了避免這樣的情況，市場需要有「修正性訂價」，如徵收污染稅，以降低負面外溢效果。

因為知識有外溢效果，所以私有市場機制不適用於科學研究。基礎科學發現並非（也不該是）科學家的專屬權利。試想，如果牛頓宣稱自己擁有地心引力的專利權會如何？科學發

現是人類最重要的活動，動機不該是純粹為了追求利益。為
了鼓勵科學研究，有些組織會給予崇高的地位（如頒發諾貝爾
獎），有的慈善家則拿錢贊助，政府也會撥款資助。另外還有
一些則是公益計畫、開放源碼軟體或開放內容的分享平台，如
Linux、維基百科等。

　　買賣雙方資訊不對等時，自由市場也需要政府規範。賣方
如握有買方不知道的內線消息，就會出現詐欺和浪費。例如在
2008年金融海嘯之前，華爾街即把不良資產賣給不知情的德國
銀行，把房市泡沫吹得更大。又如某些醫師為了增加收入，要
病人接受不必要的檢查或療程，而病人和保險公司卻無法評斷
這些醫療建議的正當性。我們可從上述兩個例子看出政府規範
的必要，前者是為了市場穩定，防止金融詐欺，後者則是為了
避免醫療詐騙。

　　所有提倡市場經濟的偉大經濟學家如亞當‧斯密、凱因斯
（John Maynard Keynes）、薩繆森、海耶克和傅利曼等，都很
注意公共財、環境污染和資訊不對等的問題，認為政府在公共
教育、道路修築、科學發現、環境保護、金融監管等方面都扮
演重要角色。沒有人否認政府對市場系統的重要。不只混合經
濟的大師凱因斯與薩繆森如此認為，主張市場不受約束的海耶
克與傅利曼也是。只是今日海耶克與傅利曼的信徒忽視政府的
角色，殊不知市場系統還是要靠政府使力，才不致於失去效率
與公平。

海耶克在《通往奴役之路》（*The Road to Serfdom*）一書指出，反對中央計畫並不等於「獨斷式的自由放任」。他論道，正確態度該是：

> 盡可能利用競爭的力量來整合人類在各方面的努力，而非放任不管。如果競爭有效率，競爭是引導個人行為較好的方式……然而如果競爭效率差強人意，還是必須依賴其他方式來引導經濟活動。[4]

海耶克和亞當·斯密都承認，在經濟上政府要做的很多。海耶克其實已在《通往奴役之路》書中提醒讀者，亞當·斯密也認為政府必須提供服務，「為社會帶來最大的福祉，利益不能只歸個人或少數人。」[5]換言之，海耶克與亞當·斯密都認為政府在公共財的供給扮演重要角色。

公平與永續

雖然追求效率是件好事，卻非社會唯一的經濟目的。[6]經濟的公平也很重要。公平意指所得與福利的分配，以及政府如何對待公民，包括稅金的徵收、合約的簽訂與稅收的分配。

大多數人都認為，一個社會裡，有人超級富有，有人卻窮到快餓死，這樣的現象是不公平的。因此，一般人都認為政

府有必要對超級富有的人課以較多的稅金，以提供窮人活命所
需，如食物、棲身處、安全的飲水和醫療照護等，以符合社會
公平的原則。63%的美國人都贊同政府有責任照顧弱勢，[7]這
向來是美國社會重視的恆常價值。

法律也必須講求公平。法律之前，人人平等。我們希望富
人所得依照正當程序轉移給窮人，政府不可橫徵暴斂，即使是
羅賓漢式的劫富濟貧仍不符合公平正義。1776年北美殖民地人
民反抗的不是課稅本身，而是政治不平等。殖民地居民認為他
們在倫敦的議會既沒有正式代表，沒有議會代表權為何要向英
國交稅，因此喊出「無代表就不納稅」的口號。

所得分配不只是做到某個時間點社會內的公平，也要
做到世代間的公平，經濟學家也稱這個概念為「永續發展」
（sustainability）。如果我們這一代已經耗盡珍貴的自然資源，
如化石燃料和淡水層，排放太多的二氧化碳使海水酸化，或是
使其他物種瀕臨滅絕，則會嚴重影響到下一代。我們未來的子
孫由於尚未出生，無法在今日捍衛自己的利益，只能默默承受
我們種下的惡果。

永續發展也好，對未來子孫公平也好，都牽涉管理
（stewardship）的概念，也就是活著的一代必須為未來子孫妥
善管理地球資源。這不是人類的天性，因此算是困難的任務。
我們必須捍衛後世子孫和未來人類的利益。直到如今，我們一
直輕忽這樣的角色，讓未來世代將面臨愈來愈大的危機。

自由主義者的極端

有少數美國人並不贊同政府透過課稅的力量促進公平或效率。他們認為這世上唯一重要的倫理價值就是自由，意謂每一個人都不該受到他人或政府的干涉。這種哲學就叫自由主義，主張個人除了尊重他人的財產和自由，對社會沒有任何責任。美國有些最有錢的人深信這套極端的哲學，例如身價淨值達440億美元的大富豪寇克兄弟（Charles and David Koch），就想把他們的自由主義觀點傳播到社會各角落。[8]

根據自由主義者的思維，美國不該由社會責任來治理，而該受制於自由市場的力量與出於自願的私人契約，政府只需維護法律與秩序，包括保護私人財產。由於政府只該管理軍隊、警力、監獄和法院，因此稅賦應該砍到最低。[9]自由主義者認為，連修馬路或其他基礎建設都不是政府課稅的理由，這些投資留給自由市場就好。

自由主義者認為，課稅等於是政府向人民敲詐。但大多數的美國人並不同意這樣的看法。雖然我們付稅會心疼，但如果課稅有適當的法源，稅收用得誠實而有理，我們還是願意承擔繳稅的義務。根據蓋洛普在2009年的一項調查，61%的美國人認為他們當年付的所得稅額符合「公平」原則，認為課稅不公的人則有35%。[10]

自由主義者想免除富人所有的社會責任。這支自由主義思想派別主要建立在三個論點之上。首先，就道德層面而言，自由是最崇高的價值，每個人都有自由的權利，不該受到干擾，也應該免於課稅、法規和政府其他要求的侵犯。第二，就政治和實用的層面來說，只有自由市場能保護民主，免於受到政府的獨裁統治。第三是經濟層面：單靠自由市場就足以確保社會繁榮。

自由主義雖然承諾可為世人帶來自由、民主與繁榮，其實只是個偉大的幻影。我們可從歷史經驗和經濟理論得知，光靠自由市場無法確保效率和繁榮。如果沒有政府，我們將沒有高速公路、安全的生活環境、公共衛生和科學發現等賴以發揮生產力的憑藉。歷史經驗告訴我們，徵稅並不會危害到民主。事實上，賦稅重的北歐國家，政府施政品質和肅貪成效都比美國來得好。我們也可從經驗和道德傳統得知，雖然自由是重要價值，卻不是唯一重要的。如果我們只能從二者擇一：使億萬富翁有免於繳稅的自由，或是以稅金來照顧貧窮、饑餓的兒童（如發放食物券），大多數的人應該會選擇救助快餓死的兒童，認為這件事比億萬富翁免繳稅的自由更重要。

自由主義者為了逞一己之欲，對所謂社會公平的理念嗤之以鼻。這種無所節制的貪婪在美國非常流行，但它無法帶來真正的自由，只會助長企業犯罪和欺騙的行徑。這不是通往民主之路，只會形成特殊利益宰制的政治生態。這也無法帶給我們繁榮，而是讓大多數的人薪資停滯，只有極少數的人擁有無法計數的財富。所幸，大多數美國人都不認同極端的自由主義哲學。儘管如此，富有的自由主義者還是可透過遊說、宣傳和資助競選活動在政壇呼風喚雨。

社會的三重底線

美國該努力達成的三大目標為效率（繁榮）、公平（人人都有機會）和永續（給今天和未來一個安全的環境）。大多數的美國人都支持這樣的理念，而非像自由主義者，一昧地主張減稅和政府精簡。只要是能有效達成前述三大目標的公共政策，美國人都熱烈支持。問題只在於：要達成這些目標，該怎麼做最好？

光是靠自由市場經濟還不夠。從經濟理論以及長達兩百年的市場經濟實驗，我們所得到的重要一課就是：只有結合市場力量與政府行動，才能同時達成這三大目標。如果我們關閉政府部門，把一切交給市場，前述的三大核心目標恐怕一個也無法達成。只有混合經濟，也就是部分由企業主導，部分由政府領導，才能達成那三個目標。大多數的美國人也同意這樣的看法。根據皮優研究中心的調查，62%的美國人贊成「自由市場需要規範才能使公眾獲得最多利益」，反對上述意見的只有29%。[11]

市場的確具備某些公平性：勤奮工作就能提高收入；怠

惰會受到懲罰。如果你從小就立定目標認真讀書，接受好的教育，不但能獲得成就感，也有經濟的回饋。然而，我們不該誇大市場的公平性。這個社會上有很多人只是運氣不好。如外國競爭之類的市場力量也許會讓人跌落到命運的谷底。例如，在「創造性破壞」的旋風橫掃之下〔譯注：經濟學家熊彼得（Joseph A. Schumpeter）在《經濟發展理論》一書提出創造性破壞（creative destruction）的概念，認為動態失衡是健康經濟的「常態」，透過創造性地破壞市場均衡，企業家才有獲取超額利潤的機會〕，某個產業因科技革新而吹起熄燈號。另外有些人則是因為家境窮困，教育程度低落，又沒有一技之長，因此畢生無法擺脫貧窮。還有一些人則是因為殘疾而沒有工作能力，這並非他們的錯。有些人住的地方發生地震、海嘯、旱災、洪水等天災，必須依賴政府救援才能重建。再者，由於全球市場的劇變並非任何人所能控制，不只美國，還有多個國家都面臨嚴重的經濟危機。然而，面對上述種種不幸，市場只是冷血無情，讓窮人挨餓，死於疾病和疏失，除非政府或慈善團體伸出援手，否則社會無法救助他們。

社會上有很多人努力打拚卻陷入貧困，但也有很多人不需付出就可坐擁金山銀山。如因繼承遺產而成為世界級富豪的寇克兄弟。有些財富表面上看是個人所得，但其中有許多卻不是來自辛勤工作。如華爾街的銀行家，每年耶誕節入袋的紅利和獎金可達幾百億美元，2008年終於引發金融海嘯，公司也面臨破產的命運。過去十年，美國有幾個薪酬最高的執行長就帶領公司涉足不法勾當，甚而導致公司破產。

即使華爾街在2009年靠政府金援才保住一命，華爾街肥貓依然繼續搶錢，領取巨額的紅利和薪水（由於華爾街是歐巴馬在2008年競選的金主，白宮也就睜一隻眼閉一隻眼）。石油公司的獲利常來自賄賂〔如哈里伯頓石油在奈及利亞的營運（譯注：該公司賄賂奈及利亞官員以獲得價值數十億美元的油田開採權）〕、油水豐厚的政府合約、量身訂定的稅賦優惠、環境管制的欠缺以及美軍駐紮中東的支援，而對此種種特權，石油業除了奉上源源不斷的競選政治獻金，不需做出其它任何回饋，就能把所有好處吃乾抹淨。

儘管自由市場擁護者有各種說法，綜觀歷史，幾乎所有社會都是透過政府的社福措施，扶助最窮困的人。[12]大多數社會也都會特別讓富人分擔照顧窮人的責任。在兩個世紀之前，由於社會普遍貧窮，社會頂多只能做到急難救援（例如發生天災之時）。現在，我們的社會已經富裕得多，應該可以做更多的事。其實，我曾在《終結貧窮》（*The End of Poverty*）一書論到，如果我們這一代的富人負起責任，提升教育、醫療和窮人的生產力，將可一勞永逸地解決赤貧問題。

自由市場無法對同一世代的人保證公平，也不能對未來世代承諾永續經營。理由有二。首先，任何社會的自然資本是整體社會的公共財，如空氣、水、氣候、生物多樣性、森林、海

洋等，因此如果未能透過政治決策妥善管理，很容易遭到濫用
或破壞。例如，現在地球的大氣層就像可肆無忌憚排放二氧化
碳的「垃圾場」，已造成氣候變遷，嚴重危及地球環境。地球
上幾十萬座農場使用的化學肥料，不斷經由河流，流向港灣和
海洋。除非世界各國政府同意規範自然資本的使用，否則私人
的經濟活動必然會傷害我們賴以生存的生態體系。

第二個原因是市場利率。由於消費者缺乏耐性，偏好現在
消費勝於未來消費，因此才會出現正利率。所得者愈急切，現
在的消費愈多，儲蓄便會變少，致使利率上揚。在正利率的影
響下，追求獲利的資源業者（如木業、漁業、石油業、水公司
等）就會盡量大量生產，以滿足消費者今天的需求，因為今天
所賺的每一塊錢，價值大於未來的一塊錢。除非我們關注這樣
的問題，致力於環境的保護，否則稀少的資源將會加速耗竭，
甚至使某些物種面臨滅絕的命運。我們必須說，的確，人類沒
耐性又短視，但我們也必須守護無法在現時市場裡發聲的未來
世代。

不管如何，未來世代的命運就掌握在我們手中。然而，依
照自由市場經濟的邏輯，我們不會認真考量未來世代的利益。
真正的永續經營需要每個世代超越短視的消費偏好去保護未
來。我們不能只是想到自己的需求和欲望，也要想想自己對這
個地球的責任。國家公園的設立和瀕危物種法案都是不錯的做
法，可使我們避免短期的誘惑，免於做出危害未來世代的事。

然而我們還沒能正視關於長期的能源供給、淡水的保護和氣候安全等挑戰。

效率與公平的相輔相成

大約只有10%到20%的美國人相信市場是公平的。根據這樣的想法，如果一個人貧窮困頓，那是他自己造成的，怨不得人。但大多數的美國人並不這麼想。[13]他們知道境遇、時局也是重要因素。他們還記得自己的父母或祖父母的經歷：有人遭遇大蕭條的考驗；有人不幸罹患重病，從此變得殘廢，無法工作；有人服務的工廠關門大吉；也有人付不起大學學費，不得不輟學、接受低薪工作。美國人希望窮人自己爭氣向上，但他們也知道，在過於艱困之時，社會有責任伸出援手。

大多數美國人都認為，政府該緩和市場造成的貧富差距。富人該付稅，窮人應該得到幫助。但政府究竟該干預到什麼樣的程度？很多人都認為效率和公平如魚與熊掌，不能兩全。如果富人被課以重稅，窮人得到救助，豈不是鼓勵窮人好逸惡勞，富人辛勤工作卻受到懲罰？這樣，富人會因此而不願多努力，例如不想開設新事業，而窮人即使有工作上門也不願去做。所得重分配的批評者說，如此一來，社會每花一塊錢去援助窮人，代價將不只一塊錢。他們認為，所得重分配應該受到嚴格限制，只能用於解決最極端的貧窮和飢餓問題。

　　其他社會，如實行社會民主主義的瑞典，長久以來即抱持不同的觀點。他們認為政府能夠、也應該實行廣泛的所得重分配，而此舉所犧牲的效率極其有限。儘管富人被課以重稅，仍會繼續努力工作，而窮人則會利用政府的援助來提高自己的生產力。從經濟理論觀點，高稅率確實可以促進人們更努力工作，而非妨礙，畢竟如果要達成某個所得水準（如買房子或付學費），就得更努力工作。

　　然而，這項激烈論戰經常忽略一個基本要點：在很多情況之下，效率和公平其實可以相輔相成。促進公平，就等於增進效率。說明如後。

　　幫助窮人不只是用於短期消費的所得移轉，而是讓貧戶提高長期生產力的政府福利。政府有些貧窮家庭扶助重大計畫內涵為母親和幼兒所需的營養品、學前教育、大學學費和職業訓練等，均是投資於「人力資本」，著眼於提高貧困家庭的長期生產力。對富人課稅，以幫助窮人，表示富人必須減少奢華消費，在窮人身上投資高報酬的人力資本。結果不只更符合社會公平，也能增進效率。

　　自亞當・斯密以來，包括擁抱自由市場的海耶克與傅利曼，所有經濟學家都認同教育應該以公共資金挹注。他們了解，光靠市場無法使年輕人得到良好教育。今天教育的問題尤其嚴重。教育費用不斷升高，除非政府出面資助全民付得起的優質教育，窮人可能因為付不起學費被排拒在學校門外，一生無法擺脫貧窮。[14]

市場與政府的翹翹板

自從亞當‧斯密論述自我組織的市場以來，市場與政府之間的適當平衡何在，一直是經濟學家幾個世代以來的辯論主題。這場激烈論戰已經延燒超過兩個世紀，以下是我整理出來的五個結論。我想，這些結論仍值得我們這個時代參考。

首先，就涵蓋眾多生產者與消費者的生產部門而言，我們應該依賴市場力量，讓市場競爭大行其道。這是海耶克的主張，而且論點很好。市場也有優良特質，例如分權化、尊重個人意願、不需大費周章地協調一大群人共同合作。市場可迎合個別消費者的喜好。如果食物可以在市場機制下順利從農場送到城市人家的餐桌上，就儘管讓市場自由運作，不需中央計劃機關插手管理農場生產、食物的處理、運輸和分配。為了營利，農場、麵粉廠、運輸業者和超級市場自會供應消費者所需（蘇聯就曾由政府管控食物的生產與分配，結果造成基本糧食經常短缺）。

其次，市場的公平與永續才是政府該負責的，包括社會裡的所得重分配。市場力量造成薪資升降，能有效引導工作者參與需要用人的部門，退出勞力過剩的部門，卻也可能造成所得分配不公。很多人因為產業蕭條或工作技能落伍而陷入窮困，或者我們今天這一代因為消費太多的自然資源，讓未來世代承擔昂貴的代價。因此，政府進行課稅與所得移轉必須審慎規劃，幫助那些真正無能為力的人，以保護未來世代的福祉。

第三，我們應該了解，科學知識與科技是公共財，該由政府和私部門攜手積極倡進。二十一世紀的知識社會不是單憑市場力量創造出來的。美國非常重視知識累積與傳播，因此挹注大量經費在研究發展、公共教育、電子治理和開放原始碼之上，以補專利與智慧財產權的市場體制之不足。專利與智慧財產權就像雙面刃，讓知識生產者在獲利的誘因下努力工作，但我們也要了解，它們也會造成一時的壟斷，引發藥價高昂、研究瓶頸（某種知識因專利保護而無法取得）和數位落差等問題。〔譯注：數位落差（digital divide）意指社會上不同性別、種族、經濟、居住環境與階級背景的人使用數位產品（如電腦或是網路）的機會與能力差異。〕

第四，由於經濟生活變得愈來愈複雜，政府的角色也變得更多元。我們在二十一世紀面對的各種經濟問題，如何從1789年的憲法去找尋答案？當然，我們的開國元勳具有真知灼見，如湯瑪斯‧傑佛遜（Thomas Jefferson）所言：「地球屬於現今所有的生存者。」這意謂我們該因時制宜，重新審思我們的生存環境，特別是在這麼一個全球快速變遷、環境威脅不斷、以知識為基礎的經濟社會。

第五，我們應該了解市場與政府應扮演什麼樣的角色依國家不同而異。我們不應指望美國、歐洲、中國、印度等國適用同樣的平衡點。像巴西、中國、印度等正在崛起的經濟體，政府應該多致力於彌補科技差距。至於已經領先的國家（如美國）則該多分配一些資源給尖端研究與發展。因此，中國應趕快迎頭趕上，而美國也必須努力不懈，才能保持科學與科技的領先地位。這些都不是光靠自由市場經濟就可達成的。

追求平衡的市場經濟

總而言之，現代市場經濟是人類社會的驚人發展。[15]地球上有數十億人、十億戶以上的人家，在幾百萬家公司工作，各自追求自我利益，利用勞動時間和自然資源生產資本財（如機械和建築）。但是光靠市場本身無法達成社會的三重底線，也就是效率、公平和永續。市場體系必須和政府機構互補，才能完成以下目標：提供公共財（包括基礎建設和科學研究等）、規範市場、確保所得重分配的公平性、使窮人提高長期生產力以擺脫貧窮，以及為了未來的世代保護脆弱的地球資源，促進環境的永續經營。這些任務都不簡單，每個世代的地球人都得發揮巧思和創造力，才能面對時代的挑戰。

04

政府背棄公眾利益

政府枉顧公眾利益，向財團說客低頭，利益團體伺機強取豪奪，新的「財團政治」已經成形。

聯邦政府不是應該以公眾利益為著眼點,增加美國的全球競爭力,建立公平而永續的社會?為何今天竟會被財團說客玩弄於指掌之間?我們必須先解開這個謎,才能繼續往前走。接下來的四章裡,我們將探討美國如何在全球化、國內政治、社會變遷和媒體的推波助瀾下走偏了路,枉顧公眾利益,向私人利益低頭。只有社會深入了解政府的弊病,才能力挽狂瀾,讓真正的民主價值得以抬頭。

從新政到向貧窮宣戰

從 1930 年代中期羅斯福總統的新政,到 1960 年代中期詹森總統的「向貧窮宣戰」(War on Poverty),在這大約三十年的期間,聯邦政府不但是國家經濟的舵手,也是展現民主力量的工具,受到人民的信賴與尊敬。聯邦政府帶領美國度過大蕭條和世界大戰等難關的考驗,也讓人民享受和平的榮景。此時,聯邦政府在全國興建高速公路系統並架設全國供電網。華府對科學與科技發展的支持也不餘遺力,成就了二十世紀後半幾項最重要的科技,如電腦、網際網路、核能發電、衛星等。聯邦政府也致力於對抗貧窮、推動平等,最重要的里程碑即1960 年代的老人醫療保險以及保障少數族裔、女性和殘障人士的民權法案。如有必要,政府也會動員企業界的力量,讓他們為國家盡力,如第二次世界大戰。政府也常和企業界合作,扶植新的產業（如電腦與網際網路）或幫助企業擴展（如航空和衛星）。在這樣的合作關係之中，政府無疑地還是主導者。

然而，聯邦政府主導經濟三十年後，漸漸放手。正當美國面臨全球化的挑戰、生態危機不斷和移民問題日益嚴重之時，政府卻退縮了。自1980年代以來，政府讓財團日益坐大，讓他們強取豪奪，占盡便宜。新的「財團政治」已經成形。國家經濟被私人利益把持，很快便陷入分裂、搖搖欲墜，終於在2008年釀成金融風暴，面臨全面崩壞。

自1930年代大蕭條以來的八十年間，美國政府最大的轉變就是由捍衛全民利益變成偏袒私人利益。羅斯福總統連任成功，在1937年發表的就職演說今日讀來特別引人深省：

> 政府就是我們實現共同目標的工具，藉以在這紛亂複雜的文明社會，為個人解決層出不窮的問題。如果沒有政府之助，我們將茫然而徒勞無功，無從解決問題。[1]

羅斯福總統表明，政府就是國家經濟舵手，但我們今天已看不到主政者有這樣的魄力。美國到了1981年，幾乎變了一個樣。當時，雷根在就職演說聲明：

> 面臨當前的危機，政府不是問題的解決之道，政府本身就是問題……聯邦政府的規模和影響力都必須削減。[2]

雷根不只是主張縮減政府對經濟的控制權，而且把權力的掌控交給出價最高者。十五年後，柯林頓總統宣布「大政府的時代已經結束了」[3]，確立小政府、大市場的格局，讓財團氣焰更加囂張。柯林頓讓華爾街高層每年得以坐享數百億美元的薪酬，終於在2008年的金融風暴釀成幾十兆的虧損。在柯林頓之後，美國政治不再是右派共和黨和左派民主黨相抗衡，共和黨和民主黨表面上看來水火不容，其實骨子裡都一樣，對富人卑躬屈膝，壓榨窮人，枉顧公眾利益。[4]

公共支出的增加

我們從聯邦政府民用（非國防）支出就可以看出，自新政以降，聯邦政府的經濟角色日益吃重（圖4.1）。1930年，民用支出約占GDP的3%，到了1940年，因新政的實施，增加為8%。[5]到了1950年，又上升到10%，1970年來到12%，1980年則達到16%，之後大抵維持不變，直到2008年金融危機，才又出現另一個高峰。長期來看，世界上任何一個高收入國家的民用支出都是不斷攀升，歐洲各國上揚的幅度甚至比美國更大。我們可從公共支出占GDP比例的長期上揚走勢看出，現代社會的確需要混合型經濟，而不能任由市場操控。

圖4.2則顯示民用支出在「強制性計畫」（如依法實施的社會安全制度和聯邦醫療等）與「裁量性計畫」（如國會通過的

圖4.1：聯邦政府民用支出占GDP比例，1930-2010年

資料來源：美國行政管理和預算局歷史資料檔案。

圖4.2：民用支出占GDP比例的走勢，1962-2010年

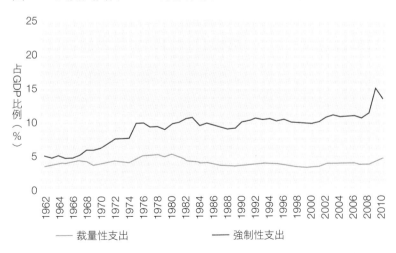

資料來源：美國行政管理和預算局歷史資料檔案。

NASA太空發展計畫和能源研究計畫）的分配情況。[6]從1962年到1980年，上述兩種計畫的支出都不斷增加，但自從1980年起，強制性計畫支出比例仍有微幅增加，裁量性計畫支出則被削減。由此可見，政府今日的管理效能不彰，早已埋下危機。

羅斯福總統於1933年美國陷入大蕭條谷底之時就任總統，聯邦政府自1940年代實施新政，到1960年代的重要計畫包括：基礎建設的建造（公路、橋樑、電力系統、水壩）、區域建設（如田納西河谷）、公共服務（醫療和教育）、退休和殘疾補助（社會安全制度）、科學與科技發展計畫、公共管理、收入保障計劃（開辦失業保險）、救濟窮人（發放食物券）等。1933年之前，幾乎看不到這樣的計畫。

然而，羅斯福的新政在當年引發不少反對的聲浪。不少人都大聲疾呼，認為政府不該干預經濟，就像今天的自由主義者呼籲削減政府的權力。儘管如此，美國度過1930年代大蕭條和1940年代第二次世界大戰的考驗之後，對經濟漸漸有新看法。民主黨和共和黨都同意，有為的大政府才能帶領美國度過經濟蕭條的危機，在戰後建立繁榮、穩定的社會。

從1940年代到1960年代，社會大眾不但一致擁護1930、1940年代開始施行的重大法案，也支持擴大實施。主要原因有三：首先，美國經歷兩次「瀕死」經驗，社會更加團結。正如布羅科（Tom Brokaw）所言，對美國而言，大蕭條和第二次

世界大戰就像成人禮，過了這兩關的美國人脫胎換骨，成為最
偉大的一代。其次，1924年通過的移民法案減緩移民浪潮，
移民政策不再成為分散注意力的政治議題，或是社福方案的紛
爭來源。不在美國出生的美國公民在1924年約占總人口數的
15%，到了1970年已減為不到5%，之後因為移民法的修改才
又上升。[7]

　　第三，社會大眾都認為政府效能十足，能維護廣大的
國家利益。美國政府不但安然度過大蕭條、在二次大戰取得
勝利、促成北大西洋公約組織（NATO）和歐洲煤鋼共同體
（European Coal and Steel Community，即歐盟前身）的成立以
及協助日本在二戰後重建，美國在戰後經濟復甦之快，更令人
驚奇。人民信賴政府，認為政府便是國家繁榮的保證。沒有人
認為政府會偏袒富人，因為當時富人要繳的所得稅極高，在40
年代之後，最高稅率更可高達80%。

　　政府對經濟的主導力在1960年代中期甘迺迪總統遇刺之
後達到頂點。1964年初，詹森總統向貧窮宣戰，並在1965年
通過一連串的法案，包括選舉權法、中小學教育法、水品質
法、高等教育法、香菸標示與廣告法、固體廢棄物處理法、汽
車空氣污染管制法，以及最重要的社會安全法修正案，讓老人
得以享有聯邦醫療照護，窮人也能獲得公共醫療補助。「向貧
窮宣戰」實施後，獲益最多的就是老年人和非裔美人。聯邦醫
療計畫和社會安全制度的擴大施行使六十五歲以上的窮人大

為減少。1959年，老人的貧窮率高達35.2%，到1969年下降到25.3%，2007年只剩9.7%。非裔美人的貧窮率在1959年為55.1%，1969年降為32.2%，2007年更下降到24.5%。[8]

在60年代，美國政府之所以有這麼多的作為，最重要的一個因素就是：政府有足夠的既有收入。至1960年代中期，政府要推動新的法案用不著增稅，根據二次大戰和韓戰期間（1950-1953）形成的稅制，政府稅收可達GDP的18%至19%，因此公共支出游刃有餘。[9]

大逆轉

1960年代中期，大多數的政治觀察家都認為政府可以實施更多的法案或計畫，增進社會繁榮、打擊貧窮。很少人預見民意有了轉變，社會大眾漸漸不再支持政府扮演經濟舵手。到了1980年，經濟策略有了180度的轉變，傾向小政府和公共事業的私有化。1960年代民權運動的族群對立開始造成民意分歧。我們將在下一章仔細討論。接下來的經濟衝擊更撼動了社會大眾對政府的信心。

自從1960年代末的通貨膨脹到1970年代一連串的經濟動盪，民眾開始對政府信心動搖，懷疑政府是否有足夠的能力穩定經濟、對抗貧窮。這時，美國經濟面臨最重大的難關有二：一是布列敦森林全球匯兌體系在1971年瓦解，[10]美元停兌黃

金；另一則是 1973 年至 1974 年以及 1979 年至 1980 年的兩次油
價飆漲。[11]然而，以雷根為首的保守派政界人士並不認為這些
只是一時的問題，只需另謀解決之道，反倒轉而攻擊政府，認
為這是政府能力不足的跡象，才無法穩定經濟。

卡特總統任期（1977-1980 年）是轉向的關鍵。[12]大工會
的勢力式微，反工會的陽光帶（指南部各州）崛起。[13]1978 年
通過的稅法更大幅調降資本利得稅。雷根執政時，更進一步減
稅。減稅的目的在於「拋開歷史包袱、促進商業投資」，而且
「不只是資本的勝利，也是金融資本的勝利，而資本對美國政
治愈來愈重要」。[14]日本進口到美國的鋼鐵、汽車和電子產品
日增，讓美國初次在全球化年代嘗到激烈競爭的滋味。

卡特也開始解除政府對企業的管制，特別是航空業、運輸
業和金融業。這點後來也成為雷根施政的重點。卡特推動的政
府鬆綁雖然也有成功的地方（如運輸業），但鬆綁太過則會演
變成失控，金融業就是很好的例子。此外，卡特總統顯然無力
改革能源業，替代能源方案不敵石油業和瓦斯業的阻撓。到了
1981 年，美國的重大轉變都在討好陽光帶、金融資本、美國富
人和大型石油公司。

人們沒有把這些問題視之為特殊的新挑戰（如能源、匯
率等），反而把矛頭對準「大政府」，指責政府就是繁榮的阻
礙。這是個怪異的論調。舉凡固定匯率體系的瓦解、越戰造成
的預算赤字和石油危機，本質上都屬於總體經濟問題。除了越

戰，這些問題顯然牽涉全球經濟的變動，而與政府規模無關。

大政府未必是經濟不穩定的原因，但雷根卻對此深信不疑，窮追猛打，鼓動心有不滿的大眾把他送進白宮。其實，這種說法很容易被戳破。自1950年代中期，政府稅收幾乎維持不變，約占GDP的17%至18%，支出只略為上揚，從1950年代晚期的18%，到1960年代末的20%，1970年代末則是21%。

我們找不到任何證據顯示1970年代的經濟衝擊和1960年代的施政有關，如向貧窮宣戰、社會福利計畫、基礎建設投資、推動科學和科技、社區發展、聯邦醫療照護、社會安全制度等。然而，油價飆漲、浮動匯率和寬鬆的貨幣政策造成的混亂終究會影響到政府預算。突然間，減稅、縮小政府規模、減縮福利政策的聲浪日大，似乎這些就是振衰起敝的藥方。從此，我們已無法回頭。不管世人如何解讀1970年代的經濟衝擊，政府效能的光環已漸漸黯淡。

雷根革命

雷根入主白宮的目標就是縮減聯邦政府的規模和影響力。他至少已做到一部分。雷根革命主要有四種手段：讓高所得者減稅、減少聯邦政府的民用支出、為關鍵產業撤除管制，以及將政府服務核心項目外包。這四大政策變革在1980年代開始生根，影響深遠，直至今日。

　　總地來說，雷根革命並沒有縮小聯邦政府的規模，只是使之不再膨脹。1981 年在聯邦政府服務的全職文職雇員共有 2,109,000 人，到了 1988 年，人數還是差不多，往後的三十年也幾乎相同，到了 2011 年約有 2,106,000 名全職文職雇員。[15]

　　以稅收來看，2007 年時，聯邦稅收占 GDP 的 18.5%，其實自 1981 年雷根執政以來，這個比率大抵相同。2007 年時，聯邦總支出占 GDP 的 19.6%，要比 1980 年的 21.7% 稍稍下降。民用支出在 2007 年則占 GDP 的 13.9%，也比 1980 年的 14.8% 小幅減少。

　　自雷根執政以來，比較大的轉變是國內支出的部分。[16]正如圖 4.2 所示，裁量性計畫在 1980 年占 GDP 的 5.2%，到了 2007 年只占 GDP 的 3.6%。至於強制性計畫，如老人的聯邦醫療照護、窮人的公共醫療補助、社會安全制度和榮民福利救助則略增，1980 年占 GDP 的 9.6%，到 2007 年則占 GDP 的 10.4%。因此，雷根革命大抵讓聯邦醫療和退休計畫維持原樣，但是排擠其他與增強生產力相關的計畫，包括教育、基礎建設、能源、科學與科技的發展等。

課稅妖魔化

　　雷根時代最深遠的影響就是將課稅妖魔化。很少人喜歡被課稅，特別是美國，美國建國先賢正是不滿繳交茶葉稅給英國政府才起而反抗。課稅不只是從人民的口袋把錢拿走，很多美國人更認為這是對自由的侵犯。依照一般自由主義者的思維，政府既然取走國家總收入的三分之一，有如美國人一年有四個月是當政府的奴隸。不管如何，課稅問題已成為美國政治的重要議題。

雷根的首要目標就是降低對富人徵收的最高邊際稅率。我們可從圖4.3看出最高邊際稅率的變化史。聯邦所得稅的徵收只有約莫一個世紀的歷史。最先，最高邊際稅率只有7%，然而不到幾年，因為美國投入第一次世界大戰，在1918年最高邊際稅率遽升為77%。在1920年代因為柯立芝（Calvin Coolidge）與胡佛（Herbert Hoover）的保守施政，致使最高邊際稅率遽降為25%，直至1929年10月29日黑色星期二華爾街股市大崩盤，美國於是陷入經濟大蕭條。

接下來，因為實施新政，最高邊際稅率遽升為63%，到了第二次世界大戰期間，1945年更達到94%的歷史新高，一直到1960年代都居高不下。1965年，詹森總統使之降到70%。到了1980年代，雷根上台之後力行一系列減稅措施，1988年最高邊際稅率終於降到28%，之後稅率一直在40%以下，歐巴馬入主白宮之後，最高邊際稅率為35%。

雷根減稅的主要理由有三：降低邊際稅率有助於企業的創新和發展；減稅之後因經濟成長可為政府帶來更多的收入；較低的稅率有助於縮減政府規模，稅收和支出都可減少。然而這

圖4.3：個人所得稅最高邊際稅率，1913-2009年

資料來源：布魯金斯學會與城市研究所（Brookings Institution and Urban Institute and Brookings Institution）的
　　　　稅收政策中心（Tax Policy Center）

種陳述卻自相矛盾。稅收究竟是增加，還是減少？政府支出是
不是得刪減，甚至包括廣受大眾歡迎的計畫？雷根的團隊自圓
其說：稅收雖然減少，但經濟成長迅速，因此不成問題。後文
會再深入討論減稅議題，但我們可以確定，減稅當然會對政府
支出造成衝擊，導致超額的預算赤字，裁量性計畫必須面臨經
費縮減的壓力，特別是軍用支出攀升時。

削減民用支出

雷根及其支持者不但主張減稅，也以縮減民用支出為目標，同時卻增加軍事支出。他們認為聯邦補助平民的種種計畫皆是浪費、不必要，只會讓窮人變得好吃懶做。「福利皇后」（welfare queens）就是雷根政府大力抨擊的對象，指不工作、利用各種別名領取社會福利金過日子的黑人婦女。美國社會是否真有這種人，儘管有待商榷，但一般社會大眾已經普遍認為，聯邦福利計畫遭到濫用，因此支持削減社福計畫經費。於是，「向貧窮宣戰」變成「向窮人宣戰」。

1980年之後最大的改變就是政府不再增加公共財和公共服務的預算。我們可從圖4.1看出聯邦政府民用支出占GDP的比例。雷根革命的第一個成就是扼止民用支出不斷增加的趨勢。民用支出預算從1955年的5%逐漸攀升，到了1981年已占GDP的14.9%。接下來便不再增加，大約在13%至15%之間，到了2007年，也就是金融風暴全面爆發的前一年，民用支出約占GDP的13.9%。[17]

至於聯邦政府花在國家「硬體資源」（也就是基礎建設）的經費則削減了一半，從占GDP的2%減為1%。[18]根據美國土木工程學會的追蹤調查，多年下來，基礎建設經費缺口已高達2兆（約占GDP的15%）。

預算遭到大幅減縮的另一個領域是教育、職業訓練和就業

計畫。這些都是人力資源的重要投資，特別是我們已邁入全球
化的紀元。雖然美國教育開支主要由州政府負責，但在學前教
育、高等教育、就業訓練和安置，聯邦政府的角色非常吃重。
聯邦教育計畫在1980年代遭到縮減，整體開支逐年下降，在
1981年占GDP的0.85%，到1988年只占GDP的0.5%，直至
20007年才又微升到0.53%。

此外，替代能源的研究與發展從卡特時期開始推動，到了
雷根政府手中則停擺。美國人不得不納悶：為什麼我們在2010
年對石油的依賴大於1973年時的第一次石油危機？為什麼我
們仍在危險的深海岩層鑽鑿油井？我們只要看一下圖4.4，就
能一目瞭然。圖中顯示聯邦政府的能源研發開支。卡特宣稱能
源危機相當於「道德戰爭」（moral equivalent of war），除了限
制使用昂貴的石油，還推動一連串的替代能源研發方案。然而
擁抱自由市場的右派不以為然，把他喊出的戰爭口號以英文縮
寫「MEOW」（也就是「貓叫」）來嘲諷他。

卡特執政期間大幅增加能源科技的研發預算，包括太陽
能、生物燃料、將固態煤轉換為天然氣等。從1974年到1980
年，這方面的支出從29億美元增為90億美元（以2009年的美
元價值為基準）。[19]雷根上台後，將這部分的支出砍為30億美
元，而且主要用於核武研發，他甚至拆除卡特裝在白宮屋頂的
太陽能板。再生資源研究就此被打入冷宮。儘管雷根下台至今
已有二十五年，我們仍在為他的所做所為付出代價。

圖4.4：聯邦政府的能源研發支出占GDP的比例

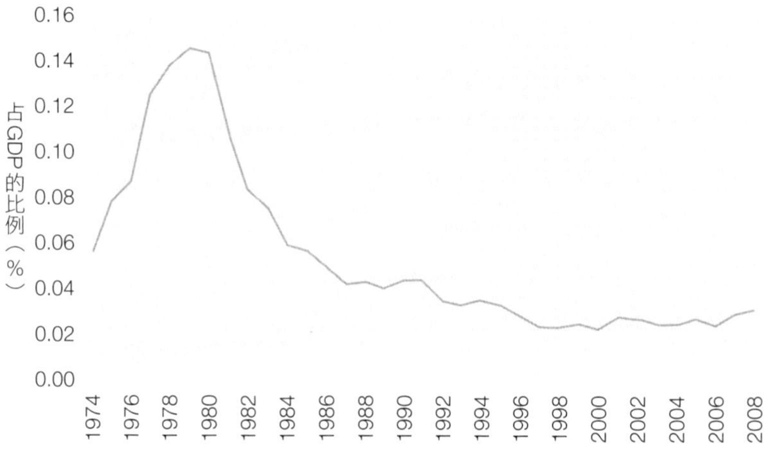

資料來源：國際能源署（International Energy Agency）資料服務處

大鬆綁

　　在雷根時代擁抱自由市場理念的人認為，管制是對私人財產的侵害，政府管制更是短期利益的絆腳石。如果沒有官僚從中阻撓，商人就可盡情地攫取利益。自從1980年代初期，在企業利益掛帥之下，主張管制的種種理由，舉凡外部性、資訊不對稱、委託代理問題、公然詐騙、市場恐慌的預期自我應驗等，都被視為不重要或不值得重視。

　　金融市場和環境管制的鬆綁是最大的兩項錯誤，市場機制在這兩個領域無法自行達成效率。我們已從大蕭條得到很好的教訓，只有嚴格的金融管制，才能避免詐騙和財務槓桿過度操作。然而，雷根政府卻執意減少管制。第一步就是1982年實施的甘恩聖哲曼存款機構法（Garn-St. Germain Depository Institutions Act of 1982），減少對金融機構的監管，擴大儲貸銀行的借貸權和投資權，幾年後終於引發嚴重的儲貸危機。自從1980年代開始，不管民主黨或共和黨，頻頻以金融鬆綁對華爾街示好。華爾街當然知道投桃報李，以巨額的政治獻金相贈，助其順利當選。金融鬆綁措施包括消除商業銀行業務與投資銀行業務的界線，柯林頓甚至在任期結束前維持衍生性金融商品的鬆綁。前聯準會主席葛林斯潘（Alan Greenspan）也鼓吹鬆綁，相信金融市場能夠自律，管制風險，這項錯誤最後重創全球經濟，造成數十兆美元的損失。

1960、1970年代，聯邦政府開始對空氣和水污染嚴格管制，但到了1980年代之後則部分棄守。雷根的內政部長瓦特（James Watt）削減環境管制單位的經費，讓礦業和石油業以低成本取得聯邦土地資源。1980年之後，環保法規雖然還在，但執法不一而且充滿矛盾。此外，共和黨內的自由派不遺餘力地捍衛私人財產權，根本不把環保法規當一回事。

媒體（特別是電視）的解禁也帶來深遠影響，只是比較不那麼顯而易見。在1980年代以前，美國為了保障公共利益、中立與報導平衡，為媒體制訂了「公平原則」（Fairness Doctrine），然而此一原則在1987年遭到廢除，電視台的老闆於是以營利為目標，只想從廣告和收視率賺錢，枉顧媒體對社會教育和公民意識的責任。媒體氾濫的時代於焉來臨。

公共事業的私有化

自從雷根開始,美國政府逐漸對公共事業放手,讓私人機構接管,舉凡軍事基地的業務、聯邦監獄的管理、社會服務(包括醫療、教育和所得補助計畫等),很多都外包給私人機構。這樣的策略也獲得兩黨的支持。

伊拉克和阿富汗戰爭期間,社會大眾才發現,原來有許多軍事活動都是由私人包商承辦。這類外包不但有背信風險,而且很容易遭到濫用,衍生賄賂、回扣、驗收不實、浮報價格等弊端。

由此可見,公共事業外包給私人不一定比政府自己經營來得好,特別是大多數的事業項目關乎公眾利益。政府外包只是從政府壟斷變成私人壟斷。為了取得壟斷地位,私人包商不惜透過賄賂或政治獻金來達成。例如地區軍事承包商即在國會議員的撐腰下取得軍事合約,大飽私囊,儘管國防部反對也無濟於事。

政府不再是國家問題解決者

雷根革命最大的禍害就是政府不再是國家經濟問題的解

決者。從1930年代到1960年代，國家遭逢重大問題，聯邦政
府就會盡全力解決，如在1930年代解決失業問題、在1940年
代贏得第二次世界大戰、在1950年代積極推動基礎建設、在
1960年代對抗貧窮，以及在1970年代面對環境和能源威脅。
一般大眾認為，重大經濟問題當然該由聯邦政府出手解決。

　　然而，過去三十年來，我們發現政府的角色有了很大的變
化。雷根宣稱政府本身就是問題，而非美國經濟病症的解藥，
從而引進新思維和新政策。如果你是一般的老百姓，別指望政
府會幫你設想，如果你是特殊利益團體，那就可成為政府的座
上賓，法規可以按你的意思修改或廢除。儘管我們面臨種種挑
戰，包括全球化、氣候變遷、金融動盪不安、醫療經費節節高
升等，政治舞台上，特殊利益才是主角，國家利益已淪為跑龍
套的角色。

雷根的誤診以及遺害

　　診斷正確，開立的藥方才有效果。雷根診斷之後，開立
的藥方包括縮小政府規模、降低最高邊際稅率、對企業大幅鬆
綁、公共事業的私有化並制定稅收上限為GDP的18%。然而，
我們可從所有相關指標發現，自1981年到2010年，人民過的
生活並不比1955年到1970年來得好，甚至比1970年代悲慘的
十年更糟。正如表4.1所示，1970年代的經濟狀況在許多層面

都在惡化：失業率、所得成長率、預算赤字、通貨膨脹率。

　雷根的藥方意在振衰起敝，讓國家經濟可以走上坡。結果，從1981年到2010年，最高邊際稅率大幅降低，經濟卻不見起色。經濟成長率和就業成長率雙雙下滑。失業率仍超過6%。貧富差距變大，排名前1%的家計所得總額占全民所得總額的比例，1980年為10%，到了2009年已上升到21%。[21]所得停滯。赤字愈來愈龐大。只有通貨膨脹率比1970年代大有改善。我們可以得到一個明確的結論：雷根的經濟藥方無效，無法讓美國重返成長、高就業和共享繁榮之路。

表4.1：經濟表現，1955–2010年

指標	1955-1970	1971-1980	1981-2010
最高邊際稅率	82.3%	70.0%	39.3%
聯邦稅收占GDP的比例	17.7%	17.9%	18.0%
GDP成長率	3.6%	3.2%	2.8%
人均GDP成長率	2.2%	2.1%	1.7%
總就業成長率	1.7%	2.7%	1.1%
平均失業率	4.9%	6.4%	6.1%
所得差距變化：最富有1%人口的所得份額	-2.0%	0.6%	10.9%
全國貧窮率的變化	-9.8%	0.5%	0.3%
全職男性員工所得增加率	2.9%	0.5%	0.2%
預算結餘占GDP的比率	-0.7%	-2.4%	-3.0%
通貨膨脹率	2.3%	7.7%	3.2%

資料來源：稅收政策中心（Tax Policy Center）、美國行政管理和預算局歷史資料檔案、薩耶茲與皮克堤〈論美國的所得不均〉、美國經濟分析局[20]

05

分裂的國家

利益團體之所以能操縱政策，不只是因為有錢，而是許多民眾對公共事務漠不關心。我們可以從效率、公平、永續等共同的核心價值觀有效建立共識，進而確立經濟政策的基本方向，消弭矛盾和分裂。

1980年之後，政府退卻，沒能扭轉經濟頹勢、顧及公眾利益，一個原因是雷根的誤診，認為「大政府」是1970年代經濟危機的成因。另一個原因則是全球化，我將在下一章詳細探討。第三個原因就是社會對立，導致美國認知、行動、原則與價值觀分歧。自從1980年代至今，美國已成為嚴重分裂的國家，致使國家虛耗在社會分歧之上，沒能把焦點放在重要的價值觀，集結全國人民的力量，建立經濟政策的基礎。

美國社會的分歧已是眾人皆知的事實：紅州是共和黨的地盤，藍州則屬於民主黨，其他的對立如市郊與都市、鄉村與都市、白人與少數族裔、基本教義派與主流宗教、保守派與自由派，以及陽光帶和冰雪帶。[1]這些歧異十分真實。對很多重大議題，美國人往往各有各的觀點，舉凡宗教偏好、文化標準以及對社會正義的態度，每一個人都有自己的主張。有句話說：「立場決定想法。」其實，想法也取決於居住地。以住在市郊的南方白人與住在北部都市黑人為例，雙方的文化態度、社會規範和政治見解都有天壤之別。

有一段時間，在特殊的情勢之下，這些分歧暫時消失。在1930和1940年代，美國人為了走出大蕭條和參加第二次世界大戰，上下一心。這些劃時代的事件就是化解歧見、建立共識的融爐。到了冷戰時期，全民共同承擔危機與義務，直到1965年左右，美國社會在杜魯門、艾森豪、甘迺迪和詹森這些領袖的治理之下，齊心合力，有共同努力的目標。美國人的共識在

1960年代初期開始動搖，到了1980年代已經瓦解。

共識瓦解的原因很多，最重要的包括冷戰對屹的陰影逐漸消除，社會對立的火藥味反而變濃了。另一個原因是在第二次世界大戰之後，女性地位因節育和經濟因素而有了轉變，更多女性接受高等教育，投入職場，形成新的社會對立，甚至促成1960年代及以後的「文化戰爭」。此外，美國因越戰而分裂成鷹派和鴿派，之後的衝突也常見這樣的對立。再者，1960年代的反文化運動向美國傳統價值觀挑戰，追求自我解放。從此，社會的性道德與性觀念有了很大的轉變，也帶來許許多多的爭議，直到今天，依然吵嚷不休。

我將把焦點放在四個主要趨勢。這些趨勢影響深遠，甚至關係到政府的變化。首先是民權運動：民權運動使得非裔美人得以大幅提升經濟和社會地位，對美國白人的政治勢力造成衝擊，尤其是在南方。第二是拉丁裔移民潮引發的族群對立。第三則是陽光帶人口增加，經濟勢力抬頭，進而影響美國政壇。最後，美國建商傾向在遠離市區的郊外大量修建寬敞而豪華的房屋，以吸引高收入家庭入住。這種市郊化不僅造成所得區隔，階級歧視，也使政治對立更加嚴重。

民權運動與政治潮流的轉變

美國民權運動使得政治勢力由冰雪帶轉移到陽光帶。我就曾親眼看到這種社會、政治景觀的轉變。我從小在密西根的底特律長大。那時是1960年代，我父親是專司員工和勞工權益的律師，也是當地民權運動的領導人，常有一大群人在我們家討論政治。雖然那時我們已經感覺得到黑白對立的緊張氣氛，然而還是沒想到1967年爆發黑人暴動。結果，數十人死亡，暴徒四處縱火，白人由此開始大規模逃離，市區人口銳減，汽車之城底特律迅速陷入貧窮，成為美國最悲慘的城市。主張種族隔離的阿拉巴馬州民主黨州長華萊士（George Wallace）在1968年獨立參選，獲得藍領階級的支持，並於1972年在密西根贏得總統初選。

到了1980年雷根問鼎白宮之時，正是反政府、反徵稅聲浪最大的時候。民權運動也使政治潮流起了巨大的轉變。自內戰以來，南方一直是民主黨的地盤，不料在一夕之間變天，投入共和黨的懷抱。深南各州和西南（也就是陽光帶）使共和黨拿下總統寶座（先是1968年的尼克森、再來是1980年的雷根、1988年的老布希和2000年的小布希），該地區的政治地位因此上升。從這時起，與種族相關的聯邦福利計畫常遭到白人抵制。在人權運動之前，聯邦的社會計畫開支主要是用來服務白人選民。從1930年代到1950年代，聯邦政府針對農民、屋主和退休人員施行的補助計畫都是以白人的利益為著眼點。1930年開始實施的社會安全制度就把農民排除在外，讓南方大多數窮苦的黑人無法享受這樣的社會福利。[2]

1960 年代由於民權運動興起，加上反貧窮計畫，少數族裔因而得以享受社會福利。很多白人選民對這樣的施政覺得失望。[3]一般白領階級雖然贊同消除種族歧視，但對很多白人而言，平權法案就太超過了。他們固然同意學校應該廢除種族隔離，但是如果為了嚴格執行黑白學童同校，硬性規定各校必須黑白各半一同上課，讓孩童必須坐巴士跨區就讀，那就太過分了。這個時期發生的兩次黑人暴動加上都市犯罪率的飆升更無助於弭平種族歧見。

白人福音派也變得力挺共和黨。在 1970 年代晚期之前，福音派的選民對政黨的支持大抵是共和、民主各半。在 1970 年代末，由於聯邦政府不斷對學校施壓，很多福音派白人於是投靠共和黨。[4]這些白人中產階級選民的民意向背就是共和黨人得以從 1980 年到 2008 年在總統大選獲勝的關鍵。

拉丁裔移民潮

拉丁裔人口在美國快速增加是政治與族群分裂的另一個原因。白人選民因而傾向低稅率與政府縮手。1965 年，美國實施《移民與國籍法案》(*Immigration and Nationality Act*)，廢除了 1924 年《移民法》的國籍配額制，美國的人口結構因此起了巨大的轉變。我們可從圖 5.1 看出，美國在 1924 年之後，外國出生人口急遽減少，到了 1965 年則開始激增。在 1970 年，美國拉丁裔人口預估為一千萬人,相當於美國總人口數的5%,而且集中於加州和德州。到了1990年,也就是1965年移民法案解除限制的二十五年後,拉丁裔人口已增為兩倍,多達兩千兩百萬人,約占總人口數的8.6%。至2007年,拉丁裔人口再度加倍,已達四千五百萬人,占總人口數的15%,美國西南、佛羅里達、紐約、紐澤西和西北都有規模可觀的拉丁裔社群。[5] 拉丁裔選民在重要的國家選舉和州選舉已扮演關鍵角色,例如在2008年的總統大選,拉丁裔選民幾乎一面倒地支持歐巴馬。

拉丁裔移民的激增使族群對立的問題惡化,移民政策又成為熱門的政治辯論議題,1970年代以來更助長了反賦稅情緒。

圖5.1:美國人民在外國出生的人口比率,1850-2010年

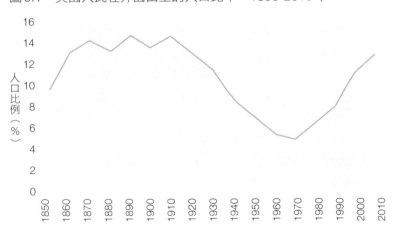

資料來源:美國人口普查局

1978年，加州選民通過了州憲法第十三號提案（Proposition 13），大幅削減財產稅並限制稅收增長，是為反賦稅運動的第一次大勝利。這個反賦稅運動就是白人社群對拉丁裔移民的反擊，反對州政府因拉丁裔學生人數激增，必須增加財產稅以彌補教育經費的不足。[6]

再者，非法移民也引發美國人民的反感。政府推動救濟窮人的社會福利計畫，如醫療補助、教育、收入補助、食物券等，都得仰賴社群意識。但在族群與宗教分裂的社群，實在難以形成社群意識，特別是在越境非法移民日增的情況之下。來自貧窮國家的幾億或幾十億人，拚命從國界漏洞鑽入美國，美國的中產階級和勞工階級不得不擔心，政府透過稅收強迫自己掏出錢來供養這些非法移民。與其說美國人民對特定族裔有敵意，不如說他們是為了社會不公而憤慨：為何政府要讓數以百萬計的外國人來美國分一杯羹？

我們必須正視這種情緒。社會福利計畫必須以明確的移民政策和標準為基礎。到目前為止，政府仍未能用誠實的態度解決問題，辜負人民的信賴。幸好，政府在移民身上的支出（包括非法移民）沒有反移民團體抨擊的那麼多。數百萬非法移民依然繳稅，希望有一天能得到赦免。美國社會安全局每年從無證移民徵收幾十億美元的稅金，數以百萬的非法移民每年仍申報所得稅。[7]

陽光帶趕上冰雪帶

民權運動與移民浪潮引發的族群議題不只讓美國分裂，也改變了政治地理學。自內戰之後的一百年，美國政治勢力皆以北方為中心，特別是東北部和中西部。幾乎每一任美國總統都來自北方。工業和財富也是集中於北方。南方落後的原因很複雜，除了內戰被擊敗，產業生態是農業，不像北方以工業為主，技術技能低，公共教育水準也差，加上熱帶疾病的糾纏，如黃熱病、瘧疾和鉤蟲。基於這些因素，經濟勢力主要是由北方掌控。

接著，政治出現很大的轉變。在1900年和1960年間，除了加州出身的胡佛，每一任美國總統都來自美國的冰雪帶。但從1964年到2008年歐巴馬入主白宮，每一任總統都來自陽光帶。[8]民權運動使得冰雪帶和陽光帶出現明顯的分界線。從尼克森開始，南方等於是共和黨候選人的票倉。在歐巴馬之前，只有兩位民主黨的候選人，即卡特和柯林頓，得以在共和黨的大本營突破重圍，但這兩位也是來自陽光帶。儘管低收人的白人選民仍支持民主黨，北方的民主黨人因為受到南方白人中產階級的抵制，幾乎一籌莫展。

陽光帶在1960年代之後的總統大選連連獲勝，不只是對民權運動的反彈，也反映自第二次世界大戰以來南方經濟的崛起，特別是電力、空調、對基礎建設的公共投資（如西部水壩的興建和大型水利計畫）以及醫療、教育的提升，使得美國產業從有工會組織、高成本的東北部（如紡織、服飾業）漸漸轉移到低成本、沒有工會組織的陽光帶。多年後產業從高工資的美國轉移到低工資的亞洲和這樣的產業轉移如出一轍。由於陽光帶經濟日益蓬勃，人口也逐漸增多（包括本地出生的美國人和拉丁裔移民），政治重心於是逐漸傾向南方。圖5.2顯示近七十年陽光帶與冰雪帶人口增長、所得占GDP的比例與國會席次比例（也反映總統大選得票比例）的變化。

在這三個發展趨勢之中，從1940年代到1960年代，陽光帶要比冰雪帶小得多，但到了2000年，陽光帶已迎頭趕上。政治勢力也隨著人口和收入的變化而傾向陽光帶。

陽光帶的崛起主要是靠反政府的政治力量，而不是全國價值觀的變動。南方拜人口與經濟發展之賜逐漸形成政治的新勢力。我將在下面用數字來說明人口的轉變如何影響國家政治。

假設冰雪帶選民支持聯邦政府社會計畫的占70%，反對的占30%，而陽光帶的選民反對的占70%，支持的占30%。所有的選民加起來有一億人，冰帶雪有六千萬人，陽光帶有四千萬人，因此冰雪帶的選票占60%，陽光帶的選票占40%。可見，全國有54%的選票支持聯邦政府社會計畫，反對的則占46%。

假設，後來有二千萬北方人搬到陽光帶。在這些遷移的人口中，70%（一千四百萬人）支持聯邦政府社會計畫，30%（六百萬人）反對。如果全國人民的政治價值觀沒有改變，支

圖5.2：陽光帶的崛起，1940-2010年

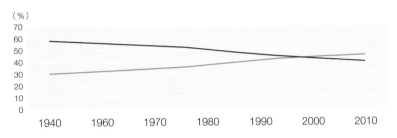

冰雪帶與陽光帶的人口占總人口比例

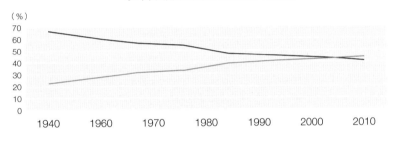

冰雪帶與陽光帶的所得占GDP的比例

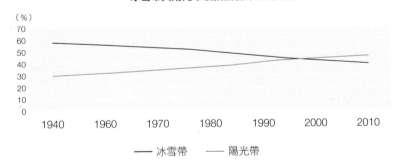

冰雪帶與陽光帶囊括國會席次的比例

── 冰雪帶　　── 陽光帶

資料來源：美國人口普查局

持聯邦政府社會計畫的選民依然占54%，反對的一樣是46%。儘管如此，由於人口有了變化，聯邦政府社會計畫在國會卻很可能會過不了關。

這是因為新的陽光帶已有六千萬選民。原來的四千萬選民中反對聯邦政府社會計畫的兩千八百萬人，贊成的為一千兩百萬人，至於從北方遷入的新住民中支持的有一千四百萬人，反對的有六百萬人。總計，在新的陽光帶，反對聯邦政府社會計畫有三千四百萬人（57%），而贊成的有兩千六百萬人（43%）。

儘管有不少北方人遷入，南方依然是反政府的大本營，而且在國會和選舉人團已占多數。儘管全國意見沒有變化（支持聯邦政府社會計畫的人仍是多數），然而由於陽光帶人口數目增加，足以使國會從親政府的多數變成反政府的多數。儘管人口變化不完全等同於命運，仍具備關鍵影響力。[9]

陽光帶的價值觀

隨著陽光帶的崛起，美國文化的斷裂也更深。早在1960年代之前，南方一直抗拒政府權力膨脹，插手地方經濟。南方畢竟是在內戰落敗的一方，對州權力的擁護不遺餘力。南方黑人人口可觀，白人反政府的情緒只是反映長久以來他們對公共建設投資的抗拒。陽光帶崛起之後，反政府的情緒更加高張，甚至成了有權力的多數，得以左右全國政局。南方反政府的情緒有其歷史根源，1960年代的民權運動、移民法案加上文化變動，在在激發南方人對政府的不滿。

南方也是基督教基本教義派的大本營：37%的南方人認為自己是福音派基督徒，65%認為自己是基督新教，包括主流教派和福音派。[10]相形之下，美國東北只有13%的人認為自己是福音派新教徒，而37%則屬新教（包括任何宗派的新教）。陽光帶總統由於得到福音派的力挺，福音派的文化議題（如主張生命權、反節育、提倡在學校和公家機關禱告、反同性婚姻、反對學校教授演化論等）也就成為全國矚目的焦點，然而美國的文化分歧也更加嚴重。

美國的文化戰爭就此開打。1960年代除了有民權運動、黑人暴動、犯罪率上升，也帶來嗑藥、性解放、女權運動等反文化，同志權利也開始抬頭。這些文化變動發生在短短的幾年，加上種種影響人民生活的社會法規，如孩童因平權法案規定黑白同校而必須跨區就讀，以及1973年最高法院通過墮胎的合法化等，使得宗教保守派認為自由派不只是要對抗貧窮和種族歧視，而且要強行建立新的社會秩序。文化分歧愈演愈烈，陽光帶的保守派認為傳統基督教的價值觀遭到威脅，於是起而對抗聯邦政府。

白人大遷徙

1960年代在都市發生的民權運動和種族動騷動也激發另一個人口遷移趨勢：富裕的白人家庭紛紛從都市遷往市郊。其實，在1950年代，也就是種族問題變成焦點之前，已開始出現這樣的現象。汽車興起加上戰後嬰兒潮與社會的回歸常態已為市郊化埋下根源。1960年代，白人大舉遷居至市郊，代表社會和經濟的變動。就社會層面來說，很多白人希望住在全是白人的社區。至於經濟方面，則顯示富裕的白人家庭希望子女能上好學校，接受優質教育。[11]

於是，愈來愈多富裕家庭入住地段昂貴的市郊，因為那裡的稅收較多，得以有比較好的公立學校。市郊因此變得非常搶手，房價不斷攀升，工人階級的家庭因為住不起那樣的地段，只好遷至房價便宜、地段較差的地區或市內的貧民區。美國人漸漸因階級和種族之分而住在不同的地區。

美國的市區與市郊於是變成兩個世界：市郊是有錢人住的天堂，市區則是貧民住的地獄。如此一來，教育和所得的不平等也就從一代延續到下一代。聯邦和州政府要是不大力資助貧窮學區，該區人民就會陷入貧困的陷阱，久久無法脫身。

市區與市郊之分對政治也造成很大的衝擊。富裕的市郊民眾多支持共和黨，貧窮的都市民眾則傾向民主黨。由於選區特色分明，一看就知道是共和黨或是民主黨的安全選區，變動選區（Swing District，即主要政黨候選人獲得選民支持程度相當的選區）則寥寥無幾。由於安全選區已為某一政黨掌握，真正的競爭不在十一月的總統大選，而是在初選。在初選時，人民不是直接投票支持某一黨的總統競選人本人，而是投票選出參加黨代表大會的代表，然後再由他們選出總統候選人。因此，政黨總統競選人要在初選結束前，盡可能爭奪代表的票數，誰得票多，誰就是贏家。在初選中，安全選區的共和黨人都傾向右派，反之民主黨則傾向左派。然而，我們不要忘了，兩黨也會受到大企業金主的引吸而偏右，結果共和黨更加保守，而民主黨則傾向中央（在某些選區，也許政治獻金的吸引力特別大，而變成中央偏右）。

分歧的表面下仍有共識

至此，本章讀者也許會以為美國不可能產生經濟共識。畢竟，這個國家不管在文化、地理、種族和階級，都充滿對立與分歧。幾十年來，分裂日益嚴重。近年來反高稅收的茶黨似乎代表美國各種對立的勢力，如自由派與保守派、北方人與南方人、白人和少數族裔。在這樣的情況之下，美國人可能有共同的價值觀嗎？我不認為美國的分裂是一條不歸路。表面上看來充滿對立、矛盾的美國，其實仍有共識。

我所說的共識不是指美國民眾皆同意和生活有關的種種主

張（顯然這是不可能的），而是美國民眾是否認同國家經濟政策的目標在於增進效率、公平和永續。美國民眾大抵同意這樣的目標。

大多數的美國人民都同意，美國公民應該有公平的就業機會，也同意個人該盡最大的努力自立，贊成政府幫助真正貧困而且想要努力自立的人，也認為富人應繳交比較多的稅。我們可從這些核心價值觀有效建立共識，進而確立經濟政策的基本方向。

2007年，政治學家佩吉（Benjamin Page）與賈克布斯（Lawrence Jacobs）發現，72%的美國人同意「美國人所得差距太大」，68%認為目前的所得與財富分配不公。[12]大多數的人都同意，政府應該「使社會上的每一個人衣食無缺，也有蔽身之處」（68%），也認為政府應該確保所有的兒童都能接受優質教育（87%），贊同「利用稅金贊助幼稚園、托兒所等學前教育」（81%），同意政府利用稅收來推動失業者的職業再培訓計畫（80%），也認為「聯邦政府有責任使所有的美國人享有醫療保險」（73%）。[13]

在佩吉和賈克布斯的調查資料當中，95%以上的人認同「人該幫助比自己不幸的人」。因此，同意「政府該對富人課以重稅，重新分配財富」的人也逐漸增加：1939年贊同的人只有35%，到了1998年上升到45%，2007年更已高達56%。美國人民貧差距懸殊，因此愈來愈多人贊同透過徵稅進行財富的重分配。

　　皮優研究中心最近的調查報告也支持這種平等主義。[14]有87%的美國人同意「社會該確保人人有相同的成功機會」。63%的人認為「政府有責任照顧那些無法照顧自己的人」。然而，崇尚個人自主的美國總是認為個人應該為自己負最大的責任。只有32%的人同意「成功的人生並非個人可以掌控的」，也只有33%的人認同「努力並非成功的保證」。一般美國人雖然認為政府應該對需要幫助的人伸出援手，但一個人的命運主要掌握在自己手中。

　　此外，美國大眾雖然認為私人企業對國家經濟非常重要，但大抵同意大企業常以追逐利益為目標，枉顧救助窮人的社會責任，而且認為「少數大企業握有太大的權力」（根據2009年4月的調查，同意者達77%，反對者為21%）。[15]贊同「大企業賺太多錢」的人則有62%，反對者為33%。因此，社會上大多數的人都同意政府對富人徵收更多稅金。

　　上述調查也顯示美國大眾對自然環境日益重視。即使聯邦政府不在意環境遭到破壞，一般美國人都有環保意識。據皮優研究中心的調查，83%的美國人同意「環保法規應該更嚴格」。[16]2010年，《今日美國報》（*USA Today*）與蓋洛普合作的民意調查結果顯示，56%的人同意「立法規範私人企業的能源輸出量，以減少地球暖化效應」，反對者則為40%。另一由美國廣播公司新聞網（ABC News）與《華盛頓郵報》

（*Washington Post*）共同進行的民意調查，也顯示71%美國人同意「聯邦政府應該立法規範發電廠、汽車和工廠排放的溫室氣體，以減少地球暖化效應」，反對者為26%。[17]在2011年1月，拉斯穆森調查中心（Rasmussen survey）也發現，66%受訪的美國人認為，與化石燃料相比，再生能源更值得長期投資，反對者為23%。[18]儘管環境保護和經濟成長一樣重要，年輕人多認為環境保護該擺在首位，年長者則以經濟成長為優先。總之，以整體重要性而言，環境略勝過經濟成長。

如果選民能擁有更多、更詳細的訊息，意見應該更能趨於一致。很多研究和調查發現，一般大眾並不了解美國所得分配的細節，也不知道公共政策對所得分配的實質影響。美國人高估了聯邦政府在外援或幫助窮困家庭的福利計畫（即「貧困家庭臨時救助計畫」）支出，他們認為這些計畫占了很多預算，但這些其實只占政府開支的一小部分。

最耐人尋味的要算是聯邦稅收與移轉支付所造成的負擔與好處。陽光帶的紅州（傾向共和黨的州）向來反對聯邦稅收和移轉支付，無疑有南方反對聯邦治理的歷史情結，但他們不了解自己其實是聯邦稅收與移轉支付主要的獲益者。藍州（傾向民主黨的州，如加州、紐約州、康乃迪克州和紐澤西州）的百萬富翁或億萬富翁繳交的所得稅也用於紅州開辦的政府醫療保險、殘障津貼和高速公路興建計畫。

表5.1列出各州居民上繳的每一塊稅金可從聯邦政府取得

多少回饋。若回饋大於一元，則表示該州獲得的聯邦補助大於其上繳的稅金，小於一元則代表上繳的稅金不及拿回來的錢。在前十大回饋多於稅負的州中，歐巴馬在2008年的總統大選只拿下新墨西哥和維吉尼亞。然而，在前十大稅負大於回饋的州中，歐巴馬則囊括全數。由此浮現一個弔詭的現象：反對稅收喊得最大聲的人正是那些接受聯邦補助大於繳交稅金的人。然而，很多美國民眾並不了解這點。

尋求新的共識

乍看之下，美國似乎分裂到無可救藥的程度。然而，如果細看，我們還是可以發現美國凝聚的向心力強過分裂的離心力。美國會面臨政治分裂的局面主要是因為下面三者間存在巨大鴻溝：一是美國人真正相信什麼，二是媒體告訴我們美國人相信什麼，三是政治人物不管美國人相信什麼而自行其是的作為。儘管美國人有宗教、階級、種族、族裔之分，大多數的美國人還是守中庸之道，而且具有慷慨的美德，只是媒體過度強調極端；此外，政治人物也選擇向富人和利益團體靠攏，我們才無法對自己國家有一個持平的看法。如果公共政策能依循美國傳統價值觀，不要被媒體牽著鼻子走，今日的美國應該不致於有這麼多矛盾與分裂的亂象。

如果要有改變，社會大眾應該負起新的、更多的社會責

表5.1　聯邦政府在各州的開支

	每一元稅負自聯邦政府得到的回饋	排行	歐巴馬得票率
前十大回饋多於稅負州			
新墨西哥	$2.03	1	57%
密西西比	$2.02	2	43%
阿拉斯加	$1.84	3	38%
路易斯安那	$1.78	4	40%
西維吉尼亞	$1.76	5	43%
北達科塔	$1.68	6	45%
阿拉巴馬	$1.66	7	39%
南達科塔	$1.53	8	45%
肯塔基	$1.51	9	41%
維吉尼亞	$1.51	10	53%
前十大稅負多於回饋州			
科羅拉多	$0.81	41	54%
紐約	$0.79	42	63%
加州	$0.78	43	61%
德拉瓦	$0.77	44	62%
伊利諾	$0.75	45	62%
明尼蘇達	$0.72	46	54%
新罕布夏	$0.71	47	54%
康乃迪克	$0.69	48	61%
內華達	$0.65	49	55%
紐澤西	$0.61	50	57%

資料來源：2005年稅務基金會（The Tax Foundation）和2008年CNN選舉中心（CNN Election Center）調查報告

任。利益團體之所以能左右政界，不只是因為他們有更多的錢，而是很多人對公共事務漠不關心。是的，政治人物和大企業往往不希望民眾知道太多。要突破這點，我們只能眼睛放亮，豎起耳朵，掌握足夠的信息，積極參與公共事務。

06

新全球化

每個世代都面臨不同的時代挑戰,我們今日的挑戰就是因應新全球化,設法在擁擠、緊密相連的世界追求效率、公平以及永續。

過去四十年來，全球化一直是經濟的重大挑戰。雷根誤把美國經濟弊病歸咎於大政府，更忽略1970、80年代真正的經濟風暴。自從1970年開始，美國和全世界已面臨三大全球變遷的衝擊：數位電子世代引發的電腦、網際網路、行動通訊科技革命；亞洲經濟的崛起；以及最近出現的全球生態危機。這三大變遷造成全世界所得、工作與投資的巨變，美國當然無法置身事外。面臨這樣的變化，聯邦政府該積極引導，使美國全民共同承擔全球化的包袱與利益，並維持美國的全球競爭力。

至於如何促進政府效能、達成社會的公平和永續，每一個世代都面臨新的挑戰。兩百年前在西歐和美國，最大的挑戰是促成第一次的工業革命；一百五十年前，工業都市的人口出現爆炸性的成長，最主要的挑戰即是創造一個安全、適合居住的都市環境；七十五年前，最大的挑戰是走出經濟大蕭條。今天，我們面臨的重大挑戰就是因應新全球化，設法在這擁擠、緊密相連的世界追求效率、公平以及永續。

新全球化

全球化是謂全世界透過貿易、投資與生產網絡連成一個整體（如電腦、行動電話或汽車這樣的成品是由全世界十幾個或更多國家聯合生產而成）。其實，全球化已有幾千年的歷史，如兩千年前中國漢朝輸送絲織品到羅馬帝國，交換黃金和敘利亞製造的玻璃。哥倫布（Christopher Columbus）與達伽馬（Vasco da Gama）在十五世末首先連起歐洲與亞洲的航線，讓全世界的經濟得以串連。亞當‧斯密稱這樣的地理發現為「人類史上最重要的事件」。[1]即使全球貿易已有長遠的歷史，今日的全球化與過去本質上大不相同，因而在此以「新全球化」來形容今日的景況。

今日由於科技突破加上地緣政治，使得經濟更加緊密相連。新全球化最重要的科技包括資訊、通訊與運輸。新全球化就是數位時代的全球化。由於電腦儲存、處理訊息的能力增加、網路和行動電話使全球任何地方都可立即傳輸，加上貨櫃遠洋運輸和航線遍布全球的空中運輸使得全球貿易的價格更為低廉，世界經濟因而緊密結合成一體，全球勞力分工也比以往複雜得多。在十九世紀，一直到1950年，工業生產大抵是把世界各地的原料運往歐洲、美國或日本製造。今天，從原料到成品包裝的價值鏈皆在極其複雜的網絡之中，生產環節可能分布於全球數十個地方。

新全球化的主角就是跨國企業。跨國企業的營運不只在一個國家之內，甚至可遍布世界一百個國家以上。美國最大的幾家跨國企業（2008年國外資產排行）包括奇異（General Electric）、艾克森美孚石油（Exxon Mobil）、雪佛龍（Chevron）、福特汽車（Ford Motor Company）、康菲石油（ConocoPhillips）、寶僑家品（Procter & Gamble）、沃爾瑪（Wal-Mart）、IBM和輝瑞大藥廠（Pfizer）。[2]這些公司的員工有半數或更多在美國以外的國家工作。例如，奇異公司在2010年在美國雇用了13萬3千名員工，但海外員工總數更多達15萬4千人，分布於六十幾個國家，年度營收1,550億美元中有半數以上（830億美元）屬海外營收。[3]全球化在美國經濟愈來愈吃重的另一個指標就是海外收益比例愈來愈高，如圖6.1所示。近年來，跨國公司收益中高達25%以上來自海外，然而在1960年代只占5%左右。[4]

圖6.1：海外收益占企業總收益百分比，1948-2008年

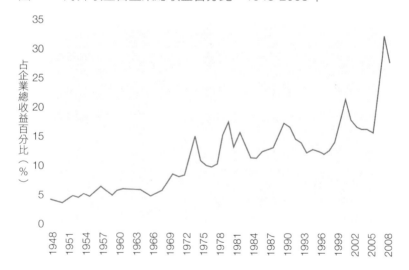

資料來源：美國經濟分析局

　　除了資訊、通訊和運輸科技的進展，地緣政治的變化也是新全球化的重要推手。第二次世界大戰落幕之後，歐洲以前的殖民地紛紛獨立。獨立則為之後的經濟發展打下政治基礎。在1960年代，亞洲經濟勢力開始發展，尤其是香港、台灣、南韓，紛紛加入以全球市場為基礎的貿易體系，歡迎美國、歐洲和日本等國前來投資，設立出口加工區，建立以出口為導向的生產線。到了1978年，當時約有十億人口的中國進行改革（現今人口已增為十三億人），開啟經濟大門，加入全球貿易的行列，歡迎外國投資。1991年，印度也跟著崛起。現在，貿易、金融和生產已使全世界連成一氣。

　　全球化在經濟上意謂龐大、快速擴展的經濟活動已由美國、歐洲和日本轉移到其他各國，如中國、印度、巴西等，以獲得更高利潤。原本在美國和歐洲生產的商品或服務已改為由發展中的國家製造、提供，中間產品或成品再輸入高所得的國家。由於愈來愈多的產品和服務已轉往發展中的國家，美國人的就業和收入因此受到很大的影響。

　　1985年，中國和美國商品貿易出入超大抵平衡，各是39億美元，約占當年GDP的0.09%。到了2009年，中國到美國的出口總值已高達2,964億美元，約占美國GDP的2.1%，而美國出口商總值則只增加19%，約為695億美元。中國出口到美國的商品幾乎都是製造品（約占98%），各種產業的產品都有[5]，但一半以上是電腦、電子通訊設備、電視等電子產品、紡織品、服飾、鞋子、家具和玩具。從1998年到2009年,美國在上述產業已失去了兩百萬個左右的工作機會[6]。

基本上,新全球化已改變了世界經濟與全球政治。2010年,中國已取代日本,成為全世界第二大的經濟體。如果我們根據購買力而非市場匯率來比較國家收入,中國更早在2001年已趕上日本。預計在二十年內,或許到2020年,以購買力做為指標而論,中國將再超越美國。當然,改變的不只是貿易和投資模式,地緣政治也不同了。中國在全球外交的地位變得舉足輕重,愈來愈多國家視中國為主要的金融貿易夥伴。我們可以說,在北大西洋掌控全球政治兩百多年後,政治勢力已從大西洋轉移到太平洋和印度洋。中國如飢似渴地搜刮全球天然資源,如石油、煤礦、銅礦、黃豆等,最近已取代美國成為世界最大的溫室氣體排放國。

錯估新全球化趨勢

儘管經濟情勢多變,美國的政治人物和學者經常低估全球化的效應,從國內政治尋找答案,不知關鍵在於全球連動反應。美國向來是全世界最受矚目的國家,也是「第一強國」,卻沒能探知全球變化的幅度。

這種情勢的錯估可追溯到1970年代,也就是美國自第二次世界大戰之後獨領風騷首次初嘗經濟挫敗的滋味。首先,以

美國為中心的貨幣體系在1971年潰解，美元與黃金脫鉤，國
際金價不再是每盎司35美元的固定價格。兩年後，由於中東
的石油輸出國勢力抬頭，加上全球經濟成長，對傳統石油需求
大增，石油價格因而開始飆升。1975年，美國在越戰戰敗，突
顯美國傳統軍力的限制。之後，在1970年代下半，日本製造
的汽車和電子產品開始滲透至美國消費市場，技術漸漸轉移到
亞洲企業，加上以亞洲為基礎的創新，美國因而難保科技領導
地位。

　　遺憾的是，美國政界至於1970年代結束，仍未能洞悉這
樣的現實，把砲口朝向國內。雷根在為1970年代經濟危機診
斷之時，忽略了新的國際經濟情勢，包括貨幣政策、資源短缺
和外國的競爭，認為問題出在政府，並以縮小政府規模做為對
策。這種做法可謂頭痛醫腳，沒能因應來自國外的競爭。

　　葛林斯潘（Alan Greenspan）自1987年到2006年擔任美國
聯準會主席，這段期間正是新全球化風起雲湧之時。然而，他
就像雷根，一再忽略這個重要現象，把美國視為封閉的經濟體
系，無視自己的政策帶來嚴重風險，釀成多次金融危機，包括
2008年的金融風暴。

　　葛林斯潘固守一個信念：只要壓低利率，就能抑制通貨膨
脹。他認為這是美國生產力締造的奇蹟，認為資訊科技的新經
濟創新帶動美國經濟成長的新潛能。雖然他的幕僚不斷表示異
議，指出從資料看不出美國生產力大增。然而，葛林斯潘仍一

意孤行，堅稱低通膨完全來自生產力奇蹟。

　　的確，葛林斯潘錯失了一個重點，因而造成嚴重的後果。美國的低通膨並非生產力奇蹟，而是來自中國的消費商品大增。美國消費者對商品需求愈大，中國就加緊生產，因應美國所需。葛林斯潘加快印鈔速度，降低利率，希望藉此刺激消費和房市，振興經濟。這樣的政策不僅促使美國過度消費，最後更在2008年釀成金融風暴的巨禍。

　　假使如葛林斯潘所言，美國真的出現生產力大增的榮景，照理說，美國的GDP、工資和就業率應隨之上揚，出口應遠超過消費支出，儲蓄率也該增加。然而，事實該好相反：美國的GDP在原地打轉、工資成長停滯，就業率也岌岌可危。雖然製造業自1990年至1998年的就業情況穩定，約有1,720萬個工作機會，但自1998年到2004年，勞工市場出現天搖地變，少了320萬個工作。[7] 這些現象顯示低通膨的主因是消費商品多從國外進口，而非美國本地生產力的飆升。聯準會的貨幣寬鬆政策的確有助於增加製造業的工作，但那些工作機會是在中國，而不是在美國。

　　自2002年至2006年，聯準會雖然在美國的建築業創造了一百萬個工作機會，但那只是曇花一現。[8] 聯準會拚命印鈔票，利率跌至谷底，使不動產抵押貸款的需求變大。華爾街開始把不動產抵押貸款證券化，賣給退休基金、外國銀行和保險公司。現在，每個人都知道，這種債權資產包裝證券的手續費收益讓華爾街荷包鼓鼓，卻造成不動產抵押貸款的借貸標準與倫理標準雙雙崩壞。

我們可從中學到兩個教訓。首先，貨幣政策不可能解決美國的就業問題。葛林斯潘一再利用低廉的信用貸款推升經濟成長，柏南克（Ben Bernanke）也這麼做。但這帖猛藥只會使經濟體質更虛。建築業的短期工作增加，那是拜聯準會創造的房市泡沫之賜。等到泡沫破了，我們就不得不面對美國製造業不敵外國競爭的現實。其次，輕忽全球化將使經濟噩夢揮之不去。除非我們正視美國無法自外於全球經濟，並與全球其他六十億個以上的工作人口形成密不可分的生產力網絡，否則無法回復實質且永續的繁榮。

新全球化的長期效應

新全球化與美國的經濟榮枯大有關係，而且影響深遠。中國、印度等新興國家已融入全球經濟，使所得分配、就業、投資與貿易都起了巨變，美國國內政策也受到相當大的衝擊。在此，我將討論新全球化帶來的三個長期效應，也就是匯聚效應、勞工效應和流動性效應。

所謂的匯聚效應是指，新全球化使得今天的新興國家得以獲得技術上的突破，縮小與富有國家的所得差距，特別是美國。生產體系全球化之後，發展中國家就可在短時間內從歐洲、日本和美國學到最先進的技術。中國以外來技術為基礎，汲汲於提升自己的生產系統，邊做邊學，進而從實務獲得技術。中國官方堅持外國投資者如欲打入中國市場，必須與中國公司組成合資企業，中方因而很快學會外國技術，再進一步發展。這種有目的的技術吸收促使中國經濟大幅成長、技術升級，自從1980年起，經濟成長率每年約為10%，從1980年到2009年，GDP更成長了二十倍。

勞工效應則是指中國自1978年開放全球貿易，等於把數億低技術勞工引入全球勞動力。全世界低技術勞工大幅增加，也壓低了低技術勞工的工資。當然，這不是在一夜之間形成的轉變。在中國開放全球貿易之初，中國製造業的工人幾乎都是鄉下地區的農民，缺乏教育、技術、科技、資本，難以和美國北卡羅萊納的工人競爭。然而，他們教育程度提升、企圖心旺盛，加上勤奮刻苦，經過一段時間之後，技術也大有進步。

擁有科技與資金雇用這些新勞工的多半是來自外國的投資者。這些投資者在中國沿海城市建立營運據點，也就是所謂的「經濟特區」。約有一億五千萬個中國勞工離開鄉村到這些城市工作。[9]如香港北邊的深圳，在1975年仍是一個僅有兩萬居民的小漁村，到了2010年已成擁有900萬居民的大都市。[10]

流動性效應是指全球化帶來的一種不平衡的現象：亦即國際資金是流動的，但勞工卻固定在一地。世界各國都積極爭取資金，有的國家甚至用優惠賦稅條件、法規的鬆綁、放寬污染或是忽視勞動標準來吸引外資。這就是所謂的「逐底式競爭」，發展中國家競相削減工資和福利待遇、鬆綁法規，以吸引國際企業投資設廠。如此一來，最大的輸家莫過於無法移動的勞工。如中國雖然贏得「世界工廠」的美譽，對勞工的苛刻、對環境的破壞與能源的消耗實非人民之福。

貧富不均與新全球化

原則上，新全球化最終將使全世界的人受益。中國、印度等新興市場的生產力大增，加上全球運輸和通訊費用降低，應該能使全世界的人收入提高。[11]新興國家藉由技術的引進、吸引國際的流動資金，提高工人工資，應該可成為大贏家。全球化使中國、印度等新興國家創下史上經濟成長最快的紀錄。

包括美國、歐洲和日本等高所得國家，也可能成為贏家。新興國家製造種類繁多的低價商品及提供廉價服務給我們，反之我們也出口多樣化的商品和服務到那些國家。致力於創新的高科技公司（如藥廠和通訊科技公司），藉由以訊息為基礎的產品和服務而獲利，Google、微軟、蘋果、亞馬遜等公司都是其中的佼佼者。貿易因此更能專業分工，增加創新，為高所得國家的消費者提供更多樣的商品。

然而，在高所得國家，所得分配卻很不平均。高技術（高所得）勞工可直接獲利，而低技術（低收入）勞工就飽受來自國外的競爭壓力。為了整個社會都能從全球化獲益，贏家必須幫助輸家。所得和財富因全球化而提高的高所得人士，應該付更多的稅，以利所得移轉和公共投資（如讓失業者接受職業培訓）。

如果新興國家收入遽增，卻引發全球環境災難，那麼全世界都可能從全球化蒙受損失。例如，中國的成長若是導致二氧化碳大量排放，反而使全球氣候變化問題更形惡化。國內外積極合作才能從全球化獲益。

國際流動資金（如在中國投資的避險基金或是到海外設廠的美國成衣廠）可從中國的經濟崛起得到三重好處。首先，由於技術傳入中國，使中國生產力遽增（匯聚效應），投資者可得到高報酬率。其次，全球勞動力增加（勞工效應），壓低工資，企業收益又可再提高。第三，全世界政府都競相減稅和鬆綁法規以吸引國際流動資金，公司必須繳交的稅金大幅減少。

這些效應都對美國的投資者有利，然而也使美國本土勞工蒙受其害。美國企業主紛紛將營運地點遷移至新興國家，美國工資和就業成長就陷入停頓。再者，由於中國和印度的勞工眾多，全球勞動力大增，對美國工人的薪資造成更大的壓力。最後，由於各國政府逐底競爭，不斷減稅，也以更寬鬆的法規來吸引國際資金，美國政府也不得不給企業減稅，另一方面只好縮減協助勞工的政府計畫（如職業培訓）。

贏家不只是實體資本的擁有者（也就是可把廠房、機器設備、辦公室耗材遷移至國外的人）、握有金融資本者（可投資海外基金），也包括擁有人力資本的人（可把技術密集型服務轉移到新興國家）。這些人包括華爾街銀行家、企業律師、高科技工程師、設計人員、建築師、資深經理人等在高科技產業勞工。最後，就連運動員、表演藝術者、品牌商品也都會因全球市場擴展而受益。很多美國和歐洲廠牌在新興國家大受歡迎。新興市場擁有幾億消費人口，因收入遽增，急欲和歐美人士買一樣的東西、過一樣的生活。

在美國勞工中，最大的輸家就是教育程度低的人。新加入全球勞動市場的中國人和印度人大都有高中文憑。這些新興國家的工人進入勞動密集的出口區，如成衣裁製、製鞋、製造家具、組裝電子產品，以及如塑膠射出等標準化製程。全球交易的勞力密集商品價格變得更便宜，美國低技術員工的工資也被壓得更低。上述產業的美國公司把工廠遷至中國，原來的工人只好減薪或裁撤。

新全球化的一個重要現實就是美國與新興國家的勞工競爭加劇。五十年前，由於運輸和物流的費用高昂，美國要運用亞洲資源代價太大，因此美國工人不必擔心外國競爭，特別是低工資國家。再者，當時那些國家也還沒打開大門歡迎美國投資。然而，在運輸、通訊與物流的成本降低之後，新興國家也開始致力於貿易、積極爭取外國投資，有些低技術產業於是從美國移到海外。成本再進一步下降，即使像電腦、精密機器製造等高科技產業也可把價值鏈的一部分（如最後的組裝作業）轉移到國外。因網路興起，生產成本再降低，有些後勤部門，如會計部和人力資源部，也可從美國遷移到印度（由於印度員工的英語能力優於中國人，所以印度比中國理想），再利用網際網路連繫。因此，現在很多企業毋需把實體資金轉移到海外，只要透過連線即可運作，美國員工因此必須直接面對新興國家員工的競爭。

新全球化的一個重要結果就是美國的所得分配有了很大的變化。擁有資金的人向來是大贏家，不但稅前收益增加，還可享受優惠稅率。教育程度低的勞工，由於不敵新興國家工人的競爭，只能淪為輸家。遺憾的是，面對這樣的趨勢，聯邦政府只會火上加油。首先，市場已使有錢人荷包滿滿，政府又為了逐底競爭，減免高所得者和企業的所得稅，讓富人賺更多的錢，援助窮人的福利計畫反倒遭到經費刪減。

如圖6.2所示，在高所得國家，政府一方面降低企業的有效稅率（effective average tax rate, EATR），另一方面稅基也變得更窄。從這樣的統計數字可以看出，流動資金的增加（即FDI，外國直接投資）使企業稅率節節下降。[12]

美國企業有效稅率和其他高所得國家一樣下滑。美國1960年代的有效稅率為30%到40%，但到1970年代中期已不到30%，目前更是低於20%（圖6.3）。這樣的數字顯示，美國公司善於把收益藏在境外的避稅天堂，國稅局也允許這種做法。

圖6.2：高所得國家的EATR，1979-2005年

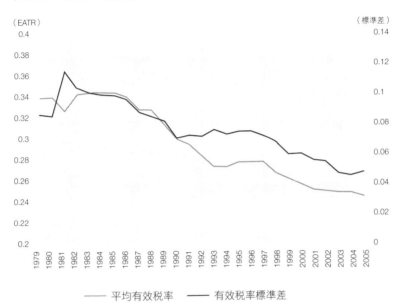

—— 平均有效稅率　—— 有效稅率標準差

資料來源：克萊姆（Alexander Klemm），倫敦財政研究所（Institute for Fiscal Studies），2005年8月〈企業稅率資料〉（Corporate Tax Rate Data）

　　結果，公司稅在GDP中所占份額便愈來愈少。1960年代平均為3.8%，到了2000年以降，則只剩1.8%。[13]

　　各國政府競相逐底，不只爭先恐後地減免公司稅，還降低勞動標準、使投資法規更加寬鬆，也不積極執行環保標準。過去二十年，紐約和倫敦的投資法規寬鬆，順遂華爾街和倫敦銀行家的心意，金融泡沫愈吹愈大，終於在2008年破裂。從都柏林到杜拜，還有幾十個國家的政府都在努力減少公司稅，讓

圖6.3：美國公司稅，1950-2010年

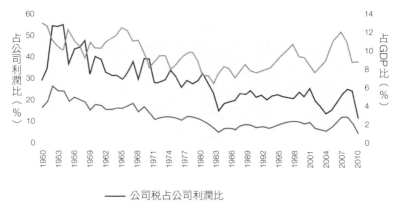

公司稅占公司利潤比

公司稅總額占GDP比

公司總利潤占GDP比

資源來源：美國經濟分析局

自己的國家成為鉅富或企業主最愛的避稅天堂。

關於逐底競爭這樣的病症只有一個解藥，那就是國際合作。公司稅節節下降，國家財務困窘、環境遭到破壞等，所有的國家都會蒙受其害。只有攜手合作，建立共同的金融和環境法規，設立最低國際標準，消除避稅天堂，每一個國家才能獲益。當然，大企業的說客神通廣大，仍會從中作梗，阻止各國政府合作。

自然資源的耗竭

新全球化還有一個嚴重的問題：如淡水和化石燃料等重要資源的消耗，以及在全球經濟發展的巨大壓力下，對地球生態造成長遠的傷害。長久以來，經濟學家忽視了自然資源有限、生態環境脆弱的問題。但是，目前問題已嚴重到我們不得不正視的地步。世界經濟的快速發展不斷地探測環境的底線。如果我們希望經濟榮景再現，就不得不面對在發展過程中環境破壞以及資源耗竭的問題。中國、印度等新興國家生產力呈現爆炸性的成長，也使全球糧食、飼料、煤、石油等天然商品

圖6.4：天然商品價格（通膨調整後），1992-2010年

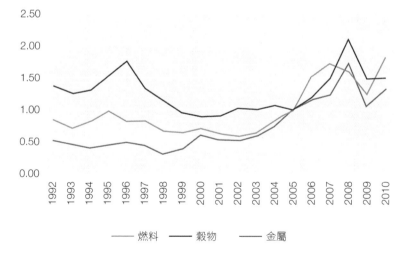

資源來源：國際貨幣基金（IMF）〈2011世界經濟展望報告〉（World Economic Outlook）」

價格創下新高,也代表自然資源耗盡的年代即將到來。如圖 6.4所示,近年來天然商品價格飆升,包括燃料(石油、天然氣和煤)、礦物(銅、鋁、鐵等)和穀物(小麥、玉米、稻米等)。商品價格指數除以GDP平減指數即可得知商品的通膨調整指數。2009年因為經濟直轉急下,商品價格才得以從2008年的高峰下降。

在部分地區,由於市場價格不透明,使人無法得知環境危機即將來臨,資源不足的問題或許更加嚴重。由於氣候變化、森林濫伐、生物多樣性的消失、土地侵蝕以及種種大規模的污染事件,環境已遭受極大的破壞,同時缺乏來自市場訊號的導引,使企業難以步上永續經營的正軌。環境的永續經營是一個非常龐大的課題,在此無法細述。我曾在《66億人的共同繁榮:破解擁擠地球的經濟難題》(*Common Wealth: Economics for a Crowded Planet*)一書,綜觀複雜的生態挑戰。然而,我將在本書把焦點放在美國如何在資源耗竭的壓力下永續經營,再造繁榮。

永續經營最大的障礙有二。首先,如何運用永續發展的科技(如從太陽能獲得豐富的低碳能源)仍需大規模的研究與發展。其次,我們必須擊敗大企業說客,政府才能確實執行環保法規,也才能將市場導向永續經營的正軌。但是到目前為止,我們對那些說客仍然莫可奈何,因此放縱企業繼續為了獲利荼毒環境。

　　包括海耶克和傅利曼，自由市場經濟學家都知道，有必要
訴諸公共行動來保護自然環境。美國人也表達對環境的關切。
[14]然而，我們只看到石油大公司和煤炭大廠的強勢，看不出政
府有何實際作為。我將在第十章提出幾個可能的對策，以破解
這種官商勾結的關係。

後知後覺的美國

　　總之，美國對新全球化的挑戰可說是後知後覺。美國的
製造業萎縮，工廠外移，就業機會日益減少，工人階級被壓榨
得尤其厲害。我們的經濟政策非但沒有進步，反而倒行逆施：
給富人減稅；面臨外國競爭，放任製造業繼續衰退；建築業就
業機會的增加純粹拜聯準會貨幣寬鬆和次級房貸之賜，這樣的
榮景只是曇花一現，等到2007年次級房貸泡沫破滅，景氣便
陷入低迷。2008年的金融風暴可說是全球化控管不當造成的
危機。美國以為刺激房市就可彌補製造業喪失的競爭力。在房
市泡沫化之後，美國失業率隨即攀升，政府之短視近利表露無
遺，因此自食惡果。儘管遭逢這麼大的經濟考驗，華盛頓仍未
痛定思痛，想辦法提升長期競爭力，反而又走回貨幣寬鬆、減
稅、舉債的老路。自從2011年起，更縮減教育、基礎建設、
科學與科技研究的經費：殊不知，為了重振長期競爭力，這些
才是必須投資的領域。

07

分贓政治

我們陷入一個惡性循環的困境：民眾因為不信任政府而對政治冷
感；因為對政治冷感而對政策漠不關心，利益團體因此更加有機
可乘；而利益團體對政治的滲透又加深民眾對政府的不信任。

健康的經濟是混合型經濟，也就是政府和市場各自扮演好自己的角色。然而，三十年來，聯邦政府都忽略自己的角色。正當美國需要政府的引導，以度過全球化的種種考驗，政府卻有如置身事外。正確地說，政府已把權力的槓桿交給企業說客，讓他們在國會的背後呼風喚雨。因此，美國經濟的衰敗也關係到政治的腐敗。本章將探討美國的金權政體，也就是政府政策已被大企業操控，為企業利益服務。

美國的金權政體是在四大趨勢之下匯聚而成。首先，美國政黨體制積弱，各選區選出來的代表則握有很大的權力。特殊利益團體因而可以透過各地區的代表來左右政治。其次，第二次世界大戰落幕之後，美國軍事產業組織即創建了第一個龐大的遊說團體。第三，美國每次選舉都少不了大企業的獻金。第四，全球化與逐底競爭使政治權力傾向大企業，遠離工人。這些趨勢結合起來，完美的政治風暴於焉成形，華盛頓再也無法擺脫說客的操縱。金權互相勾結，如膠似漆，政治災難也就愈演愈烈。

本章的主要目的在於解釋美國金權政體的運作。另一個目的就是破解對政府的迷思，不要以為政府所做的決定都是反映美國人民的意願和公眾價值。美國大眾每兩年都有一天可以表達自己的意見，也就是國會議員的選舉日。然而，不管是誰當選，第二天就會把政見和選民的託付拋在腦後，全力為有錢有權的人服務。

選民的責任當然是要把政府拉回來，實現真正的民主。但是大多數的選民不是被誤導就是被蒙在鼓裡。我們因而陷入這樣的政治陷阱：大眾因對政府不信任而對政治冷感；大眾對政治冷感，對政策漠不關心，讓大企業更有機可趁；大企業對政治的滲透又使人對政府更不信任。

積弱的政黨制度

政治科學家將選舉制度分為多數決制（majoritarian system）與共識決制（consensus electoral system）。在多數決制中，只有兩、三個大政黨，由得票最多的政黨獲勝。勝出的政黨得以組織政府，負起施政的責任，稱之為執政黨。反之，在選舉中落敗的其他政黨，則有監督政府施政之責，也就是在野黨。共識決制則是多黨制，國會則為聯合內閣。[1]

美國國會選舉就是多數決制，以「首先跨越門檻者當選」（first-past-the-post，簡稱為FPTP）為原則，也就是由獲票最多的候選人當選。敗選的政黨則得不到國會席次。在FPTT的原則下，趨向形成兩黨制，比較小的政黨皆遭到淘汰，形成兩個龐大的政黨相互交替、輪流執政的局面。這就是政治學的杜瓦傑定律（Duverger's Law）。[2]

美國實行FPTP的主要影響有二。首先，在兩黨制的政治體系中，游離選民比較接近所得分配與政治意識型態的中心。

兩黨都急欲拉攏中產階級和無黨派的獨立選民。由於窮人很少是游離選民，不是候選人拉攏的對象，甚至無人在選戰中提及。在2008年總統大選的三場辯論中，候選人或提問者無人提到「窮人」或「貧窮」這兩個詞。只有在貧窮率高的地區，候選人才會注意窮人的意見和需求。

反之，歐洲採取的是比例代表制，政黨獲得愈多選票，贏得的席次就愈多。於是，窮人可藉由支持左派的工黨來參與政治。即使窮人並非集中於某些地區，仍可形成重要的投票團體。[3]

選舉制的差異也反映在政府的社會福利支出。採比例代表制的國家比較願意支持社會福利計畫，花較多錢在窮人身上。我們可比較十四個高所得國家2007年的社會福利開支。採FPTP制的國家（美國、英國和加拿大），花在社會福利的金額平均占GDP的19.9%，採比例代表制的國家則高達28.1%，至於混合選舉制的則介於中間，平均為24.6%。即使在實行FPTP的國家當中，美國在社會福利上的支出仍比不上其他國家，顯示在FPTP制度之下，窮人的需求無人聞問。

美國實行FPTP的第二個影響是，缺乏強而有力的黨紀。在採取比例代表制的國家當中，國會投票時，各黨代表皆很團結，幾乎無人跑票。英國和加拿大雖然也採FPTP制，執政黨的代表針對重大法案投票時也很團結，如意見分裂，致使重大法案無法過關，則可能引發國會重選或政府垮台。

反之，在美國的FPTP制當中，國會與政府各行其是，黨紀薄弱。議員只要討好自己選區的選民就可當選，因此以地區利益為重，不顧國家利益。由於各區利益互相衝突，即使是同一個黨也很難意見一致。

因此，國會裡難以形成長久而穩定的多數聯盟。[4]再者，國會議事規則允許議員延遲立法或是阻撓行政部門或監管機構的人事任命。在參議院，只要有四十一位議員反對，儘管贊成票還是居多，仍可使法案夭折。在否決權強大之下，國會很容易變成一盤散沙。議員為了維護特殊利益團體，動不動就祭出否決權。

如果美國總統要推動經濟議案，則必須小心避開各地區特殊利益團體設下的地雷。雖然總統有相當大的行政權，如果國會與之唱反調，也莫可奈何。白宮要推行任何一項法案或是預算案，都得看國會的臉色。因此，每一項重大的預算案都是冒險，總統不一定過得了國會那一關。

由於政黨力量薄弱，加上國會議員的選舉採單一選區制，各選區的大企業和財團對選舉即有很大的影響力。在擁有煤礦的選區，該區選出的議員當然會為煤礦公司的利益著想，反對溫室氣體減量法規。這樣的做法無分黨派，也和意識型態無關。軍事基地、礦業、大工廠、金融市場等重要產業也可能在各選區影響其選出的議員。國會於是成了特殊利益團體的角力場。只有各地區特殊利益團體能達成共識或對交換條件滿意，

攸關全國的法案才能順利過關。這種政治型態自然讓特殊利益
團體變得舉足輕重。

此外，美國選舉沒完沒了，國會和特殊利益團體的關係
更加糾葛。根據1789年的憲法，美國國會選舉每兩年舉行一
次。在所有高所得的民主國家中，美國的選舉最為頻繁。瑞典
從1960年到2009年，只辦過十五次全國大選，英國則是十二
次，美國卻多達二十五次。[5]由於兩年即舉行一次國會選舉，
美國無時不刻都處於競選模式中，國會議員老是必須為了下一
次選舉籌募經費。於是，特殊利益團體與候選人有如魚幫水、
水幫魚，各取所需，相輔相成。

金錢政治的崛起

金錢在政治上的角色日益重要。這已是我們無法忽視的政
治現實。競選支出愈來愈高，尤其是競選廣告費用，金權政體
的觸鬚也因而愈伸愈長。圖7.1即回應政治研究中心（Center
for Responsive Politics）估算自1998年開始的聯邦選舉總花
費。這些花費包括候選人直接投注在選舉上的支出、政黨支出
與第三方團體在媒體和宣傳的支出。我們可以發現，在每兩年
舉行一次的大選中，競選開支有不斷走高的趨勢，每兩年約增
加4億5千萬美元。[6]即使只是國會大選，不是總統大選年，競
選支出也高達40億美元。雖然全國每戶平均約分攤50美元，

圖7.1：美國選舉周期總花費，1998-2010年
　　　（以2008年美元幣值為基準）

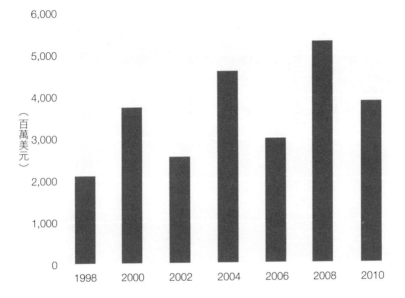

資料來源：回應政治研究中心

主要貢獻者還是鉅富和大企業，他們藉此獲得政治影響力。即
使競選支出全部由政府負擔，也只占聯邦預算的0.13%，但特
殊利益團體顯然不願放棄，以免失去影響力，因而全力阻止政
府負擔競選支出。

　　正如圖7.2所示，遊說方面的開支每年約增加2億美元，
與競選費用增加的幅度相當。從2009至2010年已超過50億美
元（由於國會每兩年改選一次，遊說費用也得兩年一起合算，

圖7.2:遊說總花費(以2008年為基準),1998-2010年

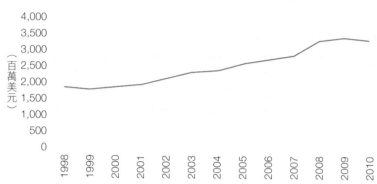

資料來源:回應政治研究中心

以茲比較)。有些花費雖然以遊說為名義,其實還是政治獻
金。企業付錢給遊說公司,遊說公司再把這些錢轉給候選人。
不管是政府官員、軍事將領或是議員,卸任後常會到遊說公司
任職,繼續販賣人脈和影響力。

政治評論家凱瑟(Robert Kaiser)在《他媽的太多錢》(*So
Damn Much Money*)一書揭發特殊利益集團利用金錢和遊說腐
蝕美國政治的真相:

到了2007年,大家都心知肚明,白宮官員和幕僚卸任
後將有很高的比率會轉任說客。其實,這已是擋不住的趨
勢。2007年在華盛頓登記在冊的說客中就有188名是前國
會議員。根據「公眾」(Public Citizen)這個公民團體所做

的調查，從1998年到2004年，半數的參議員和42%的眾
議員在卸任後皆轉任說客。另一項研究也發現，有3,600
名前國會助理離開國會就到遊說公司報到。行政官員也
是。根據回應政治研究中心在2008年初做的調查，小布希
任命的官員中後來有310人轉任說客。柯林頓的官員卸任
後轉任說客的也有283人。[7]

我們可從表7.1看出，1998年至2001年間，各產業為遊說
砸了多少重金。花最多的錢的那些產業正是問題所在，也是政

表7.1：各產業的遊說費用，1998-2011年

產業	遊說總支出（單位：10億美元）
金融、保險、房地產	$4.5
醫療	$4.5
各類工商	$4.5
通訊和電子	$3.7
能源與自然資源	$3.3
運輸	$2.4
其他	$2.3
意識型態；單一議題	$1.5
農產企業	$1.3
國防	$1.3
建築業	$0.5
勞工	$0.5
律師和說客	$0.4

資料來源：回應政治研究中心

府法規最難以約束的領域，包括金融、醫療保險、運輸、農產企業等。每一個都從政府部門那裡得到肥得流油的合約、享有政府補助、減稅優惠，卻沒有嚴格的法規束縛，不時出現監督疏失。難怪根據2009年8月的蓋洛普民意調查，公眾對金融、房地產、醫療保險業和藥廠評價很低，負面評價大於正面評價。[8]

由此可見，金錢政治已成政策的幕後黑手，而大眾也心知肚明。

一丘之貉

近年來，每一任總統都難逃特殊利益團體用錢撒下的天羅地網。每個候選人都從相同的來源取得競選經費，提出的政策自然得為這些金主考量。即使政論名嘴在電視上辯得臉紅脖子粗，針對政治問題提出的對策還是沒幾項。雖然美國右派不斷批評歐巴馬把美國拉向社會主義，歐巴馬的政策與前任相比，其實換湯不換藥。除了一樣被批評政經陷入泥淖，小布希和歐巴馬有哪一點真的不一樣？

- 小布希希望100%的家戶都能獲得減稅；歐巴馬競選時的目標則是讓95%家戶減稅，但到了2010年12月，已同意讓所有的家戶都獲得減稅。
- 小布希贊成擴大財政赤字，以維持低稅率和高軍事支出；歐巴馬也支持高額預算，藉以融通總體經濟刺激方案。

- 小布希推動金融業和汽車業的紓困方案；歐巴馬也繼續執行。

- 小布希支持移民改革法，但被自己的政黨阻撓；歐巴馬也支持移民改革法，同樣受到兩黨阻撓。

- 小布希贊成發展核子武器以及深海油井的鑽鑿；歐巴馬也同意發展核子武器以及鑽鑿深海油井。

- 小布希延攬高盛、花旗的主管擔任白宮顧問；歐巴馬也延攬這兩家公司的人。

不管哪一黨當家，似乎相差無幾。最重要的原因就是兩黨都是從同樣的源頭汲取政治獻金，因此不會拂逆金主的心意。兩黨都在大企業的吸引下而偏右，華府一再為特殊利益服務，忽略廣大的公眾價值。

今日美國的政治制度與其說是真正的民主，不如說是雙頭壟斷（duopoly）。兩黨的人雖然互相叫囂，但就維護企業、富人和軍方的利益，雙方可謂「有志一同」。兩黨都是大企業和富豪利用的工具。因此，兩黨在選戰中拉攏的首要對象並非中間選民，而是願意拿出大筆政治獻金的金主。對共和黨來說，這是再自然不過的事。至於民主黨，雖然表面上說會照顧窮人，但不管是柯林頓或歐巴馬，都選擇和華爾街及富人站在同一邊。

　　由於金錢對政治已有壓倒性的影響力，致使兩黨在過去三十年來對下列五點政策意見趨向一致，積極保護大企業的利益：降低對富人徵收的最高邊際稅率，以利選舉金主；讓關係良好的私人企業取得政府合約；不顧日益飆高的財政赤字，債留子孫；擴編軍費，減縮政府支出；缺乏長遠的預算計畫。自雷根開始，不管美國政局如何變遷，這五項政策大抵不變。

　　歐巴馬和柯林頓都採三角策略，亦即白宮與兩黨皆保持一樣距離。這樣的立場與其是要贏得中間選民的支持，不如說是吸引來自企業的政治獻金。金權政體已成兩黨雙頭壟斷的主要特色。只要選舉需要募款和遊說，金權政體就永遠存在。

　　由於政治人物對富人妥協，便不會把民意放在心上。大眾希望政府對富人課以重稅，減少軍費，發展替代石油的再生資源，政府卻背道而馳：給富人減稅、無節制的軍事支出，燃料仍以石油、天然氣和煤為主。

　　兩黨都不把預算平衡當一回事，追求其他政治目標。雷根的顧問論道，減稅將刺激民間消費。歐巴馬的支持者也說了類似的話：在經濟走下坡之時，赤字並不打緊；如果景氣蕭條，即使縮減赤字也無濟於事。雖然這樣的論調並無實證支持，依然有很多擁護者。其實，這樣的論調只是方便兩黨取得短期利益（如減稅或增加支出），同時對巨額赤字的後遺症輕描淡寫。到目前為止，只有兩位總統曾對財政赤字的陳痾開刀。

第一位是老布希。雖然他在1988年競選時提出「不加稅」的政見，由於赤字問題過於嚴重，在1990年不得不違背競選諾言，提出加稅方案。第二位則是柯林頓，他將對富人徵收的最高邊際稅率稍稍提高（從31%提高到39.6%），而且同意共和黨主導的赤字減縮方案，因而可在1990年代末達成預算平衡，讓政府收字可從赤字變成結餘。這可謂美國經濟的一大突破。然而，好景不常，小布希上台後，政府又陷入財政赤字的泥淖。

我們也可從外交政策看出兩黨的「有志一同」。不管民主黨或共和黨都認為中東石油影響全球經濟甚巨，中東及其鄰近地區（從西邊的非洲之角和葉門到東邊的阿富汗）若有變化，會使美國面臨極大的威脅。卡特曾發表一項軍事宣言，表示如任何國家有控制波灣地區的企圖，將被視為對美國重大利益的攻擊。面對這樣的攻擊，美國將不惜動用軍事力量予以擊退。至於軍事策略，美國兩黨的立場大同小異，小布希則是近年來美國總統中最好戰黷武的一位。但歐巴馬上台後不但留用小布希的國防部長，雖然一方面從伊拉克撤軍，另一方面卻又增兵支援阿富汗。[9]

過去三十年美國兩黨雙頭壟斷政治最後一個特色就是政府施政沒有長遠的思維。比較有一點長遠思維的就是國會預算辦公室（Congressional Budget Office）。這個超黨派的單位以十年或是更長的時間範圍評估法案的預算分數。但這種預算評分方式離有系統、長遠的計畫還遠得很,如基礎建設、預算平衡、教育、能源法案與氣候變化。我們實在想不出政府曾在共和黨或民主黨的領導下,對長遠的挑戰有任何量化評估,然後以考慮周詳的法案改革來因應。幾十年來,華盛頓在政黨更替之下,皆短視近利,走一步算一步,沒有長遠的計畫。

四大遊說怪獸

金權政體基本上是個反饋迴路。企業財富透過政治獻金、企業遊說與卸任後轉往遊說公司的政府官員轉化為政治權力;政治權力又透過減稅、法規鬆綁以及政府與民間企業見不得人的交易而獲得更多的財富。財生權,權生財,就此生生不息。

我們可從美國經濟的四個重要層面來洞視這個反饋迴路。最惡名昭彰的或許是軍事—產業複合體。正如艾森豪在1961年1月的告別演說警告美國人的話,美國軍方與民間軍事產業相勾結,已成啃食美國國力的怪獸,將美國推入永無止盡的戰爭,至今已蠶食納稅人的血汗錢多達幾十兆美元。[10]

第二個怪獸就是華爾街—華府複合體。在這個複合體的操縱下,美國金融制度被華爾街幾家大金融公司玩弄於指掌之間,如高盛、摩根大通、花旗、摩根士丹利等。華爾街與華府交相賊,金融法規不斷鬆綁,加上政府監督不力,因此釀成2008年的全球金融危機。最後,華府還幫忙收拾華爾街留下的

大爛攤。華爾街金融公司的大頭目常受華府重用，受任為首席
經濟政策制定者，如雷根延聘美林總裁黎根（Donald Regan）
為財政部長；柯林頓請高盛的魯賓（Robert Rubin）到白宮擔
任國家經濟委員會顧問，後來更請他當財政部長；小布希任
命高盛的鮑爾森當財政部長；歐巴馬政府內也有不少高級官
員來自華爾街，包括戴利（William Daley）、薩默斯、斯珀林
（Gene Sperling）和傑克‧盧（Jack Lew）。

　　第三是大石油公司－運輸－軍事複合體。在這個巨獸的
影響下，美國對進口石油倚賴日深，也深陷於中東的戰爭泥淖
之中，無法自拔。自從洛克斐勒在一個世紀前建立標準石油企
業（Standard Oil Trust），大石油公司於是在美國政治與外交政
策扮演舉足輕重的角色。大石油公司與汽車工業聯合，使美國
人討厭大眾運輸，喜歡開著吃油凶的汽車在國家修築的高速公
路上急馳。大石油公司成功抗拒非石油資源的競爭，如核能、
風力發電和太陽能發電。大石油公司不斷在五角大廈下功夫，
確保通往波斯灣的航道安全無虞，以運送石油，每年更從政府
那裡取得一千億補助，並要脅政府若不這麼做，則會危害國家
安全。如果美國想推動氣候變化法案，勢必遭到大石油公司的
杯葛。埃克森美孚、寇克工業集團（Koch Industries）等石油
龍頭長久以來為了促銷石油，不惜拿出許多不符合科學的說
帖，好把美國人弄糊塗。

　　第四大官商勾結的怪獸就是醫療保健業。這個產業耗費

驚人，堪稱美國產業之最，占GDP的17%。政府每年花這麼
多錢在這上面，卻幾乎沒負起監督和管理之責。專利藥品價格
在藥廠的操控之下居高不下。聯邦醫療補助計畫和私人保險業
者以成本加價為基礎給付醫院和醫師。美國醫學會（American
Medical Association）在醫學院以選科限制來掌控新醫師的名
額。這個偽市場制度致使美國醫療昂貴得令人咋舌，私人醫療
保險業者因而得以獲取厚利，政府卻無大刀闊斧改革的決心。

金權政體的個案研究

為了了解金權政體的運作，以及遊說集團如何操控政策，
不惜犧牲國家利益、違反民意，我將在此剖析近年的案例。

個案一：富人減稅

歐巴馬在2008年競選總統時信誓旦旦地表示，他將繼續
推動減稅方案，雖然95%的美國人民可獲得減稅，最富有的
5%則不得減稅。因此，家戶所得在25萬美元以上者邊際稅率
略增，從35%調升到39.6%。儘管減稅政策鬧得沸沸揚揚，歐
巴馬和共和黨的總統候選人提出的減稅方案其實只有些微的差
異，兩者提出的所得稅最高稅率只相差4.6%。

事實上，到了2010年，歐巴馬必須對富人開刀之時，他

卻選擇與共和黨人站在同一邊，讓最富有的人也可獲得減稅。
不管美國的財政赤字多嚴重，兩黨立場依然不變，都把減稅當
做福利大放送來討好選民。

也許你會以為歐巴馬為了順應民意，不得不如此。其實不
然，在歐巴馬和共和黨一致同意為富人減稅的前幾個月，美國
大眾皆反對給最富有的人減稅。根據皮優研究中心自2004年9
月至2010年12月的調查，大多數的美國人都認為該廢除小布
希的富人減稅方案（見表7.2）。

在2010年12月的國會跛腳鴨會期（譯注：即新舊議員交
替的過渡時期），只有三分之一的民眾支持富人減稅方案，將
近60%的民眾反對。但最後獲勝的卻是少數人。可見政治體系

表7.2：美國人對終止小布希減稅方案的意見

	2004年 9月	2006年 10月	2007年 10月	2008年 10月	2010年 7月	2010年 9月	2010年 12月
保留所有 減稅方案	27%	26%	24%	25%	30%	29%	33%
取消某些或 全部減稅方案	59%	62%	61%	62%	58%	57%	58%
其中包括：							
只取消富人 減稅方案	31%	36%	31%	37%	27%	29%	47%
取消全部 減稅方案	28%	26%	30%	25%	31%	28%	11%

資料來源：歐西爾（Richard Auxier），皮優公眾與媒體研究中心，〈稅減夠了嗎？〉（Taxed Enough Already?）2010年9月20日，及皮優研究中心於2010年12月7日發表的報告：〈有關減稅、戰略武器裁減條約以及允許同性戀者公開服役的意見調查〉（Mixed Views on Tax Cuts, Support for START and Allowing Gays to Serve Openly）

把民眾意見當耳邊風。

歐巴馬及其首席經濟顧問早在入主白宮之初就知道，減稅方案和他想在教育、科學、基礎建設有番作為的目標有嚴重矛盾。他們允諾減稅，以獲得勝選，也兌現了這張支票。那些顧問私底下都知道提高稅收是當務之急，但都認為這是政治毒藥。因此，他們不敢告訴大眾真相，捍衛真正的立場，只是一昧地迎合大眾，特別是選戰金主。歐巴馬為了在2012年競選連任，必須籌措十億美元的經費，不得不營造對選戰金主友善的政治環境。

我們可從重要顧問下台後發表的意見得到證據。預算管理局局長歐斯札格（Peter Orszag）離開白宮之後，發表一篇評論，認為政府該提高稅收占GDP的比率，但在他任內，他從未公開發表這樣的意見。[11]經濟顧問委員會主席羅默（Christina Romer）也是。她一卸任就呼籲：

> 最後，總統必須說真話，告訴社會大眾，現在我們已經面臨不得不提高稅收的關頭。即使減少支出，赤字還是居高不下。如果要彌補赤字缺口，唯一實際的做法就是提高稅收。[12]

我們每兩年花幾十億美元選出新議員，這些議員把最優秀的學者、專家送進華盛頓。但這些專家非要等到離開之後，才願意說真話。說實在的，這豈不是一大諷刺？

個案二：健保改革碰釘

　　歐巴馬的健保改革方案也突顯特殊利益團體的厲害。健保改革是歐巴馬的重要政見，在他全力以赴之下，也有一點斬獲，然而無法取得民眾的信心，也必須讓醫療利益團體願意犧牲才行。在2009年初，歐巴馬政府開始推動健保改革之時，仍無意祭出具體的方案或計畫，以免重蹈柯林頓健保改革失敗的覆轍。他們認為具體的計畫將會成為遊說團體的攻擊目標。

　　因此，歐巴馬決定不與醫療保險業者和藥廠正面衝突。假如他提出一個控制醫療費用的方案，如讓政府進入醫療保險市場（也就是讓民眾多了公營健保的選項），私人保險業者必然會誓死反抗。因此，打從一開始，歐巴馬先對業者擠眉弄眼，向他們的說客保證政府不會做得太超過，不會壓低重要費用，以影響業者的競爭力。但歐巴馬並沒有讓大眾知道這點，只是一再地告訴大眾，政府會以控制醫療費用為中心目標，而且會考量大眾的意見。同樣地，歐巴馬一開始就和大藥廠談好協議，保證政府不會用新的手段操控藥價。是的，關於這點也從未向大眾明言。

　　接下來的十五個月，健保改革的爭議蒙上超現實的色彩。歐巴馬不能讓人知道他和業者在桌子底下達成的協議，因此不能把具體的改革計畫放在檯面上。2009年，民意調查顯示大眾支持公營健保和私人保險業者競爭。根據2009年6月至7月CBS與紐約時報做的調查，66%的美國人贊成增加公營健保選項，反對者則只占27%。皮優研究中心也發現類似的數據：52%的美國人贊成新增公營健保，反對者則占37%。[13]歐巴馬向支持公營健保者保證他一定會端出這項政策，但又不解釋清楚白宮和業者有什麼樣的默契。

等到健保補貼的問題浮現，情況變得更加渾沌。預計在2020年之前，這筆額外的補助費用將達GDP的1%，但是錢要從哪裡來？如果政府以加稅來因應，必然會引發利益團體的反感。最後，政府不得不挖東牆補西牆，包括縮減聯邦醫療補助計畫的費用，加上稍稍增加高所得家庭的薪資所得稅，以及對收取高保費的私人醫療保險業者課稅（但後兩者增加的財源，在2015會計年度只能使GDP提高0.1%，在2018會計年度則提高0.2%，到了2021會計年度也只能增加0.2%）。[14]

在健保改革爭議如火如荼之時，我曾詢問一位重量級國會女議員關於健保法案的前景。她把頭埋在掌心，無奈地說：「遊說，遊說。」在我聽來，這就像康拉德小說《黑暗之心》最後，身心俱狂的庫爾茲喃喃地說：「恐怖，恐怖。」

美國健保改革的波折再度顯露美國政治面對特殊利益團體不得不低頭的困境。[15]在那十五個月的激烈辯論中，沒有人提及大眾的信任以及在改革方面貫徹始終的努力。由於歐巴馬一直未能提出完整的方案，大眾也只能坐壁上觀。他雖然為了健保改革大聲疾呼，但很少有人（包括我自己在內）知道他的葫蘆裡賣的是什麼藥，一般大眾更無法客觀地評估改革的優缺點，不知公營健保選項、控制支出、增加財源等重要變革是否可行。我們也聽不到專家團體的意見。簡而言之，國會要我們做的就是，別管香腸是怎麼做出來的，不管你喜不喜歡，都得吃下去。

個案三：能源政策陷入僵局

美國現正面臨來自三方面的能源挑戰，迫切需要一個整體的能源政策。這些挑戰包括：全球石油短缺；產油國在政治不穩定的地區而且競爭激烈；化石燃料的持續使用對環境造成的危害。歐巴馬在上任之時，承諾要解決氣候變化問題，為美國的能源穩定開創一條新路。然而，就任兩年多之後，他仍沒找到新的架構，只有一些零碎的政策，像是可再生資源的研發、贊助核能發電，以及都會區捷運系統的興建，仍提不出一個跨越各層面的能源策略。我曾請薩默斯解釋政府計畫如何達成歐巴馬在2009年底宣示的目標，也就是在2020年前使二氧化碳排放量減少17%。他回答說：「我們美國人走一步算一步，不做計畫的。」他說的或許沒錯，但我們的能源和環境目標也無法達成。

為什麼我們迫切需要能源政策的規畫，政府卻不做？關鍵就在企業的權勢。我在白宮舉行的一場會議見到白宮能源與氣候變遷小組的召集人布朗納（Carol Browner）。她也是柯林頓時代的環保署長。我想，她可能會頒布能源計畫。畢竟，這是她的任務。我和她談了一下，這才發現她扮演的是不一樣的角色。她要協調的與其說是能源、氣候與環保問題，不如說是各大能源巨頭。她沒談到能源政策，只是給我一長串議員名單，告訴我每個議員需要什麼。有個議員希望政府多照顧汽車業，另一個則為了深海油田開發案喉舌，希望政府能多關照業界，第三個則是為核能發電請命……這些要求可說沒完沒了。布朗納無法拿出一個全國性的政策，她有的只是一袋利益，也就是能源業者啄食的目標。在大石油公司和大煤炭企業的角力下，要制定能源法規談何容易？

個案四：金援華爾街肥貓

美國的金融傳奇已成一則警世奇譚。2008年的金融風暴是一連串人謀不臧的結果：金融法規的鬆綁、貨幣政策失當，以及華爾街高層為了追逐利益，枉顧責任，不管廣大的投資人、員工和客戶。在這一切的背後，我們可以看到華爾街集財富與權勢於一身，用金錢換得權力，等到2008年東窗事發，再用權力為自己脫困。

　　華爾街不但能藉由政府紓困而脫險，公司高層還能繼續支領高薪和分紅。2009年間，我曾和薩默斯談過幾次，就對這些華爾街肥貓開鍘交換意見。我認為這些肥貓毫無羞恥心，也對市場沒有幫助。薩默斯則一再強調政府不干預的立場，只要他們能夠償還欠政府的紓困金，管不著那些肥貓把錢放進自己口袋。就在國庫挹注數百億美元給美國國際集團（AIG）之後，薩默斯就說，他無法阻止該公司發放巨額獎金給金融衍生產品部員工，也就是金融風暴的始作俑者。這雖是沒有天良的事，但他無能為力。薩默斯說：「我們是一個法制國家，凡事照合約來。政府無法片面毀約。財政部長蓋特納（Timothy Geithner）和聯準會已經盡最大的努力防止這樣的獎金發放，只是防不勝防。」

　　我們可以說，華府根本對華爾街無可奈何。華爾街政治勢力龐大，華府財政高層，像魯賓、鮑爾森（Henry Paulson）、薩默斯、伊曼紐（Rahm Emanuel）、歐斯札格、傑克‧盧（前花旗高層主管，後來接替歐斯札格擔任預算管理局局長）、戴利等人，都是一腳在華爾街，一腳在華府。當然，華爾街也是歐巴馬競選最重要的金主。雖然歐巴馬很會利用網路募集200元以下的小額捐款，而創下上億美元的超級紀錄，但其政治獻金當中還是有76%的個人捐款超過200美元，其中有48%的捐款筆數更超過1,000美元。說來，歐巴馬和其他傳統候選人沒什麼兩樣，都需要華爾街的鈔票當他的後盾。[16]

華爾街對華府的滲透，不只是白宮、聯準會和財政部。根據回應政治研究中心所述，華爾街已建立了一支遊說大軍。[17]自2009年至2010年，金融服務業（包括銀行、投資公司、保險公司和房地產公司）已雇用1,447名前聯邦人員來遊說國會和聯邦部門，包括73名前國會議員（占156名卸任議員的47%）。這73名前議員中有17名曾是參議院或白宮金融委員會的委員。此外，至少有42名金融說客先前曾在財政部任職，至少有7名來自貨幣監理署，包括兩位前任署長。[18]

個案五：避稅天堂

資本市場的全球化使大公司容易把收益藏在境外的避稅天堂。這也是「逐底競爭」的一部分。過去三十年來，避稅天堂愈來愈受歡迎。原本富人為了逃避高額的個人所得稅才這麼做，善於鑽稅務漏洞的大公司自然不會放棄這個門道。我們必須特別注意的是，國稅局也允許這麼做。最近Google的避稅醜聞，讓人眼界大開，見識大公司如何運用高明的手法避稅。[19]

Google是一家總部設在美國的大公司，收益來自世界各地。這家公司最主要的資本就是智慧財產，即威力強大的搜尋引擎。根據美國的稅務法規，Google在全世界的收益分配應該反映這樣的現實，也就是其智慧財產主要是在美國總部。如果Google在國外的子公司出售搜尋引擎服務給外國客戶，因為會用到母公司的專利技術，因此必須向母公司請求授權，如此便會產生一筆必須課稅的權利金，而母公司因多了這筆權利金，照加州的公司所得稅，將會被課以重稅。總之，Google母公司與子公司之間的運作有如兩家不相干的公司進行商業交易。

但Google已經在國稅局那邊打點好了。2006年，Google和國稅局達成一項祕密協議，也就是使百分之百隸屬於Google的子公司擁有國外的營收和利潤，以合法轉移獲利。首先，Google得以使用非商業稅率把智慧財產授權給其子公司Google愛爾蘭控股公司（Google Ireland Holdings）。Google愛爾蘭控股公司旗下又有一家設立於都柏林的Google愛爾蘭有限公司（Google Ireland Ltd.），處理該公司在歐洲、中東和非洲地區的業務。Google在這些海外市場的營收約達125億，其中九成都算是Google愛爾蘭有限公司的收入。接著，Google愛爾蘭有限公司透過在荷蘭阿姆斯特丹登記的空殼公司，把所有的營收以權利金之名匯回Google愛爾蘭控股公司。由於Google愛爾蘭控股公司在著名的避稅天堂百慕達登記、註冊，這筆營收不用繳交一毛錢的稅金。

超級富豪還有其他避稅訣竅，包括避險基金經理人的附帶收益條款。為了鼓勵基金經理人提高操作績效，基金業者通常會從獲利當中提撥一定比例發予金經理人做為酬薪的一部分，稱為「附帶收益」。一般而言，避險基金經理人可收取資產的2%做為管理費以及基金獲利的20%，此即「2與20原則」。由於稅務法規仍有灰色地帶，基金經理人得到的這筆酬庸並未以一般所得被課以35%的稅，而以15%的資本利得稅計算。[20]這樣的不公不義讓一般大眾義憤填膺。華爾街的基金管理人多年來能利用別人的錢坐收漁利，顯然避險基金在選戰當中貢獻了巨額政治獻金。

一般老百姓當然不知道這些高明的避稅手法。除了稅務律師及其客戶，有多少人知道利用「雙愛爾蘭」之類的巧妙手法來避稅？至於宣揚「自由市場」的人，在讚頌Google締造的科技奇蹟與分享的精神之時，可曾知道布林（Sergey Brin）在創造Google的搜尋引擎之時曾得到國家科學基金會的贊助？

我們可從Google的避稅醜聞看出大企業與避稅天堂已形成一個巨大、複雜的利益網絡，國稅局卻允許這樣的行為。根據美國政府責任署（Government Accountability Office）最近發表的報告。[21]在美國公開上市的百大公司當中，已有83家公司都在避稅天堂設了分支機構，有的還同時在好幾個避稅天堂注冊、登記。國會研究服務處（Congressional Research Service）也在報告中提到，大企業集團，尤其是跨國公司，紛紛利用不同地區稅率及免稅條件的差異，將利潤轉移到稅率低或可免稅的分公司，致使政府收益每年短少數百億美元。[22]

誰的意見才算數？

關於金錢對政治的影響，我們可比對國會議員投票的結果與選民的意見。根據巴泰爾斯（Larry Bartels）的研究。結果並不讓人訝異：

> 就共和黨議員而言，他們沒特別重視中產階級選民的意見，更別提顧及低收入選民。似乎這些議員極重視高收入選民的意見，重視的程度幾乎是民主黨議員的三倍。雖然民主黨的議員似乎相當重視中產階級選民的意見，但對低收入選民的意見則沒有反應。[23]

雖然這些議員是民意代表，應該在國會投票之時表達人民的意見。然而，有錢人的意見才算數。中產階級或中間選民不是議員拉攏的對象。議員迎合金主，因為這些金主能拿出政治獻金，資助他們贏得選舉。但至少民主黨議員比較願意傾聽中等收入選民的心聲。

這種勢利的做法在政治上屢見不爽：富人獲得減稅；阿富汗戰爭還在打；公營健保流產；替代能源被打入冷宮；大銀行獲得巨資紓困，還用這筆錢發出大筆紅利。從這些實例來看，民眾的意見是一回事，多數議員的決定又是另外一回事。

混淆視聽

　　金權政體之所以能夠坐大，不只是因為政治獻金和遊說，還有無所不用其極的公關操作。近年來有幾項調查研究已戳破幾個關鍵產業利用公關公司蒙騙大眾的技倆，如軍火商、石油和煤公司、醫療保險業者和華爾街。許多重要的新聞媒體，如梅鐸（Rupert Murdoch）領導的媒體王國，更樂於為虎作倀。梅鐸本人就是石油產業的投資人（前副總統錢尼也是）。當然他也投資其他產業，因而企業的公關運作不但有利於自家公司，也能使媒體大亨直接受益。[24]

　　近年來企業破壞環境、危害公眾健康的案例層出不窮，如火力發電廠營運帶來的酸雨、氟氯碳化合物對臭氧層的破壞以及化石燃料使用造成的氣候變化，但各產業無不延攬說客，在公關下重金，用不科學的說帖來欺瞞大眾，阻礙聯邦立法。大石油公司和大煤廠就是破壞環境的罪魁禍首，而《華爾街日報》則一直努力為他們掩飾。企業說客的主要策略就是用似是而非的科學報告來混淆視聽，拿有爭議的科學論述來支持自己的說法。只要價格談得攏，企業不難找到有博士頭銜的人來為任何不實報告背書。經驗一再地告訴我們，所知不多的大眾很容易被舌燦蓮花的企業說客牽著鼻子走。

　　最近，氣候變化則是企業抨擊的目標。艾克森美孚石油、寇克工業集團（美國最大的私人石油公司）和梅鐸的新聞集團等不斷散布反對氣候變化和全球暖化的論調，散布氣候科學的錯誤資訊，顛倒是非。然而，還有一些記者和研究人員鍥而不捨，像葛伯斯潘（Ross Gelbspan）與歐瑞斯克斯（Naomi Oreskes）仍勇於揭發企業利用公關為大眾洗腦的真相。對明眼人來說，這種公關手法其實相當變態、幼稚。然而，這招還是可讓困惑的大眾上鉤。儘管現在已有堆積如山的科學證據顯示人類對生態環境的破壞已釀成氣候變化之禍，更可怕的災變還在後頭，約有半數的美國人還是不相信。

大贏家

金權政體最大的特點就是自私自利。今天的美國其實沒有經濟危機。請看下列資料：

- 2010年美國企業收益創下新高。[25]
- 2010年，企業已從金融危機的底部強力反彈，執行長的薪酬也創下新高。[26]
- 2010年，華爾街發放的薪資和紅利也創下新高。
- 有幾家華爾街公司因為欺騙投資人而被證管會處以罰金，但沒有任何一個銀行面對刑法的制裁。
- 沒有任何法規不利於金融業者、醫療保險、軍火商和能源供應商。

　　近三十年來，金權政體的成就之一就是創造了美國的富翁階級（財富金字塔尖1%的人，年收入高達40萬美元）以及鉅富階級（即0.01%最最富有的人，年收入達800萬美元以上）。這些富豪的發達工具為何？首先，全球化一方面推升資本利得，一方面壓低工資。接著，那些在財富之巔的人又可獲得減稅，把更多的錢帶回家，累積更多的財富。此外，企業執行長藉由股票選擇權大撈一票，損害全體股東的利益，證管會卻睜一隻眼閉一隻眼。如果你要兩黨人馬排成一列，聽候你的命令，其實不難，只要你夠有錢。

08
心靈危機

我們這個時代一個最大的諷刺就是：身處資訊時代的我們，建立
公民素養的基本知識卻嚴重不足。

很多人都認為目前經濟危機是金融法規鬆綁造成的，也有人把錯誤的政策歸咎於政治腐敗。很少人把焦點放在公民身上。畢竟責怪政治人物和貪婪的企業老闆很容易，而且不會錯。大眾知道政治人物在玩什麼把戲，並深惡痛絕，但那些領導人還是民眾自己選出來的。美國人讓自己被企業宣傳牽著鼻子走，私人預算規畫短視，不知不覺落入債務陷阱，最後甚至面臨破產的命運。好幾千萬美國人今日一再過度消費，明天再來後悔，包括吃得過多、借貸過多、沉迷於賭博，看太多的電視等，身陷諸多癮頭到了無可自拔的地步。

我們的政府早就放棄長遠的經濟計畫，家戶對個人預算也沒有清晰的規畫。人民對政府預算案意見不一，訊息貧乏，也常抱持矛盾的立場。選民經常支持中產階級減稅，另一方面又贊成政府開支增加，同時憂心政府財政赤字。他們有時也給富人通行證，例如支持減免富人遺產稅。選民很容易受到短期利益的吸引，不關心長期後果。

為了了解這種行為和態度，我們必須深入剖析民眾心理，以掌握消費者和公民的行為。如果要把政治權力從說客手中奪回來，找出有意義的解決方案，我們必須把眼光放遠。但要有這樣的眼光非常困難，畢竟我們在利益的蠱惑之下，很容易屈服。本章的目的就在了解我們在思考、計劃和做決策之時，心理上會出現哪些弱點。我們只有洞視虛偽和騙術，才有助於重建經濟。

富裕心理學

貧窮社會裡的消費者，行為較直截了當，知道自己真正需要什麼，如食物、棲身之處以及必要衣物。當地的生產者也就迎合這樣的需求。貧困家庭收入大抵只能勉強糊口，不能存多少錢，但維持生計外有餘裕時，還是會儲蓄，以備急難之用。

當社會變得富裕，基本需求不虞匱乏，消費者行為就比較難以預測。在高所得國家，如美國，我們已不再提中產階級和富人「需要」什麼，而是他們「想要」什麼。經濟學家假裝這些欲求為真實、穩定，而且根植於偏好，幾乎等同於與生俱來的權利。品牌產品經理人和廣告主管最了解這點。一家成功的企業不只是生產商品，也要懂得製造欲望。企業每年的廣告花費預估達3千億美元，就是為了創造、操縱消費者的需求。[1]

消費者如何決定購買某項商品？可能是因為極度渴望、一時興致、執迷、被產品誘惑、追求身分地位的表彰，就這麼糊裡糊塗掏出荷包。他們或許想存錢，但最後還是不敵引誘。一個社會愈富裕，非理性消費的問題就愈嚴重。真正的窮人知道需要什麼才能活下去，如食物、棲身地、衣物、潔淨的飲水和醫療。富有的消費者則不知道擁有什麼才能使自己快樂，常常為了該消費、還是該存錢而困惑。是否該向對門鄰居、同事或名流看齊，也去買某樣東西？電視或電腦螢幕上出現讓人怦然心動的產品，要不要下單呢？

很多美國人消費不是為了消費帶來的快樂,而是為了炫富、彰顯自己的地位或是藉此顯露自己的性感迷人。經濟學家與社會批評家韋博倫(Thorstein Veblen)論道,這就是「炫耀性消費」,亦即消費的主要目的是引人注目,而非為了自己的快樂。[2]在動物世界,雄性為了吸引雌性的目光,演化出華麗的裝飾特徵,以獲得最大的生殖利益,這就是所謂的「性擇」(sexual selection),雄孔雀豔麗的羽尾與大角鹿的鹿角都是典型的例子。

炫耀性消費有如敵對雙方的軍備競賽。大多數投資最後都浪費在沒有意義的軍備上(如大而無用的鹿角或是遊艇)。經濟上的軍備競賽也可能淪為「老鼠競爭」,人人都怕落後,因此跟老鼠一樣沒命地工作。上帝要每個人在安息日休息是有道理的。如果只有我們休息,我們就會擔心競爭者是否正在埋頭苦幹。最後,大家都還是在週末繼續工作。很多歐洲政府為了防止這種「自我剝削」,立法規定所有的員工一年至少有四週的有薪假。

此外,還有一種叫「社會性消費」,也就是消費的目的是為了打入某個社交網絡,如「哈雷機車幫」,或是為了社交而購買智慧型手機,也有人為了與富人為鄰以及讓孩子可以唸好學校而在富裕的市郊買房子。在美國,最重要的「社會性消費」就是購屋。選擇住宅不只是考慮到房子本身,更重視鄰居和生活環境。美國住宅區常因所得和族裔而有明顯的區隔。

美國公立學校不像世界其他地區的學校，財務來源主要是靠當地房地產的稅收，富裕地區財源廣大，因而能建立好學校。於是，很多父母為了讓孩子接受良好的教育而選擇在昂貴的地段買房子。在這種情況下，富人紛紛移居到某一個環境優良的地區，推升當地房價，吸引更多有錢家庭來此群聚，把窮人家排擠出去。因此，窮人就只能住在比較差的地段和不好的學區，缺乏打入就業市場的良好人脈。

在這種消費之下，社會裡的人為了一定的生活水準不得不拚命工作，並對其他人造成壓力，此即經濟學上所謂的負外部性（negative externality），也就是某個經濟個體的活動使他人或社會受損。在這種社會裡，人人只能爭先恐後，投入無益的競逐。

群眾說服科技

主流經濟學家對消費行為的看法已經過時。即使他們已經明白，永無止境地追求更多產品，不再能夠代表幸福，但還是常把個人消費和快樂劃上等號，而且把GDP的增加看成經濟效率的提升。在GDP中，消費支出即占80%。雖然這種注重消費的現象看在經濟學家的眼中並不是什麼奇怪的事，但心理學家、社會學家和哲學家已發現事態嚴重，正在密切觀察美國社會的變化。

　　為了了解這種現象，我們必須探討現代媒體的誘惑，特別是電視。近一個世紀以來，商業廣告、公關活動和官方宣傳一波波湧向我們，影響我們的心理，刺激我們的物欲。群眾說服（mass persuasion）科技已布下天羅地網。二十世紀前半葉先是報紙的年代，接著收音機和電影大行其道，下半葉則是偉大的電視年代。現在我們已進入數位世界，隨時可連上網路、運用多媒體，每天花好幾個小時黏在不同的螢幕前，接收不斷湧入的訊息，催促你買東西、花錢、借錢，買了還要再買。公關、行銷和廣告產業不但高度專業而且效率十足，不斷地把商品訊息送到我們眼前。

　　心理分析大師佛洛依德就是現代公關之父、行銷天才博尼茲（Edward Bernays）的舅舅。博尼茲已正確預知操控大眾的基本手法（也就是他所說的「共識工程」），不管是促銷香菸、為候選人宣傳，甚至策動政變（如1954年瓜地馬拉政變），只要是想說服社會大眾，都可派上用場。這種操縱手段不知不覺地刺激大眾，並利用大眾盲從的心理。[3]

　　今天，數位科技的力量更加神通廣大，廣告客戶、政治人物、選戰顧問和說客都用這樣的科技來擄獲我們。博尼茲在1910年到1930年之間操縱大眾的工具主要是報紙、宣傳噱頭和口語傳播。他的操縱絕招主要是靠讓黑白照片見報。

　　到了1940年，電視問世了，人們不再聚集在市街廣場交換消息，紛紛回家看電視。這種新科技以史無前例的速度打入家家戶戶，也成了美國人的生活重心。1950年，擁有電視的家庭只占全部家戶的9%，但到了1960年，87%的美國家庭都有電視了。這種新科技的流行速度可說是史上之最。[4]自此，美國人坐在電視機前的時間愈來愈多，到了1960年代，每人每天平均都看3到4小時的電視，而其中的三分之一是廣告。如今，民意操縱的工具更多了，不只是電視，還有網路、影片、廣告看板、報紙、雜誌、宣傳活動等。據估計，兩歲到七歲的孩童每年看的電視廣告時數高達13,900小時，而八到十二歲的兒童每年看了30,100個小時電視廣告。[5]

當然，有些人早就警告我們當心被媒體操縱，如1940年代的小說家歐威爾（George Orwell）、1950年代的社會批評家帕卡德（Vance Packard）、1960年代的經濟學家高伯瑞（John Kenneth Galbraith）和傳播大師麥克魯漢（Marshall McLuhan），近二十年來，則有語言學家喬姆斯基（Noam Chomsky），對我們諄諄告戒。老記者麥金尼斯（Joe McGinniss）也曾在1968年出版的《出售總統》一書論道，形象營造大師如何利用電視幫總統包裝。[6]儘管這些警告言猶在耳，美國人還是繼續在電視廣告的洗腦之下「購買總統」。

現代人花在電子媒體上的時間更是驚人。根據2004年的一項調查，八到十八歲的人待在電視機前的時間約是每天三小時，再花一小時看DVD或電影，打電腦或掌上電子遊樂器的時間約兩小時，聽音樂一小時，每日閱讀時間平均只有23分鐘。有人還會同時使用兩種以上的媒體，把使用各種媒體的時間總合計算，每天花在媒體上的時間平均是8小時33分鐘。[7]我們的下一代漸漸活在虛擬電子世界，不斷接收訊息和廣告。做父母的只是沒那麼沉迷於電子媒體，平均一天看三、四個小時的電視。

　　當然，沒有任何廣告或昂貴的多媒體宣傳活動會教我們買少一點，把錢存下來。沒有人提醒我們要用批判的眼光看那三十秒的競選廣告，別草率投下自己神聖的一票。沒有任何廣告要我們當心那些豔麗的色彩、響亮的口號、漂亮的臉龐、特別的手勢或煽情的言語。沒有人告訴大眾，我們每天收到的訊息很多是不科學的，是公關公司接受企業委託的企畫製作。當然，廣告時段不會跳出這樣的警告，要我們把電視關掉，去看書、散步或是到救濟貧民的愛心廚房當義工。理由很簡單：這些警告或提醒不會為電視公司帶來任何收益。各企業或政黨候選人每年投下三千億美元的廣告費用，目的就是贏得勝選、讓產品熱銷，以求更多的利益回饋。

　　電視的影響無遠弗屆，不只是直接對觀眾傳送廣告訊息。

　　電視已使社會的重心從公園和保齡球館轉移到我們自己的家，每個人都窩在大螢幕電視前的沙發上，不喜歡外出走動。過了一段時間，電視不僅出現在每一戶人家的客廳，每一間臥室也都有了電視。人們不但不愛和別家互動，即使是同一屋簷下的家人，也都喜歡獨自待在自己的房間看電視。政治學家普特南就在《一個人打保齡球》描述美國人對社區事務和社會愈來愈漠不關心、對政治的參與程度下降，這種現象和美國人看電視時間太長有關。

如果我們比較各國民眾收看電視的時間，就可發現看電視不但會妨礙社交生活的發展，對身體健康有害，也會侵蝕社會資本。一國民眾看電視的時間愈長，社會信任度愈低，該國的貪腐印象指數則愈高。正如圖8.1a所示，各國成人收看電視的平均時間最短的是瑞士人，約167分鐘，最長的是美國人，達297分鐘（即每日5小時）。最少看電視的國家是瑞士、芬蘭、瑞典、挪威和荷蘭，收看時間中等的則為法國、德國、日本、西班牙和義大利，看電視時間最長的則是美國。我們可從此圖發現，收看電視時間長度與社會信任度呈反比。然而，貪腐印象指數則和民眾收看電視的時間長度成正比，如圖8.1b所示。例如，執政時期最長的義大利總理就是媒體大亨，義大利政治權力與媒體因而盤根錯節，無怪乎貪腐印象指數高居全球之冠，民眾收看電視的時間也相當長。北歐國家的人民看電視時間最短，社會信任度則最高。美國民眾雖然看電視的時間最長，貪腐印象指數只有中下，或許這是因為企業說客和政治獻金已把貪腐合法化了。

看電視時間太長對個人身心健康都有不良影響。調查顯示，看電視時間長的人不但比較不快樂，也會對自己收看電視的習慣感到不安。如目光無法離開電視，已不是健康的消費行

圖8.1a：電視收視與社會信任的關係

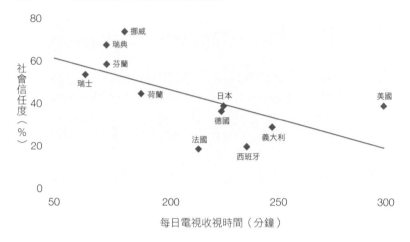

資料來源：世界價值觀調查資料庫（World Value Survey Databank）與歐洲RTL集團（RTL Group）

圖8.1b：電視收視與貪腐印象的關係

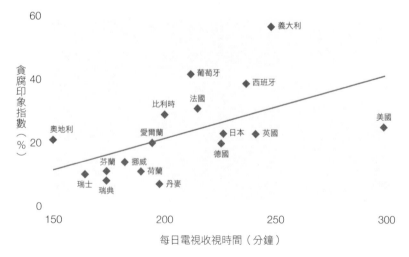

資料來源：國際透明組織與RTL集團

為，而是一種成癮症。根據圖8.2所示，電視收看時間與肥胖的程度成正比。這種關聯性除了反映長時間坐著看電視會造成肥胖，也顯現另一種傾向，即喜歡長時間看電視的人常會購買電視廣告推銷的垃圾食物來吃。也許吃得過多與離不開電視也反映一個人的自制力比較差。

電視收視時間過長是否一定會對社交生活與個人身心有害，目前仍無確切證據。影響社交生活的因素很多，電視收視習慣只是其中一之。然而，電視可能帶來的不良影響還是令人憂心忡忡。我們每天面對一波又一波接連不斷的影像和媒體訊息，這些影像和訊息的目的就在影響我們的決策過程。我們因此失去理智，衝動行事。我們必須了解，在一個媒體泛濫的時

圖8.2：電視收視與肥胖的關係

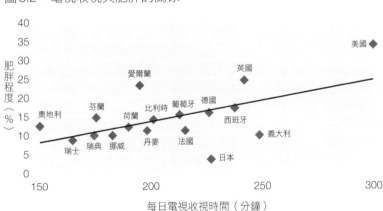

資料來源：RTL集團與經濟合作暨發展組織（OECD）

代要保持平衡，要比十年前或十五年前來得困難。現代神經學和心理學不斷進展，揭露了更多人類心理的弱點。如果佛若依德和博尼茲現在還活著，必然也會嘖嘖稱奇。

問題不只是我們很容易在不知不覺之間受到一堆理性與非理性動機的操控。佛洛依德和博尼茲都知道這點，好幾個世代的研究心理學家也一再證實，只要我們的情緒、場景有一丁點變化，我們的決定就可能受到影響，因此實驗者會利用我們沒有察覺到的線索來操控我們。科學家發現，我們的大腦、個性、決策能力和價值觀都會因為神經不斷地自我組構而出現變化，即使到老年，仍不算完全定型。我們不只是吃什麼就變成什麼，我們看到、聽到的東西也會影響我們的大腦、心靈和未來的判斷。

在這廣告泛濫的經濟，我們尤其容易落入廣告和公關產業設下的陷阱。神經學家提出四個理由，告訴我們為何要當心廣告與大眾消費。首先，我們的大腦具有可塑性。科學家用「神經可塑性」來描述腦部會根據我們接收的刺激，與我們的行為方式，不斷形成新的神經連結。冥想可讓我們平靜，而看電視則會使人躁動，特別是幼小的兒童。第二，動物行為學家指出，在自然界中，簡單的色彩線索、性刺激或其他感官訊息都可能引發極其複雜的動物行為，此即所謂的「超正常刺激」。哈佛心理學家巴瑞特（Deirdre Barrett）從動物研究推斷人類和動物一樣，由於生理結構的緣故，對某些線索特別有反應。[8]

食品產業用我們喜歡的多油、多糖食物引誘我們。行銷專家用性感的模特兒拍攝廣告，讓我們掏出錢買車子、啤酒和香菸。這些都是大家熟知的例子，但廣告無所不在，教人難以抗拒。第三，人類非常容易成癮，從小就在廣告的洗禮下度過消費和過度消費的一生。我們活在一個推銷的社會，每個產品大廠都利用廣告讓我們心動、上鉤。第四，我們有很多決定都是不知不覺之間形成的。常常，我們甚至不知道自己為何要買某樣東西，或是看到某種產品就非買不可。我們的大腦很容易在視覺、氣味等刺激之下，使我們做出衝動購物的決定。

二十幾年前，我認為消費成癮和非理性消費是嚴重的社會問題，無關總體經濟，成癮問題應該交給社會工作者和毒品管制局去處理。總體經濟學研究的是整個經濟體系的行為，而不是痛苦的特例。但我不再認為心理學和經濟學是涇渭分明的兩個領域。不到一個世代，美國人已出現種種成癮行為（包括抽菸、肥胖、看電視、購物、借錢等），自制力愈來愈差。這些不健康的行為已危害到整體經濟，我們不得不深思，在這廣告與放縱的年代，我們要如何自求多福，如何保持平衡？我們的社會已深陷於過度消費，家家戶戶債台高築。美國人的肥胖率高達33%，可見我們的飲食有多糟。電視成癮也是一大問題，平均每人每天四到六個小時待在電視機前，但這樣的娛樂並無法帶給人真正的快樂。

大眾媒體與高度商業主義的結合

美國媒體系統已成擺脫社會控制的巨獸，漸漸把美國推向深淵。媒體幸制我們的客廳、政治，甚至戰場，也是社會不安定的一大因素。媒體與企業利益、政治人物互相勾結，形成連結緊密的網絡，然後製造幻象、滲透人心。媒體販賣幻覺給我們，助長成癮的行為，包括媒體成癮症。

很多觀察家發現，美國在電視時代已深受企業和政治人物的宣傳手法吸引。早在電視盛行之初，政府就決定幾乎把電視網整個交給私人部門。在商業掛帥之下，自然廣告優先。1934年，國會通過《傳播法》，也否決了公私並營制。

過了幾十年，政府大抵透過聯邦通訊傳播委員會（FCC），管理私人廣播電視業者，加強其公共精神與促進競爭。[9] 但在1980、90年代，由於政策鬆綁，私人媒體開始為所欲為。到了二十一世紀，媒體非但政府管不動，甚至成了華府的宣傳夥伴。

1996年，柯林頓主政時通過《電訊傳播法》，不過再次印證美國不管是由民主黨或共和黨當家都沒有什麼差別。此法一出，媒體併購案一波波，市場出現「大者恆大」的現象，最後只剩下幾個超級媒體王國，如迪士尼、康卡斯特（Comcast）、西屋廣播（Westinghouse）、維康影視（Viacom）、時代華納與新聞集團。

媒體與政治已發展出共生關係。電視廣播可為商品促銷、宣揚消費者價值，也是政治人物生涯的助力。而政治人物也可以利用職權，為媒體鬆綁法規、減稅，讓媒體享有充分的自由，不受監督，任其品質低落、忽略公共服務。

商業化有多深？

雖然我無法證明美國的大眾媒體文化、無所不在的廣告和美國民眾每天看電視時數過多是市場駕凌社會價值的根本原因，但我可以指出，美國商業主義過了頭，是世界經濟先進國家中是最嚴重的。我創造了商業化指數（CI）來衡量一國經濟傾向私人消費的程度。私人消費和急躁傾向愈高，就愈不重視公共消費和未來。我假設美國等電視收視過度的國家，商業化指數應該偏高，而商業化指數則與種種社會病症息息相關。

我把商業化指數分為六個項目，每一個都代表某種社會選擇的面向。每一項分數愈高，也就愈傾向商業化：

- 全國消費率（私人消費與政府消費占GDP的比例）
- 全職員工每年平均工時（休閒時間少，市場消費導向）
- 不投票比率（缺乏大眾參與）
- 私人醫療支出占全國醫療總支出的比率（醫療私有，而非公共財）

- 私人教育支出占全國教育支出的比率（教育私有，而非
  公共財）
- 私人消費支出占全國消費支出（私人加上公共支出）的
  比率（私人消費是消費的主要型態）

　　為了簡化，我以0到1的數值來代表商業化指數，1代表商業化指數最高者。每一個國家的商業化指數都是根據上述六個項目來衡量。整體與各個項目的排行見表8.1。

　　結果，美國是商業化程度最高的國家，其次是瑞士。美國也是私人教育花費最多的國家，其他項目則都排第二。大抵而言，各項目分數高的國家，商業化程度也高，包括澳洲、加拿大、紐西蘭、英國和美國。丹麥、挪威、瑞典這幾個北歐國家各項目得分低，商業化程度也比較小。

　　像美國這樣高度商業化的社會較忽視窮人。如圖8.3所示，商業化指數也與全國貧窮率相關（根據OECD的定義，係指家戶收入低於所得中位數的50%）。商業化指數高的國家，對窮國的援助也比較少。而在商業化指數高的國家，1%最富有家庭的所得份額也最大。我們可以說，在高度商業化的國家，市場價值已超越社會價值，無視國內窮人的需要，也吝於對貧窮國家伸出援手。在這樣的社會當中，個人則重視市場價值，追逐私利、喜歡討價還價和競爭，而失去其他價值（如同情、信任、誠實）。

圖8.3：商業化指數與全國貧窮率

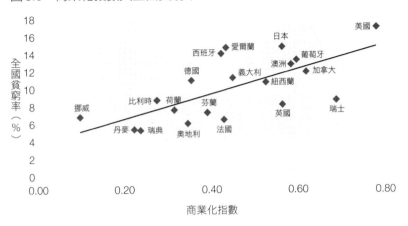

資料來源：RTL集團與OECD

表8.1：商業化指數（CI）

國家	CI	全國消費率	每年平均工時	不投票比率	私人消費支出占全國消費支出比	私人醫療占全國醫療總支出比	私人教育支出占總教育支出比
美國	0.90 (1)	88% (3)	1,681 (8)	58% (2)	79% (2)	54% (1)	32% (2)
澳洲	0.56	76%	1,713	17%	76%	33%	28%
奧地利	0.35	74%	1,581	24%	71%	23%	11%
比利時	0.26	76%	1,550	14%	66%	27%	6%
加拿大	0.60	76%	1,699	46%	71%	30%	26%
丹麥	0.20	78%	1,536	17%	61%	16%	8%
芬蘭	0.39	82%	1,697	32%	65%	26%	3%
法國	0.42	81%	1,554	45%	69%	22%	9%
德國	0.35	78%	1,419	28%	73%	23%	15%
愛爾蘭	0.45	89%	1,584	31%	72%	23%	6%
義大利	0.49	84%	1,773	21%	74%	23%	8%
日本	0.55	73%	1,714	33%	74%	18%	33%
荷蘭	0.28	78%	1,378	23%	61%	38%	16%
紐西蘭	0.51	84%	1,729	22%	73%	20%	20%
挪威	0.06	65%	1,403	23%	63%	16%	2%
葡萄牙	0.57	91%	1,719	33%	74%	29%	8%
西班牙	0.43	80%	1,653	23%	71%	28%	11%
瑞典	0.21	77%	1,602	19%	62%	18%	3%
瑞士	0.70	69%	1,640	60%	81%	41%	NA
英國	0.55	85%	1,646	42%	71%	17%	25%

資料來源：OECD與國際民主選舉基金會（International Institute for Democracy and Electoral Assistance, IDEA）

（）內的數字代表美國的排行

　　不管原因為何，美國是個私人富有但社會貧窮的國家，重視追逐財富，而不管窮苦的人。雖然比起其他國家的文化，美國更加強調個人主義和個人財富的追逐，這樣的結果卻不是國家之福。

　　當然，早就有人擔心高度商業主義的弊害。馬克思（Karl Marx）就曾從左派的觀點抨擊社會生活的「商品化」。也有不少人從宗教與道德猛烈批評過度消費主義。著名的德國自由市場思想家呂樸克（Wilhelm Röpke）曾在二十世紀中葉以《人道經濟學》（A Humane Economy）一書批判沒有靈魂的廣告與大眾消費主義。呂樸克認為廣告就是我們這個時代最鮮明的特徵。[10]

　　偉大的社會學家和經濟學家也提醒我們，不只是社會大眾會屈服於大眾消費主義，富人也是。早期現代資本主義並非以富人的奢侈消費基礎，而是奠基於企業家的謹慎消費與儲蓄。德國社會學家韋伯（Max Weber）曾言，早期資本主義的最高倫理就是「拚命賺錢，賺愈多愈好，同時嚴禁貪圖逸樂」。這就是那個時代的新教價值觀。[11]英國經濟學家凱因斯也提到，十九世紀末英國資本主義是以道德做為基礎。他論道，十九世紀末的社會可以容忍富人，那是因為富人不但善於累積財富，而且過著誠正的生活，不會揮霍金錢。正如凱因斯在《和平的經濟結果》（The Economic Consequences of the Peace）所言：

如果富人把到手的財富揮霍於一己的享受，將不見容於世界。他們擔心未來會變得窮苦，因此像蜜蜂一樣，把財富儲存、累積起來……資本主義階級可以分到最大的一塊餅，理論上可以自由花費，但實際上他們為了防範未然，極少隨便花用。十九世紀的美德就是儲蓄。只有透過儲蓄，利益之餅才能變得更大。[12]

美國十九世紀最偉大的資本家、鋼鐵大王卡內基（Andrew Carnegie），也告訴我們，志在賺大錢與妥善利用財富的差別。他在〈財富福音〉（The Gospel of Wealth）一文論及「富人的義務」：

富人必須過著樸實的生活，避免炫耀、奢華，要讓自己手下的人獲得溫飽。如果有盈餘，則應設立信託基金，親自管理，把錢用在對社區最有益的地方。因此，富人只是信託基金的保管者，他們必須負起照顧可憐人的責任，以智慧、經驗和能力來管錢，讓錢發揮最大的用處。[13]

卡內基主張資本家的財富該用於增進社群全體的利益，也以身作則在美國和歐洲設立了好幾個大型慈善機構，如卡內基基金會、卡內基技術學院（即現今的卡內基美隆大學），並在美國各地成立卡內基圖書館。洛克斐勒也受到卡內基的感召，成立洛克斐勒基金會，也成為近代史上最成功且最有影響力的慈善家，致力於對抗貧窮、飢荒與疾病，並大力贊助科學研究和公共事務。卡內基的社會福音也流傳下來，讓現在的大企業家起而效尤，如比爾‧蓋茲、巴菲特、索羅斯、特納、葛羅斯等皆慷慨解囊，捐獻巨資以鏟除貧窮、促進公共教育、疾病控制與民主。比爾‧蓋茲和巴菲特也鼓勵幾十位億萬富翁把自己的財富捐出一半以上來推動慈善事業。

可惜，到了今天，資本主義的道德基礎已蕩然無存。除了上述少數的鉅富慈善家，現在握有龐大財富的人多是豪奢驕人，不懂得節制、禁欲。不管是生日派對、婚禮或是週年紀念日都豪華鋪張，一擲千金，巴不得八卦刊物報導，好大出風頭。社會大眾也愛看這樣的新聞。在我們的社會，高度商業主義已發展到極致，超級富豪的眼裡根本沒有窮人，完全不知社會其他人有何迫切需求。

臉書時代的廣告

我們很快已從電視時代進入寬頻時代，各種又新又炫、與網路相連的電子產品把資訊送到我們眼前。我們不得不思索一個重要問題：如果我們的生活無時不刻都與網路相連，這個社會將變得如何？

網際網路與全球資訊網一問世，就成為大眾傳播與資訊傳

布的新工具。許多新科技先驅認為，網路將具有民主與反商業
的特色。幾乎人人都可上網，就全球性的辯論與討論而言，每
一個人都可發聲。資訊將不再是獨占事業，新的全球合作模式
將會問世。

然而，這樣的希望很快落空。網路不但沒有促成公共廣場
的團結，反而使之分裂。很多觀察家認為，網路不但無法讓公
眾形成共識，反倒激化分歧，也更不利於公共辯論。

至於商業化行為，網路已成廣告和行銷的利器，使廠商得
以把訊息傳送給目標群體。廣告商可以監看我們的網路行為，
如造訪的網站、上網買的東西以及社交網絡上的朋友，傳遞訊
息給我們，也能利用我們的社交關係來追蹤消費行為、創造流
行趨勢或挑起同儕壓力。像Google和臉書這樣的大網站都很
樂意讓行銷公司利用他們蒐集到的社群資料做廣告。Google在
2010年的廣告收益高達250億美元，高居世界第一，而臉書也
有186億美元之多。廣告商正明目張膽地透過像臉書這種新的
社交網絡潛入我們的私生活，利用我們的弱點。[14]

每天，我們都發現自己的隱私權出現新風險，而且可能已
被網路行銷公司利用。這當然不是新聞，我們已經知道有些公
司為了追逐利益，不惜超越界線。很多資訊追蹤公司甚至會設
法取得網路使用者的詳細個人資料，包括真實姓名、年齡、地
址、收入狀況、購買習慣、社交網絡、是否加入政黨等。這些
公司在我們造訪某個網站時植入追蹤程式，檢視我們電腦中的

瀏覽記錄,因而得知我們上過什麼網站、搜索過什麼商品,然後自動匹配、推出量身訂做的廣告。他們就這樣蒐集數百萬人的詳細個資,然後把這些資料賣給有商業企圖的公司或政黨。根據《華爾街日報》的報導(2010年10月25日),像Rapleaf這樣的資訊追蹤分析公司已蒐集了六億個以上真實電子郵件地址,還以每月新增3,500萬個的速率增長。[15]

關於網路對精神層面的影響,證據更是鮮明。我們原本已有電視、DVD、隨選視訊、MP3和智慧型手機,隨時都可接收媒體訊息,而網路不只重塑我們的社交網絡,也會使我們的神經網絡產生變化。近來,神經學家憂心,網頁瀏覽將使我們無法長時間專注,傾向短時間內的刺激反應。我們只是草草瞄過網頁上的東西,不會專心閱讀網頁上的字句。就情感和認知的層面來看,網路漫遊和閱讀大不相同。我們從網路汲取事實的速度雖然比較快,但也忘得快。

心理學家與社會學家必然會特別注意我們感官超載的問題。數位時代的資訊傳播研究顯示,每人接收到的資訊量增加甚多,但仍未顯露對我們的心靈和社會將有什麼樣的影響。根據全球資訊產業中心(Global Information Industry Center)進行的一項研究,我們每日接受的資訊量已有驚人的成長,資訊來源也有改變。[16]在2009年,每一個美國人接受訊息的時間平均每日長達11個小時48分,但在1980年,平均每日只有7.4個小時,更早之前,接受訊息的時間應該更少。資訊來源包括

電視（網路電視、衛星電視、有線電視、DVD、在手機上看
電視節目等）、印刷品（書本、雜誌、報紙）、收音機、電話
（固定電話和行動電話）、電影、錄製的音樂和電腦（包括電
玩、如平板電腦等智慧手持裝置、網路、電子郵件和離線軟體
等）。

　　這項研究以下面三種方式計量資訊量：接受資訊的時間、
傳輸的文字量和傳輸的位元數（以10億位元組為單位）。影像
檔案和電玩傳輸位元數最高。表8.2顯示2009年每一個美國人
每日平均接受的資訊量及資訊來源所占百分比。可見，美國人
看電視的時間最長（每日4.9小時），從電視接收的文字量也
最多（每日44,850字）。但就傳輸位元數則占第二，在電玩之
後。儘管如此，年輕的一代看電視的時間已有減少的趨勢，偏
愛使用電子螢幕，如電腦、行動電話和電子閱讀器。只要我們
一睜開眼就可看到電子螢幕，而且隨時皆可使用。

無知的傳染病

　　長期來看，印刷媒體走向式微。在1960年，26%的文字
訊息皆來自印刷品。到了2008年，我們接受的文字訊息只有
9%來自印刷品。雖然美國人平均每天接收訊息的時間42%都
來自看電視，然而只有5%來自印刷媒體。現在的年輕人漸漸
不再享受閱讀之樂。自從十年前開始，愈來愈少人買書、看

表8.2：每日接收資訊量，2009年

	每日小時數	百分比	文字量	百分比
電視	4.91	41.6	44,850	44.8
收音機	2.22	18.8	10,600	10.6
電話	0.73	6.2	5,240	5.2
印刷品	0.6	5.1	8,610	8.6
電腦	1.93	16.4	26,970	27.0
電玩	0.93	7.9	2,440	2.4
電影	0.03	0.2	200	0.2
音樂	0.45	3.8	1,110	1.1

資料來源：全球資訊產業中心（2009）

書。美國人不再看書，不知道基本事實，特別是有些科學事實已被政治嚴重扭曲，如氣候變化等議題。美國人的閱讀能力也急遽下降。[17]

我們身處於資訊時代，大眾基本知識卻嚴重不足，不了解一些重大議題，豈不是一大諷刺？網路和其他上網裝置是否將使我們消息更靈通、更能掌握訊息或是讓我們變得更笨，現在還言之過早。我們是否會沉溺於電玩和線上娛樂，疏於閱讀和資訊蒐集？從最近出版的一些書來看，《笨蛋世代》（*Dumbest Generation*）、《白癡美國》（*Idiot America*）、《不思考的美國人》（*The Age of American Unreason*）、《我們有多笨？》（*Just How Stupid Are We*），我們似乎正面臨真正的心靈危機。

根據最近的民調資料與學術研究，美國人的確對很多的基本事實不夠了解。有一位作者論道：「我們的心靈變得孤立，對寶貴的歷史和民權所知甚少。很多人幾乎不讀書，也不去博物館，卻不覺得羞恥。」[18]如果美國中學生的成績繼續落後其他國家，經濟必然會日益衰敗，經濟穩定度會漸漸降低，世界地位也就岌岌可危。如果我們缺乏知識，也就難以展現公民的力量去面對一些重大挑戰，如聯邦財政赤字或人類引發的氣候變化。

皮優研究中心曾針對美國大眾的基本知識（即新聞智商）進行評量。[19]在2010年底，只有15%的人知道英國首相是誰，而且只有38%的人能從四個名字中正確指出何者是繼任的眾議院議長。不到半數的人（46%）知道共和黨控制的是眾議院，而非參議院。只有39%的人能正確指出政府預算花在國防上最多，而非社會福利、債息或聯邦醫療補助計畫。在美國社會，缺乏這些知識不是什麼滔天大罪。正如皮優研究中心的解釋：「大眾知道政治和經濟的基本事實，但很多細節則不了了之。」但是，在我們的國家面臨諸多複雜的選擇時，如稅務、政府開支、軍事費用等，人民不能沒有基本知識。如果大眾所知不多，就很容易被宣傳牽著鼻子走，和華府一樣遭到特殊利益團體的操控。

找回心靈的平衡

總之，有史以來我們頭一遭活在一個媒體充斥的社會。我們生活周遭處處可見電子螢幕,每天在家不知花幾個小時黏在電視機、DVD播放器、電玩、網路聊天室或臉書頁面,很少做其他的事或有其他形式的社交互動。我們活在一個高科技、由廣告餵養、知識貧乏的社會。不管是媒體網絡或社交網絡都是大企業營運的業務,而企業又和政治體系相依相賴。大企業往往為了追求私利,不惜大打廣告,扭曲事實來誤導大眾,如氣候變化議題的討論。

企業追逐利益最大化加上資訊與溝通科技的突破,已造就出一個精神異常的經濟體。在這世界上,未曾出現如此躁動、不安的社會。在這麼一個消費成癮的社會,個人財務困窘,焦慮日深,雖然身在密密麻麻的電子社交網絡,卻更覺得孤獨。這是整個社會的病態。

儘管美國是個富裕的國家,什麼商品和服務都買得到,卻無法得到心靈渴望的幸福和寧靜。我們必須重新找到立足點,看清經濟對我們心靈的影響,避免落入不斷消費的陷阱,並找回內心的平衡。我將在下一章討論這個任務。

Part 2

第二部

繁榮之路

誰來為文明買單？一個效率、公平、永續的文明社會，需要一個大有為的政府，與市場相輔相成，以稅賦公平實現經濟正義，也需要一個有心有感的社會，以公民意識與道德價值守護公眾利益。如此，繁華才能失而復得。

09
有心有感的社會

對自我、工作、知識、他人、自然、未來、政治和世界有心有感，找回公民價值，讓經濟以追求全人類的幸福為最終目的。

我將在本章以及接下來的章節提出一些可行的步驟，以建立新的經濟和更健全的社會，也為經濟的研究與實踐找到更合乎倫理的基礎。這些步驟的前提很簡單：美國的問題起於國內，也就是我們身為個人所做的選擇。藉由更清晰的思考，不管就個人或公民而言，我們的效能都將提升，最終將得以從大企業手中奪回屬於我們的權力。美國經濟將繼續保有生產力和科技創新的動能。因此，我們的問題不是生產力的瓦解，而是我們如何運用那股生產力。然而，消費的鼓聲從四面八方傳來，讓我們無時無刻不受消費的引誘，使人變得極度短視近利、消費成癮和麻木不仁。如果我們坐視不顧，等於讓自己的權力睡著了，使大企業得以在政壇上繼續呼風喚雨。就個人生活而言，我們必須在工作和娛樂、儲蓄與消費、自利與同情、個人主義與公民權當中取得一個平衡。身為社會的一份子，我們希望市場、政治與公民社會三者能建立健全的關係，以因應二十一世紀的複雜挑戰。

美國的未來不屬於茶黨，而是年輕的一代。在美國社會當中，年輕的一代也是最進步、最多元的。美國要求改變，必須從所謂的千禧世代開始，也就是在2010年時介於十八歲到二十九歲之間的年輕人。這些年輕人社會連結性強、善於利用網路，也會尋找社會和政治參與的新模式。歐巴馬是他們的偶像，然而除非他能改弦易轍，否則只是過渡角色，而不是真正的改革者。

我們今天需要更深層的改革，以重新找回個人的平衡，並為社會信任打下基礎。我們需要的是一個有心有感的社會，能夠認真看待自己的福祉，重視自己與他人的關係，而且關注政治運作。

持守中道

人要如何才能獲得長遠的幸福？人類史上最偉大的兩個倫理學家，即東方的釋迦牟尼佛與西方的亞里斯多德，提出的處方幾乎完全相同。釋迦牟尼佛在公元前第五世紀說道，無度縱欲與極端苦行都是無法走通的路，唯有持守不苦不樂的中道，我們才能取得心靈平衡。兩個世紀後，亞里斯多德也在地球的另一端告訴希臘人同樣的道理：凡事節制是幸福之鑰，也是自我滿足的根源。亞里斯多德和釋迦牟尼佛一樣，不偏向苦行的斯多噶伊學派，也不靠近縱欲的伊比鳩魯學派，認為採取中道才是最正確的道路。

然而中道和自我實現並不是一條好走的路，必須歷經千辛萬苦，畢生努力追求、不斷地訓練和反思，才能達到目標。在我們生活中，到處都是引誘和陷阱，讓我們不自覺地走向極端，因此堅守中道實是一大挑戰。我們很容易就消費成癮，沉溺於感官之樂無可自拔，或是拚命追逐私利，這樣雖然能得到短暫的快感，長久下來還是不快樂。我們也容易變得自私自利，對別人漠不關心。即使禁欲苦修、離群索居，依然不能得到滿足。解決之道就是走中庸之道，努力了解自己。正如亞里斯多德所言：「能征服自己欲望的人比征服敵人的人來得勇敢；人生最困難的戰役就是戰勝自己。」[1]

因此，古代倫理學起於人類自身弱點的探討與快樂的追尋。每一個人都活在誘惑、欲望和幻影的世界，我們必須從這些誘惑和陷阱之中找到可行之路。早在兩千多年前，沒有電視、沒有公關宣傳的時代，聖哲已經有此洞視。這樣的教誨在心靈危機重重的今日更是彌足珍貴。

但釋迦牟尼佛與亞里斯多德提出的中道思想卻遭遇自由主義的挑戰。倡導自由市場的右派聲稱個人自由是倫理與政府的唯一目標，個人知道怎麼做對自己最好，只要不會對他人造成直接傷害，愛怎麼做就怎麼做，不該受到國家和倫理責任的干預。最近在美國政壇崛起的茶黨和不少最富有的美國人，都擁護這樣的思想，只求一己之利，不願兼善他人。

自由主義哲學有很多謬誤，最嚴重的錯誤就是認為，如果個人享有絕對的自由、不受干預、不必負擔對他人的倫理和政治責任，就可找到真正的快樂。釋迦牟尼和亞里斯多德早就看穿這樣的謬誤。如果不願承擔社會和政治責任，個人就無法找到真正的滿足。快樂並非如一些經濟學家所言，來自個人與其財富的關係，而是源於個人與他人的關係。一個充滿同情心、互助、集體決策的社會不只是接受幫助的窮人得以獲益，伸出援手的富人本身也能得到好處。

政治可讓個人有生存的目的感。如果沒有政府，個人將流離失所。在無政府的狀態，個人不可能有長遠的幸福。如果沒有道德責任，個人則陷入孤獨，迷失方向。同情心、合作、利他就是人類福祉的根源。在政治社會要當一個勇於負責的成員，不是要求國家為你做什麼，而是你能為國家做什麼：這是自發的，而不是被強迫才去做的。只有這麼做，個人才能得到真正的快樂與滿足。因此，我們的幸福根植於了解自己的雙重責任：不但做一個有品味、有抱負的人，也負起自己對社會的責任，與他人分享自己的價值觀。

美國資源豐富，包括人力資源、科技資源和自然資源，因此還來得及自救。雖然我們國家財富變少了，但剩餘的財富依然很可觀，可讓我們一面為未來做準備，一面過著高品質的生活。但是，我們現在有一些迫切的問題需要解決。首先，我們要破除媒體宣傳的魔咒，不要繼續被廣告洗腦，沉溺於購物和賺錢。我們必須重拾心靈的平靜。

簡而言之，我們必須有心有感，敏於觀照自己與社會真正的需求，找到通往幸福之路。這種觀照就是釋迦牟尼佛所說的正念。正念是自覺的八個步驟之一，亦即保持警覺、思索自己的處境、去除貪婪和苦惱。如果能持續不斷地努力，我們將能獲得洞見，不再落入欲求不滿的陷阱。

如何做到有心有感？首先，我們必須從個人開始，對自己的判斷有控制權，在消費與儲蓄、工作與休閒、個人主義和負起社會責任之間求取平衡。下一步則是了解自己與社會的關係及身為工作者、市民與社區的一份子所負的社會責任為何。我認為，我們在生活的八個層面都需要有心有感：

- **對自我有心有感**：個人要有節制，逃離大眾消費主義
- **對工作有心有感**：在工作和休閒之間求取平衡
- **對知識有心有感**：教育的培養
- **對他人有心有感**：同情與合作
- **對自然有心有感**：地球生態系統的保護
- **對未來有心有感**：未雨綢繆的責任
- **對政治有心有感**：培養公眾思辨能力；對透過政治體系的集體行動，建立共同的價值觀
- **對世界有心有感**：接受多元觀點，才能建立和平的社會

人生不只是追求財富

對自我有心有感意謂我們願意花時間去了解快樂的根源。今天的美國人總以為帶回家的錢愈多、能購買的東西愈多，就代表愈幸福快樂，因此能少繳一點稅當然是好事。然而，經驗和反思告訴我們的卻完全不同。高所得社會最大的利益應該是能幫助最窮苦的人家，滿足他們最基本的需要。對中產階級和

富人來說，個人快樂不只源於財富，還有其他很多因素。活在
一個管理良善的國家、對社會有信賴感、幸福的婚姻生活、能
有多一點時間和朋友及同事相處、有意義而且穩定的工作，這
些都要比個人收入增加幾個百分比要來得重要。但這些長遠的
快樂只能透過集體行動才能獲得，也就是政治，而不是個人在
市場上所做的消費決策。其實，今天很多人都把個人收入花
在成癮行為，如看電視、買速食、抽菸、賭博等，往往事後反
悔，而不能得到真正的滿足。

　　增加所得（很多財富）和不斷渴求所得增加有很大的差
異。如果能妥善運用，所得增加就能獲得快樂和穩定感，但如
果你沒那麼多錢，只是渴望得到更多的錢，就會帶來無盡的挫
折和不幸。因此，我們必須認清這兩者之間的差異。收入增多
雖可讓人得到短暫的滿足，如果人生以賺錢為目的，凡事「向
錢看」，就會深陷於痛苦之中。過於注重物質生活的人，生活
不是在賺錢、就是在花錢，將會有強烈的不安全感，也比較不
快樂。

　　其實，我們要維持基本生活所需，並不需要很多錢。只
要一個社會的平均所得達到一定的水準，就能把社會資源用於
增進社會福祉，這是光靠市場做不到的。且讓我們以人民平均
壽命做為衡量幸福的一個重要標準。如果一個社會的個人平均
所得到達每人五千美元，人民平均壽命一般可達70歲或更
長（如2009年，美國人的平均壽命為78.3歲）。但是很多比美

國窮得多的國家，人民平均壽命卻和美國差不多或是更長。以智利為例，該國在2009年的平均每人GDP為9,400美元，約是美國人的五分之一（美國平均每人GDP為46,400美元），但智利人民平均壽命是78.7歲，稍勝美國。哥斯大黎加、希臘、韓國和葡萄牙都是比美國窮的國家，平均每人GDP遠遠落後美國，但其人民平均壽命都比美國人長。[2]

同樣地，雖然美國在世界各國中個人平均所得最高，但美國人民對生活的滿意度只在世界各國排行占第17名。不只芬蘭、挪威和瑞典等國排行高於美國（見第二章），就連哥斯大黎加和多明尼加也勝過美國。因此，以生活的滿意度而言，並非收入高就必然滿意，還得考慮到健康和壽命。即使有些國家個人平均所得遠低於美國，但因人民可以過著健康、長壽的生活，因此對生活的滿意度高於美國人。有位行銷專家這麼說：

> 基本生活所需物品很便宜，但是自戀式的自我刺激和社交展示品就很昂貴。生活不需要花費多少錢，炫耀就得花大錢。[3]

對富裕的社會而言，個人快樂不是看收入有多少，而是我們對收入的態度以及如何用錢。如果我們物質欲望很低、務實，消費行為就會符合較深層的需要，也就能提升快樂的感受。然而，正如我們在前一章所見，我們對自己渴求的東西和欲望並不是很清楚。若有耐心，加上訓練，個人就可克服盲目的渴望和癮頭，獲得長遠的滿足。現今，我們要比以前更容易陷入各種癮頭。我們不只必須控制自己內在的渴望，也必須抗拒廣告和商家時時刻刻對我們的引誘，因為他們的目的就是挑起我們心中的欲望，讓人盲目消費。

在這個混亂、喧囂的時代，要對自我有心有感可利用三個法門。第一個法門就是透過認知：我必須先了解自己和別人快樂的根源。如果我們做到這點，就知道所得不像我們想的那麼重要。我們可以藉由人際關係和慷慨待人，豐富自己的人生。個人財富帶來的快樂是有限的，然而透過所得稅的繳交，放棄一點收入，就可達到共同的社會目的，得到更大的快樂。我們可利用認知訓練好好思索自己這一生的計畫。為了未來，我們就會養成節儉的消費習慣，懂得儲蓄。財務顧問和計畫工具可幫我們平衡消費支出與儲蓄，確保自己有足夠的錢讓孩子接受良好的教育，退休之後生活無虞。

如果你有足夠的收入，但覺得不夠快樂，也可聽取研究心理學家的建言。哈佛心理學家吉爾伯特（Daniel Gilbert）及其同事最近就提出開支的八個原則，告訴我們如何能從收入得到更多的快樂。[4]首先，盡可能購買經驗而非物品，因為經驗（度假、參觀博物館、聽音樂會、外出用餐）可給我們值得回味再三的回憶。第二，用收入幫助別人，而不是只把錢用在自己身上。由於人是高度社會化的動物，改善我們與他人的關係，可為自己帶來更多的快樂。[5]第三，用小錢累積很多小小的快樂，別為了快樂一次擲太多錢。換言之，多培養一些閒情雅致。第四，別花太多錢買保險，我們適應變故的能力沒有自己想像的那麼差。第五，先花錢再享受，別老是依賴信用卡，養成先享受後付款的消費模式。想像未來想買的東西也可帶給我們預期的快樂，這種快樂是免費的。反之，衝動購物帶給我們的快樂總是短暫的，而由此造成的債務卻是長遠的。第六，注意購物的細節，想清楚再買，否則我們花的錢與得到的快樂可能不成比例。第七，別花太多時間進行商品比較，否則時間將白白浪費在不重要的細節。第八，多聽別人的說法，看別人如何得到快樂，可為自己增加有用的新觀點。

對自我有心有感的第二個法門則是反思或冥想。今天，公關和廣告操作的訊息一波接著一波向我們襲來。廣告對我們大聲嘶吼，今天不買，明天就買不到了。總統參選記者會鼓動我們、煽動我們。這些宣傳機制都一樣，就是訴諸我們的情感，特別是恐懼或是快樂，讓我們忽略自己真正的利益。佛教長久以來就發展出一套特殊的方法教我們平衡需求與知覺，也就是透過沉思默想。這種心靈訓練的目的在使我們的心靈脫離感官超載的束縛，達成平衡，顧及長期的需求。今天，我們也可試著關掉電視、手機，別去看臉書。只要我們下定決心，有系統地脫離網路和螢幕，就可恢復內心的平靜，找回自制力，去除很多衝動、成癮的行為。

　　第三個法門就是修練。亞里斯多德說，我們可藉由行善，培養更多的德行。善行是好的循環，能使人好上加好；成癮的行為也是一樣，會讓人不斷向下沉淪，形成惡性循環。同情、關懷別人能使我們更有同情心。如果家家戶戶能增加儲蓄、注重休閒、樂善好施、懂得節制，就能提振勇氣、增添毅力，也能享受行善帶來的快樂。

有意義的工作

　　幾乎每一項針對快樂所做的研究都強調有意義的工作對個人的重要。失業是社會中最大的不幸因子，也是政治不安的根源。然而，過去四分之一個世紀以來，美國的工作環境每況愈下。失業率居高不下，人人憂心工作不保。企業犯罪事件層出不窮。工作與技能的供需不符已成國家危機和醜聞。因此，我們必須用新的態度面對工作，對工作有心有感，才能找回人生的支柱。

　　一般勞工的工作生活品質還有很多改善的空間。美國勞工工作穩定度低、沒有一定的休假時間、工作時間沒有彈性、工會力量薄弱，也不能在董事會上為勞工爭取更好的薪資、雇用條件、工作分攤和訓練等。自由主義者宣稱如果讓勞工代表參與公司決策，將會破壞美國企業的競爭力。然而，讓我們看看北歐國家，他們的勞工可以參與公司協商和決策，生產力並沒有因此降低，反而可用更好的方式解決工作彈性和休假時間等問題。

很多歐洲政府已經率先實施積極的勞工市場政策，運用政府基金讓勞工技能符合工作需求，並為人力短缺的工作加強職業訓練計畫。美國勞動力市場的人力很多都沒得到適當運用。只有高技術人才能找到好工作，技能差的人則只能接受低薪或者完全被勞動力市場淘汰。美國大學畢業生的失業率約為4%，而只有高中學歷者失業率則高達12%。[6] 但是美國還是一直把沒有訓練的年輕人推入職場，沒有幫助他們取得更高學歷或給予優質的技能訓練。

複雜時代的知識

對知識有心有感最好的典範人物就是達賴喇嘛。他不只在文章和演講的場合提到西藏佛教必須對科學抱持開放的心胸，主張佛教律法也必須根據科學證據加以修正，更贊助西藏僧侶與西方科學家一同研習，以精進神經科學並促進人類福祉。今天的美國正需要這種對科學開放的態度。

大多數的美國人對生活中的科學和公眾辯論的科學議題並沒有多少認識。他們用電腦打字或是傳送電子郵件，卻不知在這些簡單的動作背後，是二十世紀最了不起的科學與科技進展，包括量子力學、固體物理學、光學物理和電腦科學，他們不了解何以傳送電子郵件涉及氣候變化的科學（二氧化碳阻絕紅外線輻射造成全球暖化就是基於量子力學與光學物理），也不知道早在七十五年前量子力學出現之初，溫室氣體早已開始危害我們的環境。[7]

我們從手機、電腦和形形色色的種子品種等看到科技的效能與神奇，卻對科學幾乎一無所知。我們儘管享用科學與科技進步帶來的便利，有時甚至還對科學反感。如果我們能對科技有所了解，再來利用，我們的科學知識將有大幅長進！如果做不到這點，大家也必須相信科學知識和專家知識關係到我們的幸福，甚至生存。所幸，儘管美國人不培養自己的科學知識，仍感謝科學帶來的便利。根據最近皮優研究中心的調查，48%美國人都認為科學對社會有非常正面的影響。[8]

對知識有心有感的起點或許是體認到經濟的複雜，以及我們需要科學和技術的專業知識以因應這種複雜。目前地球有七十億人口，已過於擁擠，人人都要享受繁榮，對生態造成前所未有的壓力。只有先進的科技，如食物的高產量、可再生使用的資源、工業材料的回收以及提高資源使用的效能才能克服難關。如果地球人口可少個幾十億，或許有些人認為我們可以回歸比較簡單的生活方式，但這畢竟是過時的想法。我們還是必須努力工作、增加工作效率，以最好的科技做為工具，才能創造出繁榮、公平而能永續經營的生存環境。

有人天真地以為我們可以反璞歸真，不需要今天的科技和科學知識，如發展有機農業、吃當地食物等。但這種看法就如同否認氣候變化的事實。如果只靠工業革命前的知識，地球將只能養活今日人口的十分之一。今天，人類社會發展至此，我們已別無選擇，只能依靠先進的科技與科學知識過著更有效能的生活，並設法縮短貧富差距，讓人人享有一定的生活水準。

對知識有心有感並不是把問題交給專家。專家雖然有很多相同的見解，但是牽涉到社會的價值觀、危險和優先次序之時，他們無法為我們做決定。更何況專家也可能有自己的偏見、盲點與私人利益。因此，對知識有心有感並非只是尊重專家的意見，也得注重民主體制。我們必須找出新的方法使公眾在專家建議的輔助下解決複雜的問題，進而掌握自己的未來。

近年來，就複雜的政策選擇而言，政府往往忽略人民有知的權利。就拿2009年至2010年的健保改革辯論來說，除了少數幾位專家可參與政策商議，其他人都被關在門外。美國的大型公衛社群也只能旁觀，更別提一般大眾。即使我是在哥倫比亞大學教授公衛政策與管理的教授，也不得其門而入，不知此次健保協商的曲折。我們只知其中牽涉到太多利益角力，誠實的意見沒有發聲的餘地。

找回失落的同情心

今天美國最困難的挑戰就是對他人有心有感。我們的社會安全網已出現破洞。政治人物主張削減社會安全方面的支出，等於是再捅社會安全網一刀，讓窮人更可憐。一般而言，美國人只會對同一族群的人有心有感，特別是基督教右派人士。社會學家長久以來猜測，福音派新教徒的種族主義反映出基督派右派家庭和社區之間的聯繫較強。[9]美國住宅區貧富區隔日益明顯，更加劇這樣的問題。正如我們先前討論過的，美國社區往往因種族、階級和政治意識型態的不同而出現分裂，也就更難將心比心，了解、同情其他群體的境遇。

我曾提到美國的「貧窮陷阱」。目前的救濟制度無法幫助窮人克服貧窮，只是使他們不致於餓死。我們的社會雖討厭救濟，然而不得不這麼做，因為我們還沒找出具有長遠價值、真正的解決之道。

一個真正對他人有心有感的社會將設法滿足窮人所需，終結貧窮陷阱，而非只是被動地因應。如果只願意拿出少得可憐的救濟金，還是必須面對高昂的社會代價（如犯罪和懲罰）。短期內，我們需要一筆公共基金讓窮苦人家的兒童得以享有健康的飲食、品質良好的學前教育與公立學校教育，使他們和富裕人家的子女一樣得以有機會接受高等教育。如此一來，這些孩子長大之後，才能有更高的技能和收入，使自己的孩子擺脫貧窮的宿命。這筆基金的設置只是暫時的，只要窮苦人家的孩子可以脫離貧窮，他們的下一代就不再需要幫助。這樣終結貧窮才能一勞永逸，花的錢也比較少。像目前這樣為了因應貧窮、不斷地發放救濟金，反而必須付出更多的錢。

對他人有心有感不只是解決貧窮的問題。正如我們所見，美國人已紛紛退縮到自己家裡，甚至同一家庭的成員都待在自己的房間看電視，一看就是好幾個小時。我們已經變成疏離的國度，對彼此缺乏信任。正如社會學家普特南所言，我們變得愈來愈「自掃門前雪」，大城市各族裔互不相識，互不信任。[10]市場無法解決信任的問題，只會更進一步造成人與人之間的隔閡。我們需要新的社會規範，更多的政治參與，例如使更多人參與社區決策，以打破人際間的陌生藩籬，攜手合作。

正視生態超載的危機

人類史上有許多倫理學家和宗教明師勸我們要尊敬自然，因為自然是無可替代的生命之源，人類命運是自然生命網絡的一部分。當地球上大多數的人都以務農為生，自然的角色便很明顯。雨水、灌溉溝渠的清理、土壤肥力的回復等都是攸關生死的大事。自然氣候的變化，如長期飽受乾旱之苦，甚至會使偉大的文明崩壞。只要水源枯竭，城市和整個居住地區都將成為廢墟。

我們這個時代和過去有兩點不同。首先，比起過去，今天有很多人的生活已與自然脫離。半數以上的人都住在城市，不能每天接觸大自然，特別是富人與權貴階級。第二，目前人類對自然造成的衝擊可說是史無前例,已威脅到地球最重要的生理功能。我們的所做所為很快就將危害到地球上的生命。

因此,對自然有心有感不只是森林保護者的宣言,而是人類要在二十一世紀生存下去迫切的目標。面臨空前的生態危機,人類的知識、價值觀與社會制度已緩不濟急。現今,全球經濟每年已達七十兆美元,每二十年就會加倍,致使地球上的空氣、水、土地和氣候無法負荷。然而,我們的反應卻是如此遲鈍、荒謬、短視近利,似乎已經活得不耐煩了。這種無知與短視將帶領我們走向毀滅。當然,除了公眾的困惑與短視,特殊利益團體的貪婪也是忽視生態的主因。

面對生態危機,美國的表現卻教人皺眉。在世界各國的人當中,美國人每人對生態環境造成的衝擊最大,卻不以為意。聯合國氣候變化綱要公約 1992 年在紐約的聯合國總部通過、簽署,美國參議院卻不肯拿出行動,限制美國人對氣候的衝擊。不少美國議員對氣候變化的科學無知,甚至駁斥氣候變化的事實。如奧克拉荷馬州共和黨參議員殷霍夫(James Inhofe)就議論道,人類引發氣候變遷的而說法是有史以來最大的騙局,以愚弄美國大眾。[11] 政治人物也許有知識,卻寧可對金主逢迎諂媚,以獲得政治獻金,也不關心子孫的未來。他們閉上眼睛,假裝看不到即將到來的生態浩劫,不願面對現實,並對選民和贊助他們的能源企業解釋,目前情況的嚴峻與政策選擇的困難。

不幸的是，生態威脅日益嚴重，美國卻遲遲無法行動。市場的力量只會火上加油，無法解決這樣的威脅，除非社會大眾有心有感，大家齊力保護這個生態脆弱的地球。

擔負起對未來的責任

關於未來，如果我們無法有條理、有系統地思考，則無法解決問題。我所說的未來，不只是下一次的選舉。目前美國公眾協商的時間幅度已變得無可想像地短。以基礎建設而言，我們總是以「鏟子備妥，就可開工」的工程專案為重點，也就是只要資金到位，就可進行。但是值得建構的基礎建設並非如此。歐巴馬在2009年推動一系列經濟刺激方案，終於在2010年底承認這個事實。同樣地，我們參戰的目標也是在短期內致勝。我們一而再、再而三地為了短期利益而努力，而不顧長期目標。

因此，對未來有心有感需要展現意志力的行動：願意投入長期的努力，並仔細追蹤結果，直到遙遠的未來。偉大的德國哲學家約拿斯（Hans Jonas）論道，對於未來，我們必須有全新的倫理觀，因為人類未來世代的命運，或繁榮或毀滅，就握在我們這一代人的手中，而人類也是有史以來第一次承擔這樣的重責大任。[12]我們雖然願意永續經營，將知識、資金與良好的環境傳給下一代。然而，如果我們繼續掠奪這個地球的資源，如何做到永續經營？

對未來負起道德責任，了解我們今天的行動將決定未來世代的命運，這樣的任務極其艱鉅。負起實際責任一樣艱難。我們已對這個地球的生態環境造成很大的傷害，也無法精準追蹤那些傷害會帶來什麼樣的結果。「未來學」甚至一度被嘲諷為偽科學。現在，我們至少要在我們的理解與能力範圍之內，使之可行。

遺憾的是，今日華府尚無一個專司計畫未來的機構。預算管理局每年一度提出聯邦預算案。財政部沒有長期經濟策略。聯邦政府的公共投資案和很多國家一樣，既沒有一個協調機構，也沒有計畫單位。每一個部門各行其是。像能源、氣候、水資源、人口變遷等議題，不是被忽略，就是被切成好幾個部分，由政府的不同單位負責。

美國其實已有幾個重要機構可針對全球趨勢進行精密分析。國家情報委員會（National Intelligence Council）就曾研究我們在2025年之前將面臨的全球挑戰，並在2008年發布《2025全球趨勢：轉型的世界》報告書[13]，揭露我們將面臨的嚴峻未來：

- 氣候變化可能會使資源短缺的問題更加嚴重。
- 在十年內，有策略價值的資源（包括能源、食物和水）可能會出現供不應求的問題。

- 水源供給不久將到達分配不均的危機門檻。
- 以上趨勢顯示，我們將面臨令人措手不及的重大變化與動盪。

最令人憂心的是，政府面對這種險困的預測，卻沒有因應的政策。警鐘已經響起，沒人有反應，似乎也沒人在乎。

政府傾向讓許許多多的部門和研究機構分工，包括國家醫學研究院（Institute of Medicine）、國家科學院（National Academy of Science）、國家工程研究院（National Academy of Engineering）以及頂尖的研究大學和智庫。然而這些機構發布研究結果之後，就不了了之。沒有人在意專家意見，華府依然被謀求私利的政治人物及支持他們的利益團體把持，像氣候變化、水資源短缺和替代能源等棘手的問題都被踢到一邊，打算讓以後的人來收拾爛攤子。

對未來有心有感則必須認真看待專家所做的預測，並以政策做出適當的反應。關於國家未來的挑戰，政府應該定期發布報告，並著眼未來十到二十年間可能會發生的問題。總統和國會也應就國家情報委員會等機構提出的報告進行討論和辯論。白宮不但必須發表政策書做為回應，國會也應擔負政策執行的責任。只有透過不斷的協商和政策計畫，基於道德與政治責任認真看待未來，才能因應未來的挑戰。

把政治視為道德責任

對政治有心有感才能矯正金權政體的弊病。美國人必須重新了解政府與市場相輔相成、互相平衡的關係。雖然私人企業在市場經濟占有重要角色,我們仍應堅持大企業收手,不要再利用說客和宣傳謀求私利,這樣社會才能以證據、倫理與長遠的計畫為基礎,解決一些嚴重的問題。

只有我們克服下面的三個危機,政治才能妥善運作。首先是意識危機,誤認為光靠自由市場就能解決經濟難題。只有市場和政府這兩大經濟支柱相輔相成,才能達成我們追求的繁榮和公平。

第二是私人企業對政治的影響。我們必須以審慎的眼光看大企業的政治角色。大企業是高度複雜的組織,以先進的科技,在全世界各地營運,對社會的貢獻無可計量。然而,大企業也運用遊說的公關技巧影響立法和法規。一家公司雖享有營運的自由,但我們絕不容許政治遭到私人企業的污染。

第三是道德危機,此事關係到現代民主政治的本質。以美國今天的情況而論,幾乎很少公共協商的空間,政治決策很少納入社會大眾的觀點。所有的政治決策一個接著一個關起門來密商,結果常與公眾意願背道而馳。我們必須鼓勵全民參與政治,讓社會各階層進行真正的意見協商,把政治視為群體基於互相尊重、以共同的價值觀為前提、秉持誠正公平以解決問題的方式。

建立全球倫理

　　經濟復甦的第八個步驟就是對世界有心有感，更重要的是，了解今日世界儘管仍有不少衝突和混亂，經濟與社會命脈仍緊緊相連。任何一地的重大經濟趨勢都會動搖全世界。2008年華爾街危機就像滾雪球，愈滾愈大，致使全世界遭受波及。疾病也一樣，愛滋病和H1N1新型流感很快就會蔓延到全世界。太平洋地區的聖嬰現象也會引發全球氣候異常，致使全球糧食價格出現波動，2010年穀物價格飆漲就是一例。

　　我們創造出來的國家經濟擺脫不了廣告和宣傳，使我們受到危害，而我們建立的全球經濟缺乏必要的合作，因此無法穩定、和平。我們一方面已成命運緊緊相繫的經濟共同體，這是前所未有的現象，但另一方面，各國與各區域卻互不信任，互相猜疑。這就是今日世界經濟的弔詭。很多全球性的重大問題，如氣候變化、全球人口成長、人口大遷徙、區域衝突和金融法規等，都需要世界主要國家攜手合作才能解決。然而，各國之間互不信任，為了爭奪日益稀少的資源，全球競爭更加白熱化，也更容易出現衝突。如果沒有信任，世界各國就無法同心協力，一起對抗貧窮、飢餓與疾病。如果互不信賴，政府只能放任大型跨國企業把錢搬到避稅天堂，被迫實施更低的稅率、更差的勞動條件和環境控制以及更寬鬆的金融法規。對世界有心有感意謂接受新的全球行為準則，也就是使世界各國，不管窮國或富國、弱國或強國都可以得到保護。

偉大的神學家昆恩（Hans Küng）在過去二、三十年間曾提出以世界主要宗教為基礎的全球經濟倫理。昆恩發現，儘管各宗教傳統之間有差異，但關於經濟生活與行為都有相同的倫理標準，讓全世界遵循，成為真正的全球經濟倫理。根據昆恩，我們可以從人道原則出發：「人道就是所有經濟行動的倫理量尺。」[14] 經濟應該滿足人類生存最基本的需求，「讓人活得有尊嚴」。昆恩從基本的人道原則找出幾個放諸四海皆準、重要的倫理課題：對他人的尊重與容忍；生存權及其發展；自然環境的永續經營；法治；公平分配與團結；誠實與互相信賴，以及互相敬重。

昆恩的發現不但令人振奮，也得到不少倫理學家的支持。我們可藉此克服差異，並從難以化解的隔閡發現共同的試金石。我們因此有信心想像以人道原則做為指引的全球人類架構，而經濟只是其中的一部分。全球市場經濟仍必須在人道目標的引導下前行，本身並非最終目的。

最重要的是，我們必須依循人道原則尊重彼此，了解人類有著共同的命運，一同建立有尊嚴、團結、能永續經營的人類社會。昆恩對世界宗教傳統的研究更加肯定團結的重要性。他也讓我們想到甘迺迪總統在古巴危機之後發表的和平省思：

　　儘管我們之間仍有鴻溝與障礙，我們必須記得，沒有人永遠是我們的敵人。今日的敵對只是一個事實，而非鐵則。在這個時代，我們都是一家人，都是上帝的子女。在這個星球，我們也都具有同樣的弱點。[15]

　　然而，如果才能找到和平之道？甘迺迪提出既務實又理想的做法：

　　因此，我們別對彼此之間的差異視而不見，但我們也該把焦點放在共同的利益上，並想辦法解決差異。即使我們現在無法消弭差異，至少可以和平共處，讓這個世界兼容並蓄。究其底，我們最基本的共同點就是我們都住在這個小小的星球上。我們都呼吸一樣的空氣，也都珍視子女的未來。還有，我們都是免不了一死的血肉之軀。[16]

　　這席鏗鏘有力的話以及其所投射的願景，在1963年夏天促成美國、英國和蘇聯簽署《部分禁止核武試爆條約》，禁止在外太空、大氣層中及水下進行核爆炸試驗，使全世界免於墜入核武的深淵。今日國際情勢緊張的源頭，如恐怖主義、動蕩不安、極度貧窮、氣候變化、飢餓與各國勢力的消長，也許和以往不同，然而通往和平之路依然如甘迺迪所言，就是對世界有心有感，基於共同利益相互尊重。

在生活中實踐個人與公民美德

　　有心有感的社會不是什麼特別的計畫，而是一種對生活和經濟的態度。我們必須向上提升，從個人行為著手（如儲蓄、節儉、控制會毀滅自我的物欲），也須注意自己的社會行為，盡到身為公民與團體成員的義務（不管在大學或企業）。目前個人的過度消費和金權政體已將我們推到險境。我們就像實驗室中的小白鼠，為了立即享受歡愉而耗竭體力，最後甚至面臨餓死的命運。我們創造了一個富有、具有生產力的國家，卻不顧窮苦的同胞，也不管世界上最窮苦的人。社會大眾已對消費成癮，無法擺脫廣告、宣傳、遊說。國家政治根本沒有公眾協商的餘地。

　　建立一個有心有感的社會，並在自我、工作、知識、他人、自然、未來、政治和世界等八個領域努力，可幫我們重新設定個人與社會的優先順序，讓經濟以追求全人類的幸福為最終目的。儘管有心有感無法使我們戒除消費成癮的惡習，也不能使政治與金權政體脫鉤，但能重新賦予我們力量，成為有品德的公民，再造美國民主，讓主權回到人民手中。

10

再造繁榮

國民生產毛額不是孩童幸福成長的保證。國民生產毛額無法衡量我們的智慧和勇氣，也無法計數我們的同情心及我們對國家的奉獻。國民生產毛額可以指出很多現象，但不能告訴我們人生的價值何在。

本章和下一章的目的就是為從現在到 2020 年的發展建構一張藍圖。讓美國社會得以重新找到希望、方向與尊嚴。美國人齊聲吶喊：我們走錯了路！因此，我們必須趕快迷途知返，走向正確的道路，找回目標，再造繁榮。對我們的社會而言，必須以明確的目標做為起點，且以務實的方式來達成。

設定目標

我在表 10.1 列出經濟目標和時間表。第一個目標是針對目前的工作危機。當前的失業率達 9%，到 2015 年左右應降為 5%，一直維持到 2020 年。這需要很多政策的實施才能達成，包括勞動市場改革、讓員工有更多的休閒時間與工作技能的長期培養。我們將在後面繼續討論這幾個方向。

第二個目標則是針對教育危機。如果我們要在二十一世紀的全球經濟競爭拔得頭籌，2020 年之前必須讓 25 至 29 歲的年輕人至少有 50% 都獲得學士或更高的學位，遠高於 2009 年的 31%。[1] 為了達到這個目標，今天的美國學生在數學、科學和閱讀的表現都得加強。我們也必須根據全球標準來設定目標。長久以來，美國學生的課業表現都差強人意，到 2015 年，上述三個科目至少要躋身全球前十名，到了 2020 年更必須擠入全球前五名。

第三，我們必須誠實面對貧窮的問題，而不是只怪窮人，

表 10.1：2011 至 2020 年的目標

目標 1：提高就業率和工作生活的品質
- 2015 年時，失業率降到 5%。
- 加強管理執行長的薪酬。
- 員工達 100 人以上的公司，男女員工都享有帶薪育兒假福利。

目標 2：改善教育品質及普及程度
- 2020 年時，25 至 29 歲的年輕人中，有 50% 獲得學士學位。
- 美國學生在閱讀、科學與數學的全球評量測量名列前五名。

目標 3：降低貧窮率
- 2020 年時，全國貧窮率降到 7%，約是 2010 年的一半。
- 2020 年時，貧窮家庭的兒童縮減為全國兒童的 10% 以下。

目標 4：避免環境災難
- 從 2005 年到 2020 年，美國溫室氣體的排放至少減少 17%。
- 2020 年時，低碳能源占所有能源的 30% 以上，2030 年則以 40% 為目標。
- 2020 年時，路上的電動汽車達 500 萬部。

目標 5：平衡聯邦預算
- 2015 年時，預算赤字減少到 GDP 的 2% 以下。
- 2020 年時完全消除預算赤字。
- 使政府健康保險支出穩定維持在 GDP 的 10%。

目標 6：提升治理效能
- 所有聯邦選舉經費都來自國家資金。
- 限制企業贊助選舉活動和遊說。
- 關閉政府官員任職遊說公司的旋轉門。
- 修憲的時間長度與限制。

目標 7：國家安全
- 從伊拉克和阿富汗撤軍。
- 國防、外交與國內發展三方面的開支必須求取平衡。
- 國家安全政策必須配合國家情報委員會發布的《2025 全球趨勢》報告書。

目標 8：提高幸福感和生活滿意度
- 研擬全國生活滿意度衡量標準。
- 使美國人平均壽命至少延長到八十歲。
- 提升美國的政治清廉印象，從目前的全球排行第 22 名，爬升到全球前 5 名（以國際透明組織發布的貪腐指數為根據）。

讓他們聽天由命。我們知道，要終結貧窮循環，只有一個辦法，也就是讓今天生於窮苦之家的兒童得以好好長大成人，發揮長才。這需要美國社會齊力投入人力資本，包括醫療、營養、認知技能與教育。到 2015 年，全國兒童都應納入早期兒童發展計畫，確保貧窮家庭與父母是勞工階級的兒童都能得到高品質的托兒服務、營養追蹤、安全的托嬰環境和良好的學前教育。對國家的未來而言，沒有什麼比對兒童的投資更重要。

美國的貧窮率有三十個年頭皆在原地踏步，2008 年之後開始增高。今日，有五分之一的兒童都生活在貧窮之中。到了 2020 年，我們必須把貧窮率降到 10% 以下。2010 年，超過 14% 的美國人仍在貧窮線以下掙扎。且讓我們在 2020 年之前，把這個比率降到 7%。要達成目標，必須多管齊下，包括教育、訓練、高就業率與醫療保險制度。

第四，如果我們繼續濫用自然資源、破壞生態環境，所有的努力到頭來都將為成一場空。美國的公路、橋樑、堤防、自來水和污水系統因年久失修，隨時可能造成災難，因此必須重新翻修。但我們在重修這些核心基礎建設時，必須利用可再生資源，以達成下面三個環環相扣的目標：效率、減少對進口石油的依賴、轉型到低碳經濟。歐巴馬已設立溫室氣體排放目標：2020 年時至少要比 2005 年減少 17%。我還要提出一個目標，也就是翻新供電系統和運輸基礎建設，到 2020 年之前，路上至少出現 500 萬輛電動汽車，使電動汽車即使沒有政府補助，也能與用油汽車競爭，得到消費者的青睞。[2]

第五，我們必須控制不斷飆升的國債。2010年的預算赤字約占GDP的10%，部分原因是減稅和失業保險救濟金造成的，其他原因則是經濟疲弱。即使目前經濟已有好轉，中期預算赤字仍占GDP的6%，將會造成債務不斷累積而在近年內面臨預算危機。政府必須設法增加稅收，特別是對高所得者加稅。過去三十年來，美國的高所得者已經享受太多的優惠了。

第六，重振政府效能。目前政府不但被企業遊客玩弄於指掌之間，基本施政機制已經瓦解。政策制定都只著眼於一時，沒有計畫，也沒有專業可言。公共管理效能不彰，政府就算資金雄厚、預算充裕，也將面臨垮台的命運。

第七，外交政策應該更明智。過去以「硬實力」（軍事）為策略重點，現今則應多培養「軟實力」（外交與外援）。我們已花了幾兆美元在無謂的戰爭，不但拖累國家預算，也打擊民眾的信心。因此，我們該終結這些無益的戰爭，把精力導向國際衝突的主要原因，包括政治的動盪不安、極度貧窮、資源的爭奪、愈來愈嚴重的環境壓力等。如此，我們只需今日軍事經費的一小部分就可加強國家安全。2015年時，我們應可把軍事預算從GDP的5%減到GDP的2%或3%，用節省下來的錢加強全球穩定與安全。

最後，也就是第八個目標，我們應該把人民對現在及未來生活的滿意度當成社會的終極目標。關於生活滿意度，我們必須有更好的衡量標準，不只是看收入多寡，還應納入休閒、健康、環境安全以及社會的公平與信賴等條件。如果我們有更好的快樂指標，我們就能回答雷根在1980年出馬角逐總統時提出的問題：「你現在可比四年前過得更好？」

用新的眼光來看中期經濟政策

為了達成上述八大目標，我們必須用新的眼光來看經濟政策。我們必須採取混合經濟，讓政府與市場兩大經濟支柱相輔相成。我們不只追求效率，更需做到公平和永續經營。我們必須以投資與結構變革為基礎來看中長期發展。我們需要整體行動，社會各部門必須合作以促成政策創新。下面就是幾個最重要的政策建議。

新的勞動市場架構

美國的就業危機主要反映的是勞動市場本身不良，而非總體經濟的問題。要解決就業問題，聯邦儲備銀行信貸以及經由經濟刺激方案來提高總合需求都不是長遠之計，提升勞工技能、改善工作生活的品質和勞動力市場的妥善運作才是上策。歐洲有幾個國家，包括北歐各國、德國、荷蘭都利用一系列積極的勞動市場政策來加強勞工技能、創造可變通且讓人滿意的工作環境，使勞工得以從事適合自己的工作。美國也該發展積極的勞動市場政策。

　　美國的工作挑戰起於技能欠缺。2010 年 12 月的失業率，約當所有勞動人口的 9%，如果把非志願兼職人員也計算在內，則占所有勞動人口的 17.5%。然而，失業率也因年齡與教育程度而有差別。以 16 歲至 24 歲的人口為例，失業率高達 19.3%，然而若是 25 歲以上，則失業率只有 8.3%。

　　我先前已經提過多次，有大學學位和沒有的勞工，兩者處境呈強烈反差。在房市泡沫之後，建築業的就業機會銳減，而低技術的製造業工作早就被中國、墨西哥等經濟勢力正在崛起的國家搶走了，低技術勞工正面臨低工資、對工作依附性低的問題，也愈來愈難找到穩定的工作。我們先前已經提過，無高中文憑的勞工，平均年薪只有 20,000 美元，有高中文憑則可達 27,400 美元，而大學畢業生平均年薪為 47,800 美元，有碩士以上學位者則為 63,200 美元。因此，現今教育程度與收入的差別比過去明顯，勞動市場最底層的低技術人員已飯碗不保。

　　這樣的就業危機對年輕人打擊甚大，特別是對少數族裔、16 歲到 19 歲的年輕人。提升就業的長期策略應該著眼於教育與技能的培養。因此，我們該以全民至少完成高中學歷為目標，讓九成以上的高中畢業生升上大學或職業學校，拿到大學以上文憑的比率提高到 50% 或更高。到 2020 年，19 歲到 23 歲的年輕人應至少有半數取得大學文憑。我們認同國會顧問委員會最近提出的建議：「美國全球競爭力靠的是我們的高中畢業生有能力拿到學士以上的文憑。」[3]對已經輟學的學生，我們的目標是使他們至少回去完成高中文憑，然後繼續到社區大學或職業學校就讀。緊縮勞動市場、讓工作供過於求並不是解決之道。如此一來，今天的年輕人將欠缺未來四十年勞動市場所需的技能。

長遠來看，我們應該著眼於增加美國勞工的技能，但短期內仍需面臨就業危機。今天失業率高達9%以上，該怎麼辦？經濟復甦也許能使失業率略為下降到9%左右，或者使失業勞工總數降為1,400萬人，加上同等數目的隱藏性失業人口（從勞動市場退出或每個月只工作幾小時）[4]。對那些勞工來說，只能從環境著手解決他們的問題。有幾百萬現在失業的年輕人其實根本不該投入就業市場。他們應該先完成高中、職業學校、社區大學或一般大學的學業。他們的問題在於沒有錢讀書或是必須設法填飽肚子。政府可提供25歲以下的年輕人短期補助，讓他們安心就學。這些年輕人的總數約是一到兩百萬人，如此一來可讓失業率下降一個百分點。預估每個學生每年需要15,000美元，總計約需150億至300億美元。我們的GDP每年約15兆，增加的教育開支將占GDP的0.1%到0.2%。

另一個短期解決方案其實也有長期助益，也就是增加工作分攤的機會。今天美國的全職員工每年工作時數約1,700個小時，比大多數的歐洲員工每年約多200個小時或五個星期的工時。如果工時減少5%，多出來的工時就可分給5%以上的員工。這不僅是短期的解決之道，長遠下來也能使美國勞動人口的工作與休閒達成平衡。

德國已成功實行這種工作分擔的方式，也創造出更多的就業機會。德國政府重新安排種種社會福利（包括失業補助金），以促進工時調整，即使最近碰到經濟衰退，也不會出現大批員工失業。德國已藉由工作分擔使失業率降低1%。美國尚未採行這種辦法，工時調整完全讓各家企業做決定，因此碰到嚴峻的經濟情勢，工時不變，卻有不少勞工失業。

歐洲國家實行積極的勞動市場政策，在職業訓練、生涯服務和職業配對上的支出比美國要來得多。從世界經濟的變動與科技來看，有些工作已遭到淘汰。缺乏資訊溝通技能的中年勞工將無法因應新經濟，因此必須讓他們接受職業訓練，才有再度受到雇用的機會。然而，政府得願意花錢才行。很多歐洲國家在勞動市場政策支出高達GDP的1%，而美國只支出GDP的0.2%。種種做法，如補助年輕人回學校、讓中年勞工接受職業訓練和職業配對等，每年將花費GDP的0.5%。[5]

我們必須把財政刺激方案和量化寬鬆等刺激總合需求的總體措施放在一邊。這些都不是解決美國就業危機之道，只會威脅到金融市場的穩定，造成國家長期預算的沉痾。然而，如果在基礎建設增加公共開支，將有某種「刺激」效應，這不是透過提升總和需求而達成，而是增加低技術建築工人的就業機

會。我們必須了解，很多方案都不是為期一年的短期刺激，必
須循序漸進，下十年的功夫。

破解貧窮／教育的陷阱

　　我一再強調美國教育系統弊病叢生：很多低收入甚至中
等收入家庭的孩子難以順利取得學士學位。不少青少年高中輟
學，有的雖然得以完成高中學業，但沒有錢上大學。[6]還有很
多年輕人雖然上了大學，在經濟壓力之下，唸了一半還是不得
不放棄，進入社會工作賺錢。我們發現，從學前教育到大學畢
業這條教育學習之路是否順利，取決於家庭收入。我們的社會
沒有肩負教育窮苦人家或貧窮社區孩子的責任，而是任他們自
生自滅。

　　由於美國教育是由地方自行籌措經費，富裕地區與貧窮地
區的教育支出便有天壤之別。各州公立學校學區每個學生分配
到的教育經費各有不同，在排行為第95百分位學區的學生，
分配到的教育經費通常是排行第5百分位學生的兩倍，也比排
行第50百分位的學生多出50%。以我居住的紐約州為例，每
名學生每年從學區分配到的教育經費中位數為16,000美元，然
而在排行為第95百分位學區的學生每年分配到的教育經費高
達29,000美元。[7]生於貧窮社區的孩童由於學習起步晚，父母
教育程度低，且多生於單親家庭，在家中學習機會少。這些學

生其實需要更多的教育資源才能克服種種困難。

聯邦政府主要功能之一該是補助低收入地區的學生，把錢花在有效率的地方，包括創新的教育計畫。但是目前政府編列的小學教育經費，只占小學和中學教育總支出的8%，在2006-2007學年度，只占總額5,840億美元中的500億元。[8]全國約有一千萬個小學學童生活在貧窮之中。假設這些學童的教育透過教育券、特許學校獲得的贊助金、課外活動等來支援，如要改善整體教育品質（包括學校、家庭和社區），平均每個學童需要5,000美元，總計每年需要500億美元的經費，約是目前預算的兩倍，占GDP的0.3%。這只是粗估的費用，但我們可略知目前的小學和中學教育需要增加多少經費補助。

目前全國每年約30%至35%的年輕人可取得學士學位，預估這個年齡群的學生每年約有四百萬人，則有120萬至150萬名學生可拿到學士學位。如果每年要讓其他的100萬名學生取得學士學位，把年輕人大學畢業的比率提高到50%至60%，根據麥肯錫公司（McKinsey）最近的預估，政府在高等教育的開支每年約需增加500億美元，約占GDP的0.35%，而目前的高等教育支出經費為每年3,000億美元。[9]剛開始的幾年，部分經費應該能幫助一、兩百萬25歲以下沒有工作的年輕人回到學校取得學士學位。

即使教育經費總支出每年必須增加的幅度占GDP的0.5%至1%，教育品質改善之路仍充滿許多不確定的因素，也需要

不斷實驗、創新,並學習最好的做法。目前,社會人士總愛把
教育問題歸咎於教師教學不力,攻擊教師工會庇護劣質教師。
其實,教育的問題很複雜,需要多種形式的介入,攻擊教師工
會很容易,然而於事無補。我們可以發現今天有很多孩子在進
入高中之前就輟學了,而他們早在小學四年級時已放棄學業。
問題不是出在某些老師教學不力,而是這些學生的生活環境。
正如最近一篇報告指出的:

> 　　未來的中輟生大多數在青春期初期即放棄學業。這時
> 期的孩子開始顯露學業成就的差異。等到這些學生上了高
> 中,只是一腳在學校之內,未能準備好面對嚴格的高中課
> 程。因此,我們必須從畢業率低的高中下手,設法讓學生
> 投入有意義的學習活動,做好應對高中課業的心理準備,
> 使他們得以取得高中文憑。[10]

追根究柢,高中中輟生的問題打從小學的時候就出現了:

> 　　說來,高中中輟生早在進入高中之前已心生放棄的念
> 頭。研究顯示,學生在初中缺乏學習興趣和動機,上了高
> 中,一旦課業變難,就宣告放棄。根據研究,很多學生無
> 法了解上課內容,也就不能進步。其實,很多孩子早在小
> 學四年級閱讀能力已遭遇瓶頸。[11]

教師工會在高所得的市郊並不是問題，只有在低收入地區的學校才成為代罪羔羊，那是因為大家忽略都市貧窮真正的弊病，而怪罪他們。此外，打擊教師工會表面上看來似乎可降低開支、提高品質，然而如果要提升整體教育品質，特別是窮苦家庭兒童的教育，這並非長遠之計。

是的，我們需要教育創新，讓教師勝任教學工作。我們可以一些最好的特許學校為創新模範。所謂的特許學校是由州政府立法通過，特別允許教師、家長、教育專業團體或其它非營利機構等私人經營的學校，不受例行教育行政規定約束，也就是所謂公辦民營的學校類型。[12]教學創新必須學校的管理者、教師與社區之間有高度信賴才能達成，與教師是否隸屬工會無關。教師工會也能參與教育創新計畫，加入改革陣容，提升教育品質，才不會淪為眾矢之的。

投資童年早期

我們必須滿足我們的社會最幼小、脆弱成員的需求，也就是零歲到六歲的幼兒。到目前為止，美國都沒有好好照顧這些孩子。孩子六歲上小學之後再來彌補，需付出更大的代價，效果也差強人意，比不上使他們從出生開始就得到妥善的照顧。諾貝爾經濟學獎得主海克曼等人則指出，人力資源如從孩童幼年開始投資，可以得到最大的回報。[13]然而，我們非但沒有在幼小的孩子身上投資，反倒讓他們生長在窮苦的環境裡，畢生在苦難中掙扎。

今天的兒童是我們社會中最脆弱、貧苦的一群。但過去並非如此。半個世紀前，社會中最貧窮的一群是老人。1959年，65歲以上的老人中有35.2%生活在貧窮線以下。接著，社會安全制度和聯邦醫療補助開始實行。到了1969年，老人的貧窮率已下降到25.3%，1979年為15.2%，1989年為11.4%，2008年更已掉到9.7%。兒童的境況卻截然不同。1959年，18歲以下的兒童貧窮率為27.3%，1969年下降到14%，之後即慢慢攀升，到了1979年升為16.4%，1989年為19.6%，2008年為19.0%。目前，每五個美國兒童就有一個過著貧窮的生活。[14]

我們當然不樂見社會為眾多幼年貧窮的兒童付出巨大的代價。然而，除非我們對窮人有心有感，否則很難扭轉這樣的現實。最近科學研究顯示，從胚胎到六歲，這段幼兒發展時期可說是人類成長的關鍵期。幼年的發展就是日後發展的基礎。如果母親在孕期身體健康、能攝取足夠的營養，產程順利，孩子生下來後能得到妥善的照顧，有良好的托育品質，在安全和充滿關愛的環境下長大，並在托兒所和幼稚園有學習和社會化的機會，這樣的孩子就能贏在起跑點上，長大之後健康情況比較好，教育程度高，也能擁有較高的收入。反之，如果一個小孩生下來就體重過輕，生長在一個充滿危險和壓力的環境，不斷遭受污染、噪音等威脅，因為貧窮而無法接受良好的學前教育和托育照顧，這樣的孩子不只是童年會受到影響，往後數十年的人生也會出現很多問題。例如幼年時期營養不良，成年後很可能會罹患慢性病症，致使工作生產力降低。

如果我們無法在零歲到六歲的兒童成長關鍵期予以妥善照顧，日後將難以彌補，就像摩天大樓建立在不穩的地基上，樓蓋得再高，也不能穩固。這意謂美國在教育上的努力，如高中教育改革，已經太遲了。我們或許能透過補償行動來幫助一些孩子，也該這麼做，但是如果我們從起點做起，為所有的孩子創造健康的幼年生長環境，也就能事半功倍。

研究瑞典社會福利制度的專家艾斯平—安德森（Gøsta Esping-Andersen）在一篇精闢的報告中探討這麼一個問題：為什麼瑞典的社會流動率（指從一種社會階級流向另一種社會階級的變化）比美國高得多。[15]他發現，在所有的高所得國家中，父母的社經地位會影響孩子未來的教育和生涯發展，但瑞典兒童受到的影響比其他地區的孩子小，更遠小於美國。在瑞典，即使是生長在貧窮家庭的孩子，長大後教育與生涯的發展，與生於富裕家庭的小孩相比，幾乎完全相同。艾斯平—安德森認為，瑞典會如此突出，不是因為政府大力支援公立學校，瑞典政府對公立教育的支持和其他國家差不多，而是因為政府非常注重幼兒的成長發育，特別是小學前的發展。

所有的瑞典家庭都可在政府的補助之下接受高品質的幼兒托育。因此，職業婦女可以安心工作，不必擔心把幼兒留在不安全的環境之中。在美國，以女性為戶長的家戶貧窮率很高。但在瑞典，這樣的家庭並不貧窮。根據艾斯平—安德森的調查，在瑞典這類家庭的貧窮率只有4%，美國卻高達30%（2009年美國人口普查資料）[16]。同樣地，所有的瑞典兒童都可上優良的托兒所或幼稚園。

艾斯平—安德森論道，因為這些學前教育都是政府開辦的。這就是瑞典有孩子的家庭得以脫離貧窮的關鍵。瑞典政府施政的一個重要目標就是使所有的幼兒都能有健全的發展與良好的成長環境。

瑞典政府對兒童托育、學前教育和小學的補助經費約當其GDP的1%，而美國只投入GDP的0.4%。[17]由於美國生於貧窮的兒童比率要比瑞典高很多，所需經費應該更多。但在美國，只有中產階級和富裕家庭能靠家庭收入來培養孩子，貧窮家庭則沒能得到什麼教育補助。我們應該在2015年，在教育經費多挹注GDP的0.5%開辦幼兒教育發展計畫。當然這樣的金額只是粗估，我們將可從實際開辦的過程中學習，並由成功的模式來精細評估所需預算。

真正的健保改革

中低收入的美國人不但面臨薪資停滯不前的窘況，也因國際競爭加劇和醫療費用高漲而飽受壓力。有鑑於近二十年來醫

療費用不斷飆漲，歐巴馬於是矢志推動健保改革。然而，儘管
改革可達成兩大目標，也就是讓窮人得以享有醫療保險，並讓
帶有先天疾病者獲得治療，政府仍然無法透過立法抑止醫療費
用的飆升。事實上，如果實施健保改革，在未來的幾年，醫療
照護支出只會繼續增加，不會減少。如要壓低醫療費用，必須
要進行更深的改革，但私人醫療保險業、藥品產業與美國醫學
會勢必全力阻擋。由於牽扯到的利益過於龐大，某位醫療產業
領導人士曾明言：「醫療保險業不會革自己的命。」[18]

　　多項嚴謹的研究顯示，醫療私人利益團體自知可得到政府
補助（如給老年人和低收入戶的聯邦醫療保險），私人在別無
選擇之下也會自行購買醫療保險，因此醫療利益團體會不斷提
高價格。根據一項研究，2003 年美國每人的醫療費用平均為
1,645 美元，總額約占 GDP 的 4%。[19] 這項研究還發現，整個醫
療照顧體系都很昂貴，包括住院治療、門診治療、藥費與醫務
管理費用。美國醫師的薪水要比其他國家的醫師高得多，藥價
也是。看自費門診的診所索費甚高。美國醫務管理費用（包括
人員支援、帳款管理、衛教資料的提供）甚至是其他經濟合作
暨發展組織國家（即高所得國家）的六倍！[20]

　　北歐國家醫療體系運作的花費只有美國的一半，不但人民
的平均壽命比美國長，兒童死亡率也比美國低。他們能達到這
樣的目標，是因為從制度面著手。北歐的醫療是由政府資助經
費，但由民間的醫院和診所提供服務。美國與北歐國家的醫療

體系的一個重要差異就是北歐國家非常重視基層醫療和轉診。基層醫療院所的醫師是病人和專科醫師之間的中介，而且醫療體系整體的管理要比美國來得透明。帳款和醫務管理也不會受到私人保險業者的刁難。醫師碰到複雜的病例得以互相合作，可避免重複、繁瑣的管理程序和昂貴的檢查。

　　歐巴馬在推動健保改革之時發現美國也有一些成功的案例，如凱瑟醫療保險集團（Kaiser Permanente）與克利夫蘭診所（Cleveland Clinic）提供的醫療服務，甚至親訪克利夫蘭取經。但改革立法仍困難重重。醫藥利益團體的說客為了確保醫療體系基本結構不變，繼續獲得龐大的利益，早已在國會議員身上下足了功夫。

能源穩定之路

　　未來幾十年基礎建設最大的挑戰就是使美國脫離對化石燃料的依賴，以減少溫室氣體的排放與減少國家過於倚靠來源不穩定的能源。這個複雜的挑戰涉及四個目標：國家安全、能源穩固（有豐富的低價能源可用）、環境保護與工業競爭。然而，目前我們國家沒有制定任何計畫以達成上述任何一個目標，更別提兼顧四者。全面性的策略將包括多種能源（太陽能、風能、核能以及加上碳封存技術的化石燃料）、新型能源（氫燃料電池、電池驅動車）以及新型都市設計等。

　　但瓶頸處處皆是。就原始的國家基礎建設而言，都是由聯邦及各州政府設法取得土地等資源，以提供公共財。但要這麼做，現在已愈來愈難。很多案子遭到地主和社區的杯葛，因此很難使舊有的基礎建設現代化。例如環保人士不只反對火力發電廠的興建，也阻止低碳科技的發展。近年來，環保人士曾阻止鱈角風力發電廠和莫哈維沙漠太陽能發電廠的設立、反對利用高壓輸電線把可再生資源輸送到紐約市、阻止二氧化碳封存於數個預定地的地底下，並呼籲別再發執照給全國各地核電廠。

　　現在我們已不知道能有什麼新的建設。一個建設計畫往往必須花費數十年的時間才能得到興建許可，更需花費更多時間才能獲得突破。最近，這種現象叫做「別在我家後院（Not in My Back Yard）症候群」，或簡稱「寧避」（NIMBY）。現在，這種現象更愈演愈烈，變成「別在任何時候、靠近任何地方興建任何東西」（Build Absolutely Nothing Anytime Near Anything, BANANA）。

　　問題出在我們沒有一個整體的國家政策。關於能源法，我們只有多如牛毛但支離破碎的政策，包括2009經濟刺激法案、運輸法規以及涉及替代能源和電力驅動車的稅務政策。歐巴馬政府矢志在2020年使排放的溫室氣體與2005年相比減少17%，卻沒拿出任何策略，甚至不告訴我們要如何達成。如果沒有具體的策略與做法，不投資在新的輸電網路、電動車科技與發電廠，任何數字只是無中生有。

如果要轉型到低碳經濟，必然也得付出代價。低碳能源比較昂貴，便利性也比不上傳統化石燃料。煤當然可以日夜燃燒，但太陽能只能仰賴白天的日照，風力更是斷斷續續。目前我們所需的電大約50%來自燃煤、20%來自核能、20%來自天然氣，剩下的主要來自水力發電。[21]如要轉換為以低碳能源為主，不管使用核能、可再生能源或是燃煤加上二氧化碳截存，如要改用比較乾淨的能源，避免一噸的二氧化碳排放就得多花費50美元左右。粗略估計，在2050年前，轉換為低碳經濟型態，每年必須花費2,000億美元左右。到本世紀中期，總計約需30兆美元，約占GDP的0.6%。當然，如果未來低碳能源科技的價格比現在低，或是傳統化石燃料飆漲，轉型到低碳經濟的支出應可小於GDP的0.6%。

我和同事已設計出一套漸進式的能源轉化方案，短期內不會影響以化石燃料為基礎的能源系統，但是到2050年還是可轉化為低碳能源系統。[22]這個方案是提議在對既有的化石燃料徵收少許的燃料稅，用以補助低碳能源（如風力和太陽能發電及火力發電廠的二氧化碳封存）。由於使用既有的化石燃料能源系統者眾多，而使用低碳能源系統者很少，即使對化石燃料的使用者課徵少許的稅，也得以籌措相當多的補助金，足以鼓勵民眾多使用低碳能源，把低碳能源引進市場。經過一段時間的補助之後，使用低碳能源的人必然能夠增多。對化石燃料課徵的稅可逐漸提高，而對低碳能源的補助也可慢慢減少，然而仍維持其使用誘因（使稅收與補助金相抵），最後便可逐漸轉化為低碳能源系統。

如此一來，消費者將不會感到劇烈的能源價格波動，同時供給低碳能源的業者也可得到豐厚的補助金，以利長期轉型。由於對化石燃料使用者課徵的稅收得以用來當做低碳能源的補助金，政府不必再多挹注經費。幾十年後，科技的經驗學習（如電動車和太陽能科技的創新）將使低碳能源系統的價格低於以化石燃料為基礎的科技。煤和石油由於產量日益稀少，未來市場價格也可能變得十分昂貴，而低碳、可再生資源系統（如風力和太陽能發電）即使沒能獲得政府補助，由於價格低廉，也可能在市場大受青睞。

終結軍事浪費

我們的國家預算中占最多的一塊就是軍事支出，至少達GDP的5%，約占聯邦總支出的四分之一，可見軍事是美國外交政策的主要手段。儘管這筆經費數目龐大，是不是值得花這麼多錢則是一大問題。2012年，美國的軍事支出約7,380億美元，還不包括維護國土安全、情報蒐集、榮民福利等必須花費的2,500億美元。直接或間接的軍事經費加起來因此高達每年一兆美元。

目前美國投入伊拉克和阿富汗戰爭的支出即達1,500億美元。這兩個地區的底定是否有助於美國國家安全仍是未定數。另外，我們為了數千枚核子彈頭的維護、保養也不知花多少錢。其實，如果要達嚇阻之效，只需一小部分，根本不需要那麼多核子彈頭。飛彈防禦系統等軍購計畫加上軍事科技的研究又得再花個2,000億美元。[23]其實，我們的將軍已經聲明他們不需要這樣的武器系統，但軍火商說客和國會議員還是支持這樣的軍事系統。

如果我們終結伊拉克和阿富汗戰爭，關掉美國在世界各地設立的數百個軍事基地，不採用高價、用途不明的武器系統，每年將可省下3,000億美元左右的軍費。當然，如此一來等於是挑明了要與美國軍火工業唱反調。軍火工業的說客也是勢力最龐大的遊說組織（與石油業、燃煤業、金融業與醫藥產業旗鼓相當），軍事包商更是神通廣大，在全國各選區都有他們的人馬。幾十年來，這個軍方與軍事產業複合體在意的與其說是國防，不如說是利益。這個網絡極其強大，即使冷戰結束，國家軍事預算還是如常編列。

終極經濟目標

我們很容易遺忘經濟政策的終極目標：也就是人民對生活的滿意。如果一個國家以人民的幸福為著眼點，這樣的目標應該屹立不搖。然而，我們不只失去許許多多追尋快樂的機會，甚至沒能客觀衡量全國人民的幸福。我們一心一意想拉高國民所得與國民生產毛額，卻忽略了許多更重要的指標。正如小羅勃‧甘迺迪所言：

長久以來，我們似乎放棄追求個人卓越與社區價值，只想得到更多的物質享受。我們的國民生產毛額每年達八千億美元以上。但我們製造出來的東西還包括空氣污染、香菸廣告、車禍等。我們也得把換特別門鎖的錢算進去，還有把那些破壞門鎖、闖空門的壞人關進監牢。我們付出的代價還包括紅木林的破壞、自然奇景的消失。還有汽油彈攻擊、核子彈頭、對抗暴動的警車。還得加上殺人狂魔的刀子，以及為了賣玩具給兒童不惜將暴力英雄化的電視節目。然而，國民生產毛額並不能確保孩童健康、讓他們有良好的教育品質以及享受遊戲之樂，也不包括詩的欣賞、加強婚姻關係，也不能讓我們了解官員操守。國民生產毛額無法衡量我們的才智、勇氣、智慧和學習，也不能計量我們的同情心及我們對國家的奉獻。國民生產毛額可指出很多現象，但不能告訴我們為什麼人生是值得活的。雖然我們可以因此得知美國許許多多的現況，但不知道為何該以身為美國人而驕傲。[24]

近年來，我們已有更多衡量幸福的指標。世界價值觀調查（World Values Survey）與蓋洛普國際組織都是這方面的先驅，提供許多衡量主觀幸福的方式。心理學家和經濟學家也認為這些指標有助於社會診斷。人類發展指數（Human Development Index，簡稱HDI）則結合了經濟指標與社會指數（包括識字率、就學率與人民平均壽命）讓人從多方面了解一個社會的幸福程度。最近美國人類發展計畫更將HDI推廣到美國各個州、郡和選區，更有助於評估美國經濟與社會情況的多樣性。[25]

世界上最認真評估、促進人民幸福的國家就是不丹。打從1972年起，當時的國王旺楚克（Jigme Dorji Wangchuk）即以促進全國人民的幸福為施政目標。不丹政府成立全國人民幸福委員會利用一系列的方式來量化、追蹤全國人民的幸福。[26]他們把人民幸福分為九個層面：

- 心理健康
- 時間運用
- 社區活力
- 文化
- 健康
- 教育
- 環境的多樣性
- 生活水準

- 政治

每一個層面都有許多量化指標。值得注意的是,他們除了標準的經濟衡量指標,如家計所得,也注重教育和文化層面(如方言的使用、傳統娛樂與社區慶典的參與)以及生態(如森林覆蓋率)、健康(如體脂肪率與每月健康日數)、社區的情況(包括社會信賴、親屬關係)、時間分配和心理健康(如壓力指標)。

現在全世界都致力於幸福與生活品質的衡量。OECD在2004年推動全球社會進步衡量計畫(Global Project on Measuring the Progress of Societies),歐盟也設立了一套指標。近來還有不少專家也設法修正國民生產毛額代表的意涵(把一些病態的情況也考慮在內,如污染、人口擁擠、資源枯竭等),如諾德豪斯(William Nordhaus)與托賓(James Tobin)率先提出的經濟福利指標(Measure of Economic Welfare)。類似的指標還有真實發展指標(Genuine Progress Indicator)。2005年,《經濟學人》智庫指出,各國生活品質的衡量必須考慮經濟、政治、健康、職業穩定性和社區等指標。很多學者也在最近的研究證實類似的結果。[27]法國已設立一個委員會,延請經濟學家史迪格里茲(Joseph Stiglitz)與森恩(Amartya Sen)建立一套新的指標。英國政府也於2010年宣布該國將每年進行人民主觀幸福感的監測與調查。[28]

表10.2：世界各國幸福指標（1=「最佳」）

國家	蓋洛普國際組織生活滿意度調查（178國）	OECD兒童幸福感調查（21國）	平均壽命（192國）	OECD國際學生能力評量（PISA）排行（65國）	OECD貧窮率調查（16國）
美國	14	17	6	17	16
丹麥	1	5	5	24	1
芬蘭	2	3	4	3	5
荷蘭	4	1	4	10	6
挪威	3	6	3	12	5
瑞典	4	2	3	19	2

資料來源：蓋洛普國際組織、OECD統計資料庫、世界衛生組織

　　美國也該好好衡量國人幸福感。目前，即使所得已有增長，美國人主觀的幸福感不但沒有進步，甚至更差，美國人感覺自己不若其他很多國家的人民幸福。表10.2顯示，除了國家收入，我們還需蒐集其他有關幸福的指標。例如蓋洛普國際組織就用民意調查的方式在全球178個國家衡量該國人民對生活的滿意度，像是包含這樣的問題：「整體而言，你對你目前的生活感到滿意嗎？」OECD也從六個層面來評估兒童幸福，包括物質生活、居住房舍、教育、健康、危險行為和學校生活的品質。其他指標包括平均壽民、學生學習成就評量、貧窮率等。顯然，與其他國家相比，美國還有很多地方必須努力。

11

文明的帳單

沒有白吃的午餐，沒有免費的文明。

聯邦政府在2011財政年度的支出3.6兆美元當中約有1.4兆都是靠舉債。[1]每年新增的債務又加到總債務上。2007年，國債已高達GDP的36%，[2]到2015年，預計將飆升到GDP的75%。[3]有些經濟學家要我們別擔心，還提出減稅做為需求刺激方案（民主黨的說法）或是供給刺激方案（共和黨的說法），卻沒告訴我們長遠要付出的代價。對這種短視近利的現象，我甚感憂心。

我們的債務節節高升，利息的負擔也將日益加重。今日我們必須將GDP的1.5%用來支付利息。[4]到了2015年，這個比例可達3.5%左右。到了2020年，利息將占GDP的4%或者更多。利息的支出也會排擠到其他重要支出，如基礎建設或給窮人的救濟，因此有可能必須增稅。然而，增稅總會引起很大的反彈。國家債務過高，也可能造成未來的財務危機。借錢給美國的各國金主可能對美國的償債能力缺乏信心，擔心美國政府會狂印鈔票，造成通貨膨脹。我們最好及早面臨債務過高的問題，使債務占GDP的比率逐漸下降。

本章探討的是政府如何透過足夠的稅收支付開支，而非現在就透支未來。正如二十世紀初的聯邦最高法院大法官霍姆斯（Oliver Wendell Holmes, Jr.）所言：「我喜歡付稅，因為稅金可以購買文明。」[5]對近三十年不斷抗稅的美國社會而言，此言應有當頭棒喝之效。如果國家沒有足夠的稅收，我們就無法生活在文明的國家。美國中產階級認為自己賺的錢能帶回家愈多，就代表愈幸福快樂，忽略了很多社會福利與建設都需要稅金，國家稅收嚴重不足，債台高築，就有可能跌下財政懸崖，萬劫不復。但是美國中產階級一再地讓最富有的美國人享有減稅的優惠，允許少數人坐擁大部分的財富。最富有的美國人用一小部分資產就可掌控媒體，賄賂國會議員及其親屬，讓自己保有特權。國會不用說客花言巧語就會投入他們的懷抱。目前，美國國會已成百萬富翁俱樂部，261個成員中幾乎有半數都握有一百萬美元以上的資產。[6]

讓富人領略霍姆斯大法官的智慧實屬不易，使政府懂得計畫、有效率地履行長期策略更是一大挑戰。當然，這兩個任務息息相關。如果政府一直和今天一樣無能、腐敗，政府再大也沒有用。本章將討論我們要如何才能讓政府做好自己的工作。下一章則將以政治革命為焦點，讓政府與金權政體脫勾，為大眾福祉服務。

基本財政算術

美國和平時期的預算赤字屢屢創下歷史新高：2010年為1.3兆美元，等於是全國收入的9%。接下來，每年的赤字可能都不會少於1兆美元。美國經濟改革的問題就是，我們哪有錢來支付人民所需的品質教育、大學經費、能源發展計畫、道路修護、兒童托育服務和醫療照護。由於我們拒絕支付這些款項，文明社會難以為繼，生活品質只好被犧牲了。

茶黨認為只要把所需投資交給私人市場就行了。但我們已從前面章節知道，這是行不通的。我們必須正視預算赤字的問題，同時面對市場失敗和全球資本主義的力量。

缺乏預算來源對於效能治理和持續復甦是最大的阻力。除了社會保障和老人健保等權益計畫，我們也用借來的金錢和時間來支付我們的民用計畫。正如我們所見，結果就是政治癱瘓。雖然我們願意多做一點，而且做得更好，但巧婦難為無米之炊。近年來，自從前總統雷根多次減稅，我們已不得不緊縮一些裁量性的民用計畫。

今天，當務之急莫過於了解預算和家戶收入的基本算術，才知我們到底陷入什麼樣的困境。

如圖11.1所示，在目前的稅收系統之下，到了2015年，聯邦政府的稅收約占GDP的18%。在這張圖中，我們假設布希時代的減稅方案不只延伸到2010年底，甚至會延續到2012年之後，以預測2015年的預算。[7]

聯邦稅收有三大來源：在2015年，GDP約有8%來自個人所得稅，而約有6.3%來自薪資稅並用來支付社會安全計畫和老人健康保險，2.2%來自公司稅。剩下的約1.5%來自特種消費行為稅及其他項目的稅收。

為了預測2015年的政府開支，我將預算分為六大項目。依照目前的法律，社會安全計畫的花費約占GDP的5%。照目

圖 11.1：2015 年政府稅收與支出占 GDP 比的預測

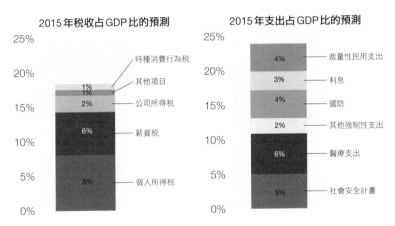

資料來源：預算管理局歷史圖表及作者預估。

前的**趨勢**來看，醫療支出（給老人和貧民的醫療補助和榮民醫療保險計畫）約占 GDP 的 6%。其他必要支出，如失業保險、失能補助、薪資所得稅抵減（針對低收入和中等收入的個人和夫婦施行的所得稅抵減，特別是擁有兒童的夫妻）約占 2%。軍事支出將占 4%，而政府舉債的利息部分約占 3%。我將裁量性民用支出估算為 GDP 的 4%，約為 2005 至 2008 年（金融危機和刺激方案施行前）的平均值。以合理來看，2015 年的總支出至少約占 GDP 的 24%。

　　這道數學題的重點在於：政府稅收只有 GDP 的 18%，實在難以支付強制性計畫支出（13%）加上軍事開支（4%）和利息（3%），意謂裁量性民用開支必須由借貸融通。

　　我們不禁好奇，為何柯林頓可以平衡預算，在1990年代末甚至還小有盈餘。原因有四。首先，軍事支出只有GDP的3%，而非今天的5%，如此就可省下2%的預算。這是我們應該學習的。第二，那時由於網路企業泡沫的推升，出現短暫的經濟熱潮，加上最高邊際稅率比今天來得高，政府稅收達到GDP的20%。但在今天的稅務系統之下，稅收只有GDP的18%。第三，2000年利息支出只占GDP的2%，但到了2015年將逼近3%。[8]第四，強制性支出當年只占GDP的10%，到了2015年很可能高達13%。這意謂即使軍事支出可縮減到GDP的3%，赤字亦將達GDP的6%。

　　我們不可忘記，在柯林頓和共和黨領導下的國會，為了縮減開支，不得不犧牲一些重要的公共支出，如教育、基礎建設、能源、外援、救濟貧窮與研發等。國內支出壓低到GDP的15%，美國競爭力和社會福利也都受到影響。目前，由於人口老化，醫療費用節節高升，再者基礎建設、教育、能源等國內需求都無法減少，預計到了2015年，國內支出將遠超過GDP的15%。

務實的赤字縮減

　　假設我們必須在明確的目標之下，把赤字縮減到零或近乎零，增稅加上赤字縮減的總額需達GDP的6%。大多數的美國人寧可開支減少，也不願增稅。預算縮減當然比較吸引人，如果預算編列得過於浮濫，縮減精實當然是好事一樁。一般大眾認為政府預算油水過多，問題是大眾希望縮減的地方其實已沒有多少減縮的餘地。只靠預算縮減來達開赤字平衡無異於幻想。除了節流，我們還得運用開源之計，也就是設法增加政府稅收。

如果我們拿議員最愛的兩大目標開刀：一是外援，另一則是特定撥款（earmarks）。所謂「特定撥款」是指議員為了討好選民、替選區爭取特別利益，常在國會預算中加入很多具有特定用途的撥款專案〔例如著名的「哪裡都到不了的橋」（譯注：2005年阿拉斯加參議員提出的橋樑建議案，預計耗費兩億多美元蓋一座橋，連接阿拉斯加及一個只有五十多個居民的附屬小島）〕。這些特定款每年約耗費160億美元[9]。每年GDP的1%約為1,500億美元，因此，砍掉這些款項可節省GDP的0.1%。外援每年約300億美元，相當於GDP的0.2%。[10]兩項總共可省GDP的0.3%，離縮減5%至6%的赤字還有長遠的距離，大約只解決了不到十分之一的赤字，更何況完全把外援經費砍光不見得是明智之舉。其實，外援的部分並沒有一般大眾想像的那麼多。[11]

乍看之下，強制性計畫似乎有不少縮減的空間。不少人以為這些強制性計畫是用中產階級繳稅的血汗錢，幫助好吃懶做的少數族裔。1980年代，雷根政府大力抨擊利用各種別名領取社會福利金的「福利皇后」。這些印象已深植民心。然而，讓我們仔細檢視政府的強制性計畫，看哪些是應該刪除的款項。

如圖11.2所示，強制性計畫包括社會安全和老人健保等全民福利計畫、社會保險計畫（如失業補助）以及必須經過資產審查合格才可發放的福利計畫（如發放給窮人的食物券）。[12]全民福利計畫占所有強制性開支的三分之二，約當GDP的10%。這些計畫其實幾乎沒有爭議，社會大眾非常支持社會安全計畫、老人健保、公職人員退撫計畫以及榮民福利。[13]這些計畫如有任何刪減，也必須設法延伸到數十年，逐年遞減。由於人口老化問題日益嚴重，這方面的經費不但無法縮減，預計到2020年可能會增加GDP的1%。就連茶黨幾乎也全面支持老人健保與社會安全計畫。

社會保險最主要的項目是失業補助。2010年因為失業率特別高，這個計畫的開支達到GDP的1.3%，如果近年領取失業補助的人逐漸減少，預計到2015年可再下降0.5%。這部分省下來的錢已納入2015年的赤字縮減方案之中。

至於經過資產審查合格才可發放的福利計畫，這部分最具有政治爭議性。社會大眾認為這些福利計畫過於浮濫，可以大大縮減。[14]其實不然，在這些計畫當中，貧民醫療保險花費最多，約占這類計畫開支的60%，相當於GDP的2%。大眾並不樂見政府砍掉這筆預算。開支占第二高的則是食物券，約占GDP的0.6%。同樣地，很少人大聲疾呼把窮人桌上的食物拿

圖11.2：2015年強制性計畫支出占GDP的百分比

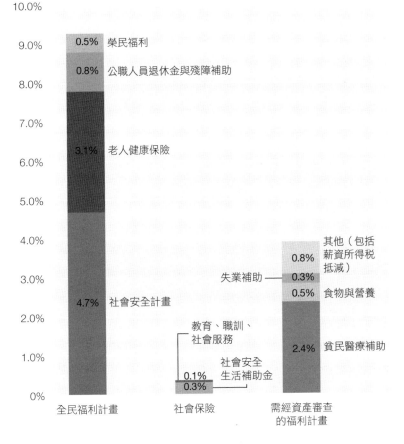

資料來源：預算管理局歷史圖表

走。第三大計畫則是低收入戶的薪資所得稅抵減，約占GDP
的0.3%。

在所有的福利計畫當中，幾十年來一直引發爭議的就是貧窮家庭撫育子女的補助，即以前的「撫養未成年兒童家庭援助計畫」，現稱「貧困家庭臨時協助計畫」，但這部分僅占需經資產審查福利計畫的3.5%，即GDP的0.1%。[15]美國從19070年開始，不斷縮減福利計畫。所得資助從1980年占GDP的0.4%，到2010年只剩0.2%。[16]其實，政府花在福利計畫的錢並沒有大眾想像的那麼多，只占預算與赤字的一小部分。現在政府對必須撫養兒童的貧困家庭已不若以前慷慨。

就算我們把外援、特別撥款專案與貧困家庭臨時協助計畫的經費全數刪除，也只能省下GDP的0.5%。我們的赤字既已高達GDP的5%至6%，縮減這麼一丁點還是於事無補，無法真正平衡預算。除非我們能狠下手，把社會安全計畫、老人健保、貧民醫療保險、榮民福利、食物券等都砍到見骨，否則還是得想想別的辦法。

那麼民用支出計畫是否有浪費、弊端和濫用等情事？這部分說實在的也省不了多少錢。民用支出計畫包山包海，除了退休計畫、醫療補助、社會保險、薪資所得稅抵減等，還包括科學研究、太空計畫、醫學、農業、商業、運輸（如公路）、環境（如水資源）、能源、區域發展、教育、訓練、住宅計畫、司法（如審理與獄政）、公共管理、外交、國際發展協助等，所有的項目加起來不過占GDP的4%，任一項經費都不到GDP的1%，沒有浪費的可能。也許我們可終止農業補助，但頂多

只能省個幾十億美元。至於公共管理的經費，也就是所謂的
「聯邦官僚系統」，以2010年財政年度而言，花費的錢不過是
200億美元，只占GDP的0.13%。[17]如果真要從浪費的部分下
手，民用支出計畫已經相當精簡，無法再刪減多少。

　　我們還可從另一個方式來看民用預算，就可知道其中已無
多少浪費。歐巴馬為了平衡預算，曾設立全國財政責任與改革
委員會，請其調查可供預算刪減的項目，最後發現可刪減的地
方少之又少。下面就是該委員會的提議以及預估在2015年可
省下的經費，預計那時的GDP是18.6兆美元。[18]

- 縮減國會與白宮預算：8億美元。
- 聯邦員工薪資三年凍漲：200億美元。
- 精簡政府人事：130億美元。
- 刪減聯邦差旅費、印刷費和車輛預算：10億美元。
- 出售多餘的聯邦資產：1億美元。
- 刪除所有特定撥款專案：160億美元。
- 老人健保改革：30億美元。
- 取消長期照顧保險：110億美元。
- 減少老人健保的弊端：10億美元。
- 改變老人健保共同支付醫療費用的方式（即保險公司與
  被保險人照契約比例分攤，共同支付醫療費用）：100
  億美元。

- 限制老人健保的增補保險：40億美元。
- 削減雙保身分者（老人健保和低收入戶醫療保險）的低收入戶醫療保險補助：70億美元
- 減少醫院醫學教育經費：60億美元。
- 減少老人健保呆帳：30億美元。
- 節省家庭醫療保險：20億美元。
- 節省低收入戶醫療保險：63億美元。
- 減少醫療過失：20億美元。
- 聯邦雇員醫療福利計畫改革：20億美元。
- 減少農業支出：10億美元。
- 刪除政府補助學校的學貸計畫：50億美元。
- 其他：10億美元。

　　這張清單很長，但從省下的錢來看，與赤字相比，仍有相當大的差距。如上述項目全數達成，也只能省下1,150億美元，約當2015年GDP的0.6%。問題是，上述建議之中有些項目很難實現，有些則有待商榷，如取消長照保險計畫。該委員會也提出調整生活成本計算方式等方案，也就是在計算生活費用的增幅時，採用較嚴格的通貨膨脹指標，使民眾可以領取的社會安全福利金變少，藉以縮減赤字。

　　這樣的赤字縮減計畫看起來湯湯水水。問題是，民用預算可縮減的空間實在太小了。就算我們砍掉所有特定撥款專案、

外援，也達成赤字委員會提出的所有目標，總計也省不了GDP
的1%。

真正的健保改革不只是擴大加保的範圍，使更多人受益，
更需縮減膨脹的醫療費用。經過多年改革之後，可縮減的預算
淨值（包括降低開支與提高稅收）也許可達GDP的1%。這樣
的預算節省反映公營醫療保險的支出下降（如老人健保）以及
私人保險費用的縮減，尤其是高所得個人購買的高額醫療保險
計畫。

至於軍事預算，可以縮減的空間要比其他方面大得多。美
軍進駐伊拉克和阿富汗致使目前的軍事預算增加GDP的1%。
另外，核子武器等軍備的擴充費用和海外軍事基地的耗費則可
再刪減，約可減少GDP的1.5%。因此，到2015年，軍事預算
總計可刪減GDP的2.5%。

總而言之，如軍事預算刪減GDP的2.5%，到2015年赤
字預算就可減為GDP的4.5%，透過某些項目的刪減再減個
0.5%，另外1%的減縮來自真正的健保改革。如此，到了2015
年，我們的赤字將可減少為GDP的3%。

但赤字問題並非就此迎刃而解。即使我們縮減某些預算，
有些計畫還是需要增加預算。根據前一章的討論，為了促進公
共福祉，有些計畫還是需要更多經費的挹注。下面即列出該章
提到的重點計畫，加上所需金額（以占GDP的百分比顯示）：

- 工作訓練、職業配對等積極勞動市場政策：0.5%
- 小學和中學教育：0.3%
- 高等教育：0.4%
- 兒童托育及幼兒身心發展：0.5%
- 基礎建設的現代化：1%
- 研究與發展：0.3%
- 外交與外援：0.5%

如此看來，目前的開支還需增加GDP的3.5%以因應就業、教育、幼兒身心發展、基礎建設和國際事務等重大挑戰。再如何我們也得增加GDP的3%，以因應教育、基礎建設、科學等領域的變革挑戰。

我們可以得到如下結論：我們以GDP的6%為預算赤字基線，透過軍費與醫療費用的縮減約可節省GDP的3%左右，但是我們還得新增另外的3%以促進公共福祉，最後預算赤字仍為6%。

在這種情況下，到了2015年，聯邦總支出應為GDP的24%，而非18%。無疑地，這些數字都只是粗估，還需精細計算，但我們仍可得到一個重要結論：美國必須增加稅收以彌補預算赤字，並擴大某些重要項目的支出。

對於支出應增加的部分，我的建議已相當保守。這樣的預測不含救濟貧窮、住屋補貼和國債利息調升，而是假設國防支出可從GDP的5%降到2.5%，但這樣的主張勢必遭到五角大廈和軍事工業利益集團的反對。如果我的假設過於樂觀，2015年的預算赤字很可能會超過預期，也更急切需要提高稅收或縮減開支。

我對歐巴馬的赤字縮減委員會還有一點建議。委員會認為稅收與開支總額應為GDP的21%，然而如此一來不但會無法滿足目前的需求，更別提新的民用計畫，如基礎建設、教育、訓練和研發。如果我們假設沒有任何新的需求，比較容易達成預算平衡。然而我們也不能忘了，文明是有帳單的。

向外國取經

至此，我們不得不問一個重要問題：其他國家，如加拿大、丹麥、挪威、瑞典是如何教育下一代、對抗貧窮、更新基礎建設，人民的平均壽命超過美國，同時比美國更能維持預算平衡？到了2010年，美國已成預算赤字第二高的國家，最高者則為愛爾蘭（見圖11.3）。北歐各國政府對經濟有很大的控制權，像丹麥、芬蘭、瑞典都把預算赤字控制在GDP的3%以下，像挪威因有豐富的石油和天然氣資源，收入龐大，預算盈餘甚至達GDP的10%。

當然，其他國家為了提供更多的公共財，必然會對人民課以重稅，像瑞典全民皆享有醫療保險、高等教育、兒童托育，

圖11.3：2010年OECD國家預算赤字占GDP的百分比

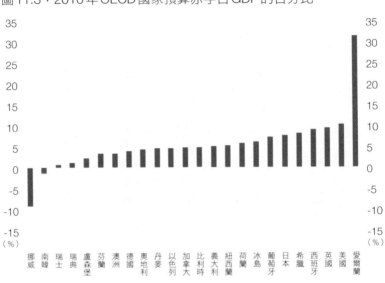

資料來源：OECD

需要扶養孩童的家庭也能得到補助，那是因為該國的稅收很高。我們可從圖11.4看出，在OECD國家當中，以稅收占GDP百分比的大小而論，美國是倒數第二名，只比澳洲多一點。我們還可從此圖看出，2010年深陷預算危機的不只是政府開支最多或最少的國家，而是稅收最少的國家：希臘、愛爾蘭、葡萄牙、西班牙、英國和美國。這些國家赤字都相當龐大，雖然努力提供公共服務和救濟貧窮，仍無法有足夠的稅收達成。

我們可以研究自1960年代開始高所得各國稅收占GDP的

圖11.4：2009年OECD國家稅收占GDP的百分比

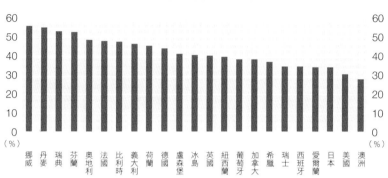

挪威 丹麥 瑞典 芬蘭 奧地利 法國 比利時 義大利 荷蘭 德國 盧森堡 冰島 英國 紐西蘭 葡萄牙 加拿大 希臘 瑞士 西班牙 愛爾蘭 日本 美國 澳洲

資料來源：OECD統計資料庫

圖11.5：1965至2009年稅收占GDP的比例變化

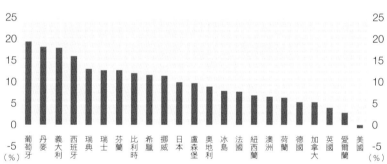

葡萄牙 丹麥 義大利 西班牙 瑞典 瑞士 芬蘭 比利時 希臘 挪威 日本 盧森堡 奧地利 冰島 法國 紐西蘭 澳洲 荷蘭 德國 加拿大 英國 愛爾蘭 美國

資料來源：OECD統計資料庫

比率變化，以了解美國的赤字問題。半個世紀前，美國與歐
洲各國稅收占GDP的比率皆差不多，約是30%。之後的五十
年，美國稅收占GDP的比率大抵不變，而在歐洲平均皆上升

圖11.6：公共社會支出毛額占GDP的百分比，2010年

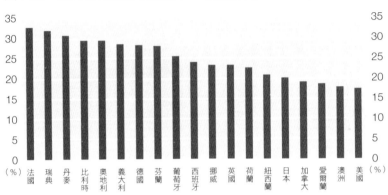

資料來源：OECD統計資料庫

了10%。圖11.5列出自1965年至2009年，各國稅收占GDP的比率變化，以供比較。美國自1965年起，稅收占GDP的比率沒有變化，但歐洲各國上升幅度從5%到20%都有。如圖11.6所示，歐洲各國用增加的稅收擴大公共服務，如教育、家庭津貼、全民健保以及翻新基礎建設。稅收增加也有助於控制預算赤字。

　　美國與歐洲的差異反映出財政手段與目的皆大有不同。雖然歐洲各類所得稅率一般而言較高，最大的差別在於歐洲國家都徵收增值稅（即基於商品或服務的增值而徵稅的一種間接稅）。歐洲國家收取的徵值稅一般占GDP的10%。至於美國課徵類似增值稅的項目則為特種消費行為稅，此項稅收總額不到GDP的1%。這就是財政手段最主要的差異。

　　至於財政目的差異主要反映政府願景的不同。在美國，過去三十年來，反政府之聲甚囂塵上，抗稅之聲不絕於耳，稅收占GDP的比率因而一直無法提高。因此，政府不得不縮減公共投資，如教育、科學、能源和基礎建設，即使這些是人民迫切需要的，也因國庫虛空而使不上力。

　　在美國主張抗稅的人宣稱，歐洲為了高稅率付出沉重的代價。但從大多數的幸福指標來看，歐洲還是勝過美國，包括教育表現、主觀幸福感、貧窮率和平均壽命等。儘管美國人均GDP要比大多數的歐洲國家來得多（挪威例外），但國家稅收沒比較多，社會福祉也沒比較好。美國人均GDP也許比較高，但一般民眾的生活水準卻差強人意，那是因為我們必須付出較多的醫療費用、工時較長、休閒時間較少、通勤時間較長、軍事支出高，而且大多數財富都集中於少數鉅富身上。

　　其實，美國自十九世紀末開始，人均GDP即比歐洲各國高。例如，在1913年，美國比西歐富裕52%，到了1998年一樣比歐洲富裕52%。[19]正如第二章所述，美國人均GDP優勢是建立在地理上，而非經濟體系。美國每人平均分配到的土地和天然資源遠勝過歐洲。美國人住大房子、擁有大農場、開大車，更別提石油、天然氣、煤等天然資源。因此，美國的人均所得高可上溯到十九世紀。

　　儘管美國具有這樣的優勢，生活品質卻不如北歐。是的，美國的人均GDP的確比較高，卻沒為全社會帶來利益。如果要讓社會更多的人分享利益，我們必須多投資在公共支出上，如教育、基礎建設等重要公共事務上。

財政分權

為了平衡預算、繼續享受文明生活，美國勢必要加稅。然而，有人提出另一種想法：為何不讓各州、郡去決定如何收稅和花費？如果一個地區希望多提供公共財，就可放手做去，如不願提供，那也是該地區自己的決定。從某個角度來看，地方的確有一些預算的自由支配權。目前稅收的65%歸聯邦政府，35%則屬各州地方政府。[20]各州徵收的稅也有很大的不同。以我居住的紐約州為例，所得稅最高稅率為9%，但紐約市民還要再多加2.9%。紐約州的銷售稅為4%，但紐約市則還需再加4.375%。相形之下，新罕布夏州不但不需徵收州所得稅，也不課徵銷售稅。[21]

經濟學家以「財政聯邦制」的概念指各級政府財政收入與支出的畫分。這種畫分就是財政分權，給地方政府一定的稅收權力與支出責任，允許地方政府自行決定其預算支出的規模與結構。目前，美國、加拿大、中國、印度等國都實行這種財政分權。在這種制度之下，政府負責徵稅，然後把所得稅金分配給地方政府，以利其施政。有人因此質疑，為何不讓地方自行收稅，完全擁有預算使用的自由？原因有三。

　　首先，某些公共財最好由高層級的政府提供，如國防，不能由各州各自為政。有些公共財和服務很複雜，涉及中央與地方，顯然責任該由各級政府分別承擔，如全國公路系統或電力網絡的計畫與建構。

　　其次，稅收由高層級的政府統籌、辦理，會比較便利，亦即由聯邦政府徵稅。如果完全讓各州自行收取稅金，全國五十個州將會相互祭出減稅的優惠，以吸引企業和有錢居民。結果正如前面討論的逐底競爭，最後出現稅收不足的窘況。如果由聯邦政府統一徵稅再分配給各州，讓各州根據自己所需去建設，就可避免逐底競爭。

　　第三，如公共財的供應水準有別，家戶將會比較各區稅率和花費條件選擇最適合自己的地方定居。理論上，居民可選擇公園、學校、音樂廳等公共設施好的地區居住，並願意繳交比較多的稅。這種居民在地方性公共設施與稅負間尋求平衡，即所謂「堤浦均衡」（Tiebout equilibrium）。由於第一個提出這個理論的經濟學家是堤浦（Charles Tiebout），因以為名。[22]

　　雖然這樣各取所需看來沒什麼問題，然而在一些情況之下還是可能帶來嚴重的後果。如果一個地區決定提供多一點的資源幫助窮人，低收入戶可能蜂擁而至，就像企業和富人紛紛從稅收高的地區遷出。如此一來，將會出現所得隔離的現象，富人為了好學區等公共設施遷至富裕地區。由於富裕社區的財產稅較高、地價高，窮人無法負擔，只好遷出。社會將出現明顯的貧富之別，造成隔閡。窮人因生活環境條件差，只能被困於貧窮，最後富人也會受到影響（工人生產力低、犯罪率高、更多窮人需要救濟、政治動盪不安等）。只有地方在中央的支持下，讓社會全體都能平等享用聯邦政府提供的公共財，社會才能安定、繁榮。

有些公共財還是由地方政府來提供，才能符合地方所需，如教育、醫療和基礎建設。因此，聯邦政府收取稅金之後，再把經費交給地方政府。這樣的輔助性原則（subsidiarity principle）可落實法律上的地方自治，以維護地方自主性和分層執行，如學校由地方政府管理，重要道路由州政府維護，而高速公路和國防則屬聯邦政府負責。美國人大都贊同這種輔助性原則。根據調查，70%的美國人都同意，只有地方無法執行的計畫才必須交由聯邦政府來做。[23]

我們的底線如下。目前美國聯邦政府徵收的稅收約占GDP的18%，地方政府徵收的稅約占GDP的12%。目前華盛頓交給地方政府的錢約是GDP的4%，讓各州執行醫療、教育、基礎建設等計畫。[24]為了平衡預算赤字，滿足社會所需，稅收勢必要提高幾個百分點的GDP。必須增加開支的計畫，如教育、幼兒早期身心發展、基礎建設等都必須由地方政府來做。只有增稅，聯邦政府才能取得更多稅金，然後交給地方政府去設計、執行。

富人應付自己該付的

由於我們近年預算赤字高達GDP的6%，稅收如不增加，財政缺口將難以彌補。現在，超級富豪該擔負起對國家該盡的財政責任。美國1%最有錢家戶家庭所得占所有家戶收入的21%，約當GDP的15%。這些家戶每年付的聯邦稅約是所得的31%，換言之稅後淨所得仍占GDP的10%。1970年，1%最有錢家戶家庭所得占所有家戶收入的9%，約當GDP的6%，而他們的聯邦稅率為47%，稅後淨所得則為GDP的3.3%。因此，自1970年以來，全國人口中1%最有錢的人總所得已增加GDP的6%以上。[25]美國財富聚集在有錢人身上，大多數的人所得皆被壓縮。現在財富金字塔頂的那些人應該出來幫忙解決國家的赤字沉痾。

解決的第一步就是家戶每年所得超過25萬美元不再予以減稅優惠，使最高邊際稅率從35%上升到39.6%，這樣國家稅收可增加GDP的0.5%。雖然這仍難以彌補預算赤字的大洞，卻是不得不踏出的第一步。如果要增加更多的稅收，最高邊際稅率甚至必須提高到39.6%以上。其實，很多歐洲國家已這麼做。

即使不能把最高邊際稅率甚提高到39.6%以上，如把對富人有利的稅法漏洞補好，也能使稅收增加GDP的0.5%。例如，資本利得目前的稅率一些所得稅要低很多，赤字委員會已提議把資本利得的稅率提高到一般所得稅的水準。目前即使購買豪宅或第二間公寓，房貸利息也可抵扣。房貸利息抵扣應以一間為限，而且必須設定上限。目前，有錢人購買的昂貴醫療保險也可全額抵扣，醫療保險抵扣金額也應設定上限。有些避險基金經理人已躋身鉅富，因為稅法漏洞，可利用15%的資本利得稅率，完全不符合社會公平。國會與總統應該拿出勇氣，告訴他們的億萬金主照一般所得稅的稅率來繳稅。

另一個解決之道是對累積巨額財富的富人課稅。美國1%最有錢的人握有全國財富的35%，約和底部90%的人所有的財富相當。[26]根據聯邦儲備委員會對國家資金流量的調查，全國家戶財富淨值約為56.8兆美元。[27]因此，1%最有錢的人擁有20.6兆美元。在全國1億1千3百萬家戶中，1%最有錢的家庭每戶大約有1,820萬美元。假使我們對淨財產超過500萬美元的家戶課稅，稅基為每戶1,320萬美元，總稅基則為14.9兆美元。如對淨財產超過500萬美元的家戶課1%的稅，稅收即可增加1,500億美元，約當GDP的1%。

因此，如果提高所得稅的最高邊際稅率並對鉅富課稅，如此雙管齊下增加的稅收至少有GDP的2%。即使這些富人必須多付這麼多稅，我們也不必為他們掉淚。畢竟，他們的稅後所得仍占GDP的10%，仍比1980年要高出許多。

此外，逃漏稅也是必須防堵的漏洞。公司所得稅法就像篩子一樣漏洞百出。由於大企業紛紛利用五鬼搬運法把所得搬到國外的避稅天堂，公司稅總額在 1960 年代占 GDP 的 3.5%，目前只剩 GDP 的 1.5%。聯邦政府對海外收益該祭出更嚴的稅法，並防堵漏洞，如此可能使稅收增加 GDP 的 1%。當然，就目前全球政治發展的走向來看，儘管對大企業增稅對大家都有好處，各國政府還是競相減稅，以討好大企業，而非增稅。這無異於逐底競爭。就企業稅務政策，全球主要經濟體（如 G20）應進行國際協調，堅守減稅的底線。

遏制逃稅也是增加稅收的可行之路。根據國稅局在 2001 年的精算研究，逃漏稅的金額約有 3,450 億美元（欠稅金額約占總稅收的 16%）。[28] 其中國稅局透過強制執行已追討了約 550 億美元，約有 2,900 億美元尚未追回，這部分幾乎占 GDP 的 3%。欠稅者又以漏報居多，特別是非農業企業及各種合夥經營的收入。如透過各種手段減少漏報，也許可使稅收增加 GDP 的 0.5% 至 1%（相當於每年 750 億美元至 1,500 億美元）。

另一個增加稅收的方式則是對石油、天然氣、煤多課徵一點能源稅。如此也有利於轉型為低碳經濟，減緩氣候變化的問題。粗估每排放一噸的二氧化碳需付 25 美元，相當於每千瓦小時 2.5 分美元，每加侖汽油 25 分美元，如此一來每年可徵收的能源稅可達 GDP 的 1%。正如前述，化石燃料稅的徵收必須循序漸進，費時可達數年到數十年，已逐漸轉型為低碳經濟。

美國增加汽油稅的時機已經成熟。自 1994 年起，汽油徵收的特種銷售稅為每加侖 18.4 分美元。[29] 光是通貨膨脹則使每加侖汽油稅金的真正價值減少30%。與世界各國相較，美國徵收的汽油特種銷售稅極低。如能提高汽油特種銷售稅加上課徵其他化石燃料稅（如煤的使用），至2015年保守估計稅收可再增加GDP的0.5%。

增加稅收的其他可能性還包括徵收存款稅（歐巴馬曾提出這樣的議案，但未執行）和金融交易稅。即使只是提高一丁點證券交易稅或外匯交易稅，都可使稅收增加數百億美元。以紐約州為例，證券交易稅每股只有0.01至0.05美元（依股價而定），每年稅收因此增加150億美元。[30]然而紐約州政府還是不敵華爾街說客施加的壓力，自1981年開始把這筆稅收帳款退給證券公司。

最後一個增稅之道可能在未來的十年內採行，也就是引進增值稅。美國是所有高所得國家中最後一個課徵增值稅的。美國因為遲遲未開徵增值稅，稅收占GDP的百分比一直遠低於歐洲。增值稅徵收容易，稅源不大會偏離，而且可以增加可觀的稅收，問題是多來自中低收入戶，而非富有的家庭。如果這筆稅收用於窮人身上，也許堪稱公平，也是可以接受的。增值稅的開徵會使稅收和可開支的經費增加，可以幫助社會中最貧窮的一群人。

我們可得到的結論如下：如果對富人增稅（2%）、加強企業課稅（1%）、追回逃漏稅（0.5-1%）、課徵金融交易稅和二氧化碳排放稅（0.5%），總計可使稅收增加GDP的4%。如能在接下來的數年引進增值稅，必然能使稅收增加更多。我們目前雖然有很多選擇，成功與否主要看能不能讓最有錢的人掏出錢來，付他們應付的錢。

我們的稅收必須提高到什麼樣的程度？為了平衡預算，我們至少必須使稅收增加GDP的6%。如果要使負債與GDP的比例穩定，或許可稍低於GDP的6%。我們若是先把目標設為負債對GDP的比 為60%，至少國家預算不致長期深陷於赤字泥淖。如GDP每年的成長率約為3%，每年預算赤字控制在GDP的1.8%，則負債對GDP的比率就穩定下來。換言之，我們必須至少必須增加GDP的4%，負債對GDP的比 就可保持在60%左右。

有關開支與稅收的個別議案還需經過預算專家的仔細分析、公眾協商和決策。我要強調的是，富人必須支付他們該付的。對他們而言，其實是很容易做到的。為了彌補赤字取消重要施政計畫只是有錢人想出來的障眼法。只有公平的課稅結構，使社會財富重新分配才能建立真正文明的國家。

我得再說明一點。反對增稅的人聲稱富人已經支付他們應付的稅金，而且一半左右的工作人口並沒有付一毛的聯邦稅，1%最有錢的人已付了稅率達40%的所得稅，稅前收入只有21%可以拿回家。他們指稱，富人的稅已經很重，再增稅等於是懲罰。

但這些說法並不正確。首先，幾乎所有的工作人口都必須付聯邦稅，包括支付社會安全計畫和老人健保的薪資稅。因此，即使是窮人和工人階級也無法免除聯邦稅。其次，重點並非富人所付的稅金份額有多少，而是他們的稅金與其收入的比率。假設除了1%最有錢的人，其他人都不必繳稅，而那些鉅富每年也只繳交1美元的稅，仍可說富人承擔所有的稅，但這樣的稅金負擔並不算重。

如要評估稅金負擔，我們必須比較稅金占所得的比率。自1980年起，1%最有錢的人稅率已從所得的34%逐年下降，至2008年稅率只有所得的23%。[31]是的，比較貧窮的家戶也能獲得減稅優惠（收入居全國下半的人平均稅率從1980年的6.1%下降，到2008年已降為2.6%），但他們的收入微薄，而且停滯不前。反之，富人所得大幅增加，稅後所得份額已創下歷史新高。

我再強調一點，我不是反對財富累積，也無意鼓動「階級戰爭」。我們也不需要進行大規模的所得重新分配，那只會為我們帶來悲慘和經濟混亂。我們不是要富人失血，只是希望他們負起應該的社會責任。如果我們能夠消除貧窮，讓人人上大學，使窮人過得和富人一樣好，富人就沒必要承擔什麼責任。重點是，我們需要富人負起最起碼的責任，使整個社會共享繁榮，未來就比較沒有財富分配、轉移的問題。

回歸公民責任

　　三十年來，選民一直反對增稅。如果繼續下去，美國很快就會失去全球領導者的地位，經濟也將一蹶不振。三十年來，幾乎所有翻新基礎建設、改善窮人教育的提案都因預算不足而窒礙難行。如要減少赤字、增加公共投資，我們只能集眾人之力，透過政治多數來動員。

　　我們必須這麼做的原因有三。首先，只有新的財政架構可使美國走出目前的經濟危機，解除龐大的赤字束縛。第二，根據最近的民意調查，支持高所得家戶增稅的民眾其實占大多數。第三，年輕、積極的選民日益增多（特別是非裔和拉丁裔），可形成新的政治力，推動財政改革。

　　目前，我們必須達成兩大突破。首先，讓選民來決定選舉結果，而非財力雄厚的大企業。我們必須破解金錢、政治與媒體互相勾結的關係。其次，政府要能把增加的稅收用在公共服務和基礎建設上。簡而言之，我們必須回歸公共道德，為了群體的利益互助合作。但是，如果公眾還是對華盛頓缺乏信心，將很難踏出第一步。任何成功的經濟改革都必須從政府改革做起。我們在下一章即將討論政府改革的挑戰。

12
高效能政府的七個習慣

- 設定明確的目標和指標。
- 動員專家。
- 制定多年計畫。
- 對未來有心有感。
- 終結金權政體。
- 恢復公共管理。
- 實行分權。

我們已經知道，贏得選戰、掌握權力需要很多錢。把金錢轉化為權力，再用權力取得更多的錢就是華盛頓的兩大產業，而在其中扮演要角的就是大企業與政治人物。大企業是選戰金主，等支持的政治人物上台後再向他們遊說，達成法規鬆綁、承包政府合約的企圖。政治人物完成「選民服務」，也不忘向企業索取回饋金。

2010年，最高法院保守派法官裁定，限制企業花多少股東的錢去贊助選舉是違憲的。在這樁「聯合公民訴聯邦選舉委員會案」（Citizens United v. Federal Election Commission）中，法官認為企業贊助選舉的錢應該沒有上限，沒有任何法律限制、不需內部管控、不需要經過股東的同意，也沒有揭露資訊的義務。法官史蒂文斯（John Paul Stevens）對此表達異議，嚴厲抨擊裁定此案的大多數法官忽略常識，也不尊重百年來的既定法律：

> 雖然企業對社會有重大貢獻，卻不是社會成員……鑑於企業的財務資源、法律結構與工具取向，我們實在應該關切他們在選舉過程中扮演的角色。[1]

由於金錢與政治盤根錯節，有效能的公共管理已完全靠邊站。政府已發包給私人承包商，也就是開支票給議員和總統候選人的人，把他們送進國會和白宮。議員和總統當選後，也投桃報李，讓金主承包政府工程，再開支票給他們。法規鬆綁和聯邦政府職能的外包已為我們帶來一次又一次的災難。

近年來政府失能的災難清單可說又臭又長：情報機構無法預測911事件；小布希政府擔心伊拉克擁有大規模毀滅性武器而出兵，但從未找到這種武器；美軍進駐伊拉克和阿富汗的行動，既無知又缺乏計畫，加上軍事承包商的腐敗，最後可說一敗塗地；卡崔娜颶風動搖我們對緊急救災系統的信心；金融危機讓我們對政府的金融管制搖頭興嘆；金援華爾街已使社會公平蕩然無存。現在，我們正面臨和平時期史無前例的預算赤字，還繼續給最有錢的富人減稅。

政府能不能做得更好？當然可以，並非全世界的政府都一樣爛，有些國家政府的表現即教人刮目相看。我們的政府不是扶不起的阿斗，為了使我們的政府做得更好，我們必須張大眼睛看清楚政府到底是出了什麼毛病，才會一錯再錯。我建議我們的政府採行高效能政府的七個習慣：

- 設定明確的目標和指標。
- 動員專家。
- 制定多年計畫。
- 對未來有心有感。
- 終結金權政體。
- 恢復公共管理。

- 實行分權。

設定明確的目標和指標

美國最啟發人心的領袖甘迺迪總統曾如此解釋目標的設定：

> 如果我們將目標明確定義出來，就比較好下手，目標
> 也沒那麼遙不可及。我們可使所有的人看清目標，從目標
> 生出希望，並不斷地朝向目標前進。[2]

偉大的領導人設定遠大的目標。甘迺迪總統曾對全國同胞解釋，為何要在1960年代完成把人送上太空的艱鉅挑戰：

> 我們決定在這十年內把人送上太空並完成其他任務，
> 不是因為這些事很容易，正因這些都是難事。這樣的目標
> 可幫我們把精力和技能施展到極限。[3]

美國也該以同樣的雄心壯志來定義長期的經濟目標。當然，沒有一項變因可包含所有的經濟目標，如GDP或失業率，但是我們仍可以一個有心有感的經濟體來設立重大目標，如第十章列出的2020年具體目標。如果一個社會有心有感，

每一個人都應該知道這些目標，共同為這些目標努力，並在每年的國情咨文和年度預算報告中加以檢討。有些目標看起來難上加難，令人怯步，然而正如甘迺迪所言，遠大的目標才可幫我們把精力和技能施展到極限。

我們除了設定大膽但可完成的目標，還需立下指標，以比較美國與其他國家的表現。指標的設立與檢驗有很多方式，只是華府和社會大眾向來不甚關心。如果政治領導人與美國大眾多留心這些指標，就比較能了解改革要怎麼做。

動員專家

美國目前面臨的問題因歷時久遠變得極其複雜，而政治人物並沒有處理這些問題的能力。現在的問題是全球性的，牽涉到政治與政策的多個領域，而且非常專精。以氣候變化的挑戰為例，涉及農業（農業是溫室氣體排放來源，卻也是非常脆弱的產業）、電力的生成與分配、聯邦與私人的土地利用、運輸、都市設計、核能、災害風險管理、氣候模型、國際金融、公共衛生和全球協調等。我們的國會不但對氣候變化了解有限，而且每兩年就得改選一次。試想，他們處理得了這麼複雜的問題嗎？

我們政府部門的設立傳統以來都是反映政治雷達受到的衝擊，而非我們今天面臨的挑戰。勞工商業部是進步時代的產物，設立於 1913 年；能源部是在第一次石油危機發生之後，也就是在 1977 年設立的。雷根秉持自由市場原則，使能源部幾乎形同虛設。至於永續發展、氣候變化、國際經濟發展或國家基礎建設，政府沒有負責的相關部門。前白宮能源與氣候變遷小組的召集人布朗納手下的專家不到一打。再說，這個小組專注的不是氣候變化和能源議題，而是國會議員和能源巨頭之間的協調。

眾所周知，國會解決技術性議題的能力有限。在國會的 535 名成員中，具有紮實科學與工程訓練背景者包括三位物理學家、一位化學家、六位工程師、一位生物學家和十六位醫師，總計只占所有成員的 5％。[4] 過去，國會碰到技術性的難題則仰賴科技評估處（Office of Technology Assessment）之助。此處創立於 1972 年，1995 年共和黨主導的國會因崇尚自由市場，主張科學不重要，便將此處廢除（其實，國會是擔心科學威脅到利益團體，才裁撤這個機構）。

美國的科學與技術專家，不管在學院或是在業界，都非常願意貢獻自己的知識，幫國家解決問題，只是政府很少延請他們。特殊委員會和頂尖研究團體都可提供專業諮詢服務，如國家科學院、國家科學基金會、國家衛生研究院、國家級的實驗室等。不論國會或政府都需要更有系統的科學建議。國會應該重新設立科技評估處，而總統的科學與科技顧問委員會也必須好好加強，針對關鍵政策進行研究。

制定多年計畫

由於我們的政府缺乏明確目標，加上議題本身複雜，以及對科學認識不清、資訊不足，因此很難採取行動來解決問題。即使執行也是困難重重。政府因此無能定調，無法發展、執行複雜的計畫。

追根究柢，這樣的弊病始自兩年一度的國會改選。在世界重要經濟體中，美國的選舉最為頻繁，各部會最高首長因此不時變動。表面上看來，如此可為政壇注入新活力和新思維，事實上議員和官員不管對任何議題都無法深入、專精，高層官員紛紛經由旋轉門前往私人企業任職，總統更難找到合適的人擔任部會首長。根據非營利組織公職夥伴（Partnership for Public Service）的調查，歐巴馬上任一年之後，政府前五百大重要職務只填滿了60%。[5] 這意謂儘管2010年大選在即，政府各部門和資深團隊仍有許多空缺。

政府職務不只任期短，也彌漫反計畫的心態。歐巴馬入主白宮二年多之後我們仍看不到政府拿出什麼有條理的計畫。健保改革案送交國會的時候，根本沒有具體計畫。政府也沒有因應能源轉型和氣候變化的計畫，也沒有減少預算赤字的計畫。即使政府想要調整工資、價格和產量，也無人提出嚴謹的中心計畫。然而，如果要面對科學與科技、高等教育、基礎建設的現代化、減緩氣候變化、達成預算平衡等複雜挑戰，政府如不能拿出周詳的多年計畫，勢必什麼都做不成。

目前只有預算管理局勉強有多年計畫的方案，但這個機構大抵還是把焦點放在每年的預算。如果把預算管理局這樣的機構升級，使其制定多年計畫，恐怕大多數的美國人會認為這是個荒謬的點子。其實，許多成功的政府都設立這樣一個機構或部門以處理各種公共投資的挑戰，只是美國政府過去三十年都怠忽這樣的任務。

如要制定有效能的計畫，最重要的關鍵就是接受任務的複雜性。經濟本來就是個非常複雜的體系，連結數百萬個公共和私人機構與全世界幾億的消費者。既然如此複雜，就不可能有單一、簡單的解決辦法。不管我們今天面臨的挑戰是平衡預算、提升教育品質、減少失業率或解決移民問題，解決之道可能都相當複雜、費時，而且可能必須涉及多個層級的政府，範圍大至國際、小至地方。計畫非常重要，但必須包括幾個環環相扣的政策，而且必須不時調整，廣納各界人士的參與，包括企業、政府機關和公民社會組織。重點是，不管是減稅、刺激消費、減少移民，或是與教師工會談判，都沒有簡單、一勞永逸的辦法。經濟與社會都十分複雜，我們切莫把這些計畫想得太簡單。

對未來有心有感

當然，我們看不到遙遠的未來，但我們可透過自我訓練以及讓我們的政治制度去關心未來，例如兩個世代以後的境況。美國政府在設立國家公園之初，就有這樣的思想。如格蘭特總統在1872年簽署的黃石國家公園法案、羅斯福總統在1906年簽署的美國古蹟保護法案，以及威爾遜總統在1916年簽訂的國家公園管理組織法，並指示新成立的國家公園管理署任務為「保護景觀、自然與歷史古蹟以及其中的野生生物，維持不受破壞，不僅讓現在的人得以享受大自然的美好，也必須把這樣的自然遺產留給未來的子孫。」[6] 在自然環境日益遭受破壞的今天，這樣的高瞻遠矚與管理和我們的生存息息相關。

總統應該在每年的國情咨文中明白解說我們今日的所作所為何以影響2050年的美國人，包括科技、環境威脅、人口與老化問題、儲蓄與投資等挑戰。如此一來，人民才得以看到政府將如何走向未來。畢竟，今天的新生兒到這個世紀中不過是四十歲的中年人。即使我們無法塑造未來，也該著眼於下一代的福祉。

終結金權政體

只要實際的政策仍繞著政治獻金打轉，金權政體就會繼續坐大，美國經濟也會不斷下滑。過去十年，我們已從官場現形記得知政壇人士如何操縱政治獻金、遊說支出和旋轉門，一般大眾也了解企業現金的流向。與其失望，不如好好想想該怎麼做，如何修理弊端叢生的制度。透過下面幾個實際的做法就可使聯邦政府免於落入說客的魔爪：

- **競選經費一律由政府提供**：我們不該讓歐巴馬等有心改革的總統候選人忽略這樣的做法。政治獻金已使民主黨與共和黨都變得灰頭土臉，失去人民的信賴。國會議員選舉的經費也該由政府提供。

- **免費媒體廣告**：電視台必須提供固定時段公平分配給候選人播放競選廣告。

- **禁止接受遊說公司的政治獻金**：遊說公司是政治的毒瘤。遊說公司的人員不可提供政治獻金給任何候選人或黨派。

- **堵住旋轉門**：聯邦官員卸任後至少三年內不得前往遊說公司任職，也禁止前往任職期間接觸過的遊說公司工作。

- **阻絕聯邦預算的濫用**：企業目前把政治獻金當做投資，以取得減稅優惠、法規鬆綁、毋需投標即可取得政府合約、特定撥款等。如果阻絕聯邦預算如此濫用，企業就比較不會利用政治獻金來收買政治人物。

歐巴馬上任後，很多人都希望他能把金主趕出國會山莊。金融危機讓華爾街與政界貪婪的嘴臉表露無遺，也讓人了解兩者的關係難分難捨。然而，在歐巴馬任期股市開市的鈴聲響起之前，歐巴馬即讓對金融業友好的薩默斯等人進駐白宮。在歐巴馬執政的頭兩年，他大抵和金融業者站在同一邊，金融危機發生後給予紓困，卻不要求他們自律，限制薪酬、紅利的發放等。無怪乎那些肥貓遭受批評時，裝出驚訝和受傷的樣子。歐巴馬是否會約束華爾街等利益團體，目前還是個問題。

當然，要擊潰金權政體，說來容易做來難。美國政治深陷於兩黨壟斷的困境，社會大眾常被宣傳牽著鼻子走。即使我們知道如何斬斷權力與金錢的連結，實行起來必然會遇到各種阻撓。我希望可信的第三政黨能夠崛起，讓政治脫離金錢的干擾，並打破兩黨壟斷的局面。我們早已知道問題在哪裡，只是大眾不知道怎麼做才好。任何政治運動都是源於失望、憤怒與政治動員。新政黨可以結合其他抗議行動，利用消費者的杯葛、媒體造勢和社交網絡，揭發金權政體首腦，大力撻伐。正如我在下一章的討論，我相信千禧世代，也就是十八歲到二十九歲的年輕人，有動機接受這種挑戰，也知道該怎麼做。

恢復公共管理

儘管政府歷經多次再造，最後還是不免官商勾結，如讓哈利伯頓和黑水國際（Blackwater）承攬利益龐大的軍事合約，而許多發展計畫也都被「京畿強盜」把持，也就是在華盛頓專門做政府生意的公司。政府往往只管把工程發包出去，而疏於監督。發包過程通常也毋需投標，因此貪腐程度往往史無前例。近幾年，國會在軍火工業說客的花言巧語之下，已投入幾百億美元的經費在伊拉克與阿富汗戰爭。我們應該重建公共管理，而非把公共事業交給貪得無厭的私人企業。

為了進行妥善的公共管理，政府部門該用與民間相當的薪水多聘用專業經理人。政治職位應該減少，使其轉任資深公務員，以負責外包計畫的監督、評估與查核。如此一來，軍事包商才不會一直在五角大廈猛撈油水。

實行分權

美國是個廣大、多元的國家，政策必須依地方所需調整，因地制宜。長久以來，左派常希望華盛頓實行性別態度、所得重分配、教育政策以及健保等措施能夠全國統一。然而，華盛頓如果這麼做，常招致反彈，而無法使全國各地區達成協議。現在該是政府接受輔助性原則之時。正如前一章所述，根據這樣的原則實行地方自治，屬於地方的事務或建設，只有地方政府才能有效執行，如教育、醫療、公路、水處理等。反之，大多數的稅收則應由國家統一處理，以免各州或各地區為了吸引企業或富人競相減稅。

社會服務也該交由地方執行。要終結極度貧窮最有效的方法就是透過以整個社區為基礎的發展策略，包括職業訓練、就業安置、幼兒身心發展、教育升級和地方基礎建設。對抗貧窮的每一部分都與其他部分息息相關。這種從基本做起的發展計畫最好由社區來領導，但由聯邦和州政府提供經費。

根本變革

我在本章提出的意見可說是改良芻議：亦即用最小的氣力扭轉情勢。然而，這麼做就夠了嗎？今日美國社會彌漫著失望與憤世嫉俗。很多人都覺得我們國家就是這樣，不會有任何改變。也許，只要政治制度有所轉變，情勢就會改觀。

第三個政黨就是一個明顯的起點，可打破民主黨與共和黨兩黨壟斷的局面。雖然這麼做困難重重，但不是不可能。近年來，我們已看到幾個重要的第三黨候選人出來競選總統，包括1980年出馬的安德森（John Anderson）、1992年及1996年的裴洛（Ross Perot）與2000年、2004年的納德（Ralph Nader）。上述幾位候選人都從全國各地拿到選票，各有不少擁護者，對政治辯論也有相當大的貢獻。

我認為一個在全國有廣大基礎的第三政黨可倡導激進的中央主義，主張有效管理、終結金權政體並投資在美國的未來。

^{7}也許激進中央聯盟（Alliance for the Radical Center）可在2012年試試水溫。這樣的政黨主張美國中間價值，以平衡個人主義與社會責任做為繁榮的基礎。由於這種做法與過去截然不同，因此屬於激進派。催生第三政黨的代價很小，可能獲得的好處卻很大。即使只是喚醒公眾關注政治，對腐敗的兩大政黨施壓，請其自清，已經功德無量。

另一個根本改革之道是使美國從總統制轉向內閣制（或稱議會制），或許可像法國採取總統—議會政府體系。要改變憲法費時久遠而且危險重重。我們還不知道什麼樣的憲法改革可挽救美國民主。不管如何，且讓我們瞄準內閣制的好處：一個結合行政與立法的政治制度中心，並由行政首長（閣揆）視事。國會也改為每四年到六年改選，而非現在的每兩年改選。另外，也可多採比例代表制，讓窮人和少數族裔也有發聲的機會，表達自己的需求。

亡羊補牢

很多人都聽過這樣的笑話：「有人抱怨一家餐廳很糟，說道：東西難吃，份量又少。政府也是。」是的，我們的聯邦政府既無能又腐敗，但我們還是需要政府擔負更多的任務，而非更少。我們一方面希望政府能積極面對挑戰，致力於基礎建設、乾淨能源、公立教育、醫療保健以及對抗貧窮。另一方面，鑑於政府效能低落，我們又希望縮減政府的角色。我希望本章的建議能化解這樣的矛盾。我們需要政府做更多的事，更希望政府更清廉而有效能。經濟改革與政治改革必須攜手並進，不可偏廢。

至於公共管理的改革，我們必須寄望於政治與金權脫勾，使政府能用更長的時間處理比較複雜的社會問題。從技術層面來看，有幾個步驟可以採行，其他國家已有許多成功的例證。然而，我們的公共管理問題不是意外冒出來的，常是利益團體的影響造成的，致使政府偏向私人利益，枉顧公眾福祉。

美國政府肅清貪腐的政治基礎何在？當然是握有最多籌碼的一群人，也就是年輕人。今日的千禧世代，也就是十八歲到二十九歲的年輕人已在校園或職場顯露其世代表徵：他們形形色色、心胸開放、活力充沛、教育程度較高、活躍於社交網絡，也比年長者對政治熱心。有人認為目前的危機是嬰兒潮世代（也就是他們的父母輩）留給他們的。當然年長一代並非故意，這也非他們所願。正因這群年輕的主人翁，美國將來仍有改變的契機。他們如何改變美國，且看下一章的分析。

13
新世代，新希望

「未來取決於今日的作為。」—— 甘地

經濟危機就是深層政治改革的契機。未來正待我們掌握。然而，我們面臨的危險也變多了。畢竟，我們還是可能走錯路。最有可能的結果是政府依然無能、失去方向、財務困難。最艱鉅的莫過於在危機當中追求變革。正如十九世紀法國政治思想家托克維爾（Alexis de Tocqueville）對法國大革命的評論：「最危險的時刻莫過於壞政府起而改革時。」[1]

美國雖然已經面臨嚴重危機，政府卻不思改革。由於華爾街、說客和軍方仍是美國權力和政策中心，特殊利益團體認為即使歐巴馬上任也一樣，不會有什麼變化。這種停滯讓人民對政府施政失去信心。中等階級保守派白人因為失去財富和安定而憤怒，批評政府增加他們的債務，讓他們負擔更重。茶黨的運動占據各大媒體。同時，窮人已不抱希望，只是消極度日，過一天算一天。年輕人只能一面接受高失業率、低收入的現況，一面等待時機。

我們不能再這樣繼續下去。這就像卡通人物從懸崖墜下，一面在半空中飄浮，一面往下看。我們知道快出事了，但究竟會發生什麼事？

目前有三大我們不可忽視的趨勢。第一是遲鈍。利益團體擁有金錢和權力，但他們沒有干預政治的資格，也得不到公眾的信賴。大銀行、大保險公司和大軍火製造商與國會和白宮如膠似漆，因此握有特權，為所欲為。第二個趨勢是反彈。茶黨為中產階級白人發聲，表達他們的憤怒，因為這群人漸漸失去穩定的經濟能力，也無法支配這個社會。他們很憤怒，也容易受到操縱。然而，這已是個老生常談的故事。他們只能感嘆時不我予。

第三個趨勢就是世代變化。調查顯示，千禧世代不同於他們的上一代。如果嬰兒潮世代是電視兒童，那千禧世代則是網路兒童。嬰兒潮世代每天有好幾個小時都黏在電視前，而千禧世代善於一心多用，一邊用臉書和朋友聊天，一邊追蹤新聞，還可同時看影片和逛網站。然而，他們正面臨嚴峻的經濟情勢與黯淡的工作前景。這個世代族裔多元、崇尚自由、教育程度較高（儘管經濟不寬裕，他們還是設法唸完大學），同時也比較信賴政府。歐巴馬是他們的希望，也是讓他們對政治失望的第一人。

我們的危機有其複雜的全球意涵。正在崛起的經濟體不會等我們理出頭緒、解決問題。全球競爭愈來愈激烈。大企業隨時都可以出走。如果在美國賺不到錢，就去成長最快的市場。生態危機也不會等美國反應。全球氣候急遽變化，致使颶風、饑荒、洪水等災難愈演愈烈。政治動盪不安，特別是貧窮、人口擁擠、生態環境險惡的地區，如阿富汗、葉門、索馬利亞、蘇丹和薩赫勒地區的國家。美國皆介入這些地區，不但沒能用武力解決當地問題，反倒惹得一身腥。

沒有人可以預測世界政治局勢會有什麼樣的演變。人生充滿驚奇，有正面的發展，也有出乎我們意料之外的災難。1989

年至1991年的發展就屬於正面，而在七十五年前在第一次世界大戰混亂中出現的布爾什維克革命和蘇維埃共產主義則是社會災難，幸好最後悄悄謝幕，讓和平政治變革登場。戈巴契夫（Mikhail Gorbachev）發動政治體制改革，用和平的方式瓦解共產政體，使蘇聯成為一個民主的聯邦國家。這可說是現代政治最大的勝利。諷刺的是，很少美國人為這樣的事件動容，明明不是自己的功勞還沾沾自喜。

然而，二十世紀還有其他悲慘的災難事件。任何明智、有責任心的世界公民都曾深思在1914年、1917年和1933年發生的事件。1914年第一次世界大戰爆發，這樣的戰爭不是如當時宣傳所言將終止所有的戰爭，只是讓歐洲分裂得更厲害，留下的傷口至今仍未完全癒合。1917年，列寧成為布爾什維克運動領袖，推動恐怖的蘇維埃社會主義實驗。1933年，世界陷入大蕭條的谷底，也是希特勒崛起之時。[2]1933年的經濟危機告訴我們，在這個世界上，什麼事都可能發生，包括最悲慘、可怕的事件。

過去的災難令人不寒而慄，但就目前的美國的政治情勢來看，未來也令人惴惴不安。目前的政治和經濟局面險峻，再加上社會彌漫憤世嫉俗的想法以及時間急迫，實際情況將比表面上看來更危險，災難似乎一觸即發。掉以輕心者最容易受到歷史無情的捉弄。多年來，美國政治人物一直擺出輕忽的態度，不願與美國人民一起認真面對問題。

　　我在本書的提議都是可行的。首先，從個人開始：脫離過度商業主義、不要被喧囂的媒體綑綁住，多了解目前的經濟情況並不斷反思。有心有感的經濟需要每一個收入在平均值以上的人了解，如果我們謹慎節儉，即使帶回家的錢少一點點，也能應付所需。大多數富裕家戶的消費即使削減一些，依然可以過得平靜、滿足。如果他們沉溺於奢華消費，反倒常會在事後反悔。

千禧世代主導未來

　　依我之見，美國未來的二十五年就掌握在千禧世代的手中，即在2010年十八歲到二十九歲的年輕人。他們代表未來的複雜與轉變。雖然80%以上超過六十五歲的美國人都是非拉丁裔白人，千禧世代只有61%是非拉丁裔白人（此處及下面資料皆出自皮優研究中心），[3] 約有19%是拉丁裔、13%是非裔美國人，另外6%則屬其他族裔，如亞裔與美洲原住民。更年輕的一群，也就是從零歲到十四歲的兒童和少年，族裔更多元，只有55%是非拉丁裔白人，拉丁裔占23%，而非裔占15%。[4]

　　千禧世代在政治上也抱持比較積極的態度，相信政府能負擔更重要的角色。這個世代有65%的人贊同「政府規模變大，提供更多的服務」，至於65歲以上的美國人，只有31%同意這樣的看法。這不只反映這群年輕人的族裔特色，也反映他們的年齡、樂觀主義與世代觀點。在千禧世代之中，不只是非拉丁裔白人，包括拉丁裔、非裔美國人都比他們父母輩或祖父輩來得激進。他們不願看到在赤字飆漲之下，富人還可以獲得減稅優惠。畢竟，嬰兒潮世代留下的龐大債務，都必須由今天的年輕世代承擔。

千禧世代在這個世上的時間還會比社會上其他成人要來得長，因此對長期投資比較關切，如清淨能源和基礎建設。他們要比老一輩的了解氣候變化的科學，也希望政府能拿出行動。如果基礎建設得以更新，他們是主要的受益人，要是建設老舊、繼續崩壞，他們也是主要的受害者。當然，在一個真正有心有感的社會，千禧世代的父母（像我）將會關心我們留給子孫的是什麼樣的一個世界。

美國社會最大的挑戰向來是多元文化帶來的衝突。我們這個國家因此一開始就陷入分裂，捲入血腥的內戰，往後的一百年一直是種族隔離的社會，更在民權運動時期興起社會變革的巨大波瀾。目前的千禧世代與他們的長輩相比，對多元文化，特別是宗教、性傾向和族裔等高度爭議的議題，則顯現更多包容心。這個世代對宗教比較沒那麼狂熱、較少每個禮拜都上教會，也比較不喜歡參加黨派、團體。他們大都能接受同性戀（63%的人同意「同性戀者應該要被社會接納」，相形之下，六十五歲以上的人只有35%同意）。千禧世代有52%的人認為

墮胎應該合法化(六十五歲以上的人只有37%同意)。此外,
他們對於不同族裔的交友與婚姻也都抱持開放的態度。

因此,千禧世代比較不會像嬰兒潮世代因文化戰爭而分
裂。他們認為多元文化是很自然的,也比較希望政府拿出一番
作為。他們更敏於察覺環境的需要。千禧世代的包容心加上樂
觀有利於政治行動的動員,更可進一步形成有心有感的社會。

政治改革真正的阻礙為何?當然,目前的利益團體為了爭
奪權力和特權不惜使出任何手段抗拒改革。大企業將繼續透過
媒體的力量、政治獻金和遊說自衛。我們在2008年已經見識
過,金融業者一面裝可憐,要白宮和國會對他們伸出援手,還
一面在金融風暴中趁火打劫,繼續自肥。

茶黨的憤怒也許可傳達市井火爆的氣氛,但我們很難想像
茶黨的中老年成員出現在路障前。我們的經濟有可能再惡化,
赤字繼續飆升,政治危機日深。政府不控制債務,最後必然會
出現嚴重的通貨膨脹。我們或許還不常在國內看到這樣的災
難,但我已在其他很多國家幫忙收拾過通貨膨脹的爛攤子。再
過五年到十年,如果我們不認真面對赤字問題,必然會來到財
政懸崖。還記得蘇聯解體前有一個笑話:「同志!我們現在已
到了懸崖邊上,正要往前邁開大步!」如果我們繼續為富人減
稅,就換我們說這樣的話了。

如果社會大眾沒有共識,將很難出現真正的變革。美國仍
可能繼續做出錯誤的決定,例如債台高築還繼續減稅或是拒絕

為氣候變化採取任何改善行動。政治往往充滿惡性循環，致使災難一個接著一個來。近年來，官商勾結、撈政府油水的弊案頻傳，政府因而飽受批評。諷刺的是，政府反需將更多的工程或服務外包！政府的崩壞等於是自我應驗預言。

這一切意謂，要使政府走上正軌是極度困難的任務。然而，這並非不可能的事。解決辦法近在咫尺，就看我們是否願意付諸行動。現在，理念的傳播要比過去來得快，改革步調加速可說指日可期。原本看來怪誕、不可能的事，說不定下一刻已成為勢不可擋的主流。

眼光放遠

如果短期看來困難重重、窒礙難行，我們不妨把眼光放遠一點。我們花很多時間為眼前的問題焦心，像是消費者信心、工業生產或新訂單。其實，大賺或慘賠常常取決於我們對市場的猜測是否準確。我們不如多花時間去思索長期的目標，也就是過了四分之一個世紀來看依然重要的一些關鍵議題。對美國來說，未來是否能繼續在世界占有領先的地位，就看我們下列四項做得如何：教育、環境、地理政治和多元文化。

第一個關鍵就是教育。通往國家繁榮之路、人民的生活滿意度以及二十一世紀的永續經營都要看教育做得如何，特別是今天美國大多數的年輕人是否能設法完成高等教育，以因應時代的需求。勞動市場資料反映出殘忍的現實：低技術工作人員不是只能勉強求得溫飽就是完全找不到工作。今天，如果沒有大學學位或是高級職業訓練，幾乎很難找到報酬比較好的工作。低技術工作已有許多移民搶著做，儘管薪水再低都能接受，或是已被外包到其他國家，甚至被先進的資訊科技取代。年輕人知道這樣的事實，不惜借錢上大學或取得更高學歷。但昂貴的學費與繁瑣的學貸申請過程將阻礙年輕人求學之路，造成大批學生輟學甚至無法註冊。

所幸教育充滿許多潛能，其中之一就是藉由資訊科技的進步來展開新的教育過程，使教育更有效率，而且能讓所有的人學習。愈來愈多的課程都已上線，遠距教學甚至可使世界各地的學生同堂上課。例如每個禮拜二早上哥倫比亞大學的「全球教室」則是利用視訊通訊會議連結二十個在不同國家的校園，讓數百個來自全球各地的學生得以一起討論永續經營的議題，包括北京、奈及利亞的伊巴丹、馬達加斯加的安塔那那利佛和紐約等。能和全球各地的學生討論全球問題，真是令人興奮。今天的千禧世代和他們的兄弟姊妹將來必然能將這種科技進一步發揚光大。

第二個關鍵是環境。今天氣候變化、水資源不足、資源剝削和生物多樣性等議題似乎只是經常出現在談話節目和報紙科學專欄的問題。然而，或許在三十年內，這些問題將成為我們這個星球面臨的最大挑戰，威脅到我們的生存。這個地球正在往毀滅的方向前進，已將超過生態可以負荷的極限，問題包括溫室氣體的排放、氮肥和鏻肥造成的污染、水資源欠缺、棲地不斷遭到破壞等。[5]美國中西部將飽受缺水之苦，西南部乾旱肆虐，全國各地都可能出現極端氣候，但最嚴重的莫過於颶風對墨西哥灣沿岸的襲擊、港灣低氧死區、海岸侵蝕和海平面不斷上升的威脅。貧窮國家所遭受的環境衝擊更加嚴重，包括旱災、洪水等氣候變化引發的災難。[6]

同樣地，社交網絡和新的資訊科技也許能帶來深遠的影響。環境監測（如土壤繪圖、乾旱監測、森林濫伐與非法捕魚的取締、作物產量預估、人口移動的追蹤、疾病的傳播等）與災難救援因行動電話網絡和無線寬頻而有新的突破。資訊科技革命創造新的全球化，也帶來新的永續經營。千禧世代在這些領域將有一馬當先的表現。

第三是地緣政治。不管美國在未來是否能夠回復動力與活力，美國的相對經濟角色無可避免地將日漸式微。崛起中的國家未來幾十年的經濟成長將比高所得國家來得快速。美國目前約占世界生產總值（GWP）的20％，到了2050年，大約會下降到GWP的12-14％。到那時，中國和印度的人均GDP雖然只有美國的一半或更低，因其人口眾多，所占GWP份額將會超過美國。[7]

國際關係的協調絕非易事。二十世紀初英國和德國之間的競爭使德國成為發動第一次世界大戰的主角。同樣地，德國、蘇聯、英國、法國在歐洲的競爭，以及美國與日本在亞洲的競爭，這幾國之間的衝突愈演愈烈，最後釀成第二次世界大戰。因此，我們必須了解國際競爭潛在的危險並設法化解。這意謂著我們必須以高明的外交手段、耐心和能力，加強國際間的合作關係。

第四個關鍵涵蓋前三者，因此也是最大的一個挑戰，亦即多元文化的因應。這樣挑戰似乎是人類的任務當中最難的。以宗教而言，所有的宗教都宣揚博愛，四海之內皆兄弟，然而同時也警告世人不可被其他宗教（即異端）或不信者拖下地獄。這種既合作又隔離的二元性或許根植於人類內心深處，反映人類物種演化的力量：關心、照顧自己的下一代和同一群的人，但又必須保護自己的下一代和地盤，抵抗外族的侵略。

不管我們大腦深層的神經化學為何，我們既有合作、養育下一代的能力，也有抵禦外人的本能反應。[8]在目前這個科技昌明的年代，我們製造出來的武器已足以毀滅全人類，因此我們必須控制情緒，互相合作，才能得到有建設性的結果，以利於生存。就像本書描述的所有挑戰，要做到這點，必須有心有感。我們必須謹記佛陀教我們的慈悲，關照普天下的人，不只長遠來看有益於自己的心靈，也能避免自我毀滅。

不管在國內或國際，或是在未來的數十年，多元文化的挑戰將是每一個政策和危機的中心。我們已活存在一個全球化的社會，而我們的本能卻像在熱帶草原生存的老祖宗。正如威爾森（E. O. Wilson）為我的書《66億人的共同繁榮》寫的序：
「我們擁有石器時代的情感、中古時期的信仰以及有如神力的
科技 —— 我們就是如此怪異的組合。簡而言之，我們就這麼
來到二十一世紀。」[9]

甘迺迪及其文膽索倫森（Theodore Sorensen）即運用意志
力和同理心在多元、衝突之中，為世界和平找出路。甘迺迪在
冷戰對峙最緊張之時擔任總統。那時的古巴飛彈危機使世界面
臨同歸於盡的威脅。甘迺迪呼籲我們尊敬競爭對手，也就是蘇
聯的人們，設身處地去思索，我方如出現任何挑釁的行為，他
們會有什麼樣的感覺，會有什麼樣的誤解。

甘迺迪和索倫森的訊息是一致的：即使在競爭之中，還是
可藉由人性找到共同目標，能否獲致和平就看我們的品德與倫
理表現。正如甘迺迪1963年6月在美國大學的〈和平演說〉中
所言：

> 聖經說：「人所行的若蒙耶和華喜悅，耶和華也使他
> 的仇敵與他和好。」說到底，和平基本上不就是關於人類
> 的權利？亦即不用擔心恐懼與被害、安然過活的權利，可
> 自由自在地呼吸大自然給我們的空氣，以及讓子子孫孫可
> 以享受健康的生活。[10]

甘迺迪追求和平的努力，蘇聯共產黨領導人赫魯雪夫看到

了。赫魯雪夫聽到甘迺迪的說法，也很快回應，表達自己也有
追求和平之心。幾個禮拜後，雙方共同簽署了《部分禁止核武
試爆條約》，化解冷戰對峙的危機。這樣的有心有感對我們來
說實在是寶貴的一課，啟發我們為未來的世代著想。

下一步

　　每一個人，不管身為公民、家庭或社會的一份子，都是重
要角色。幾十年來，金錢凌駕選票、私利使未來蒙上陰影，美
國人只是心煩意亂，無法捍衛自己的權力。我們的社會已失去
平衡、搖搖欲墜。儘管問題嚴重，只要我們團結一致，認真面
對，基於自由、正義來行動，關心未來，依然可以化險為夷。
正如甘迺迪在半個世紀前的〈和平演說〉中所言：「有關人類
命運的問題，沒有一個是人類不能解決的。人類已經靠自己的
理智和精神解決了一些似乎無法解決的問題。我們相信，我們
還可這麼做。」[11]

　　且讓我們運用理智與精神，繼續前進。且讓我們發願善
待自己，著眼於長遠的幸福，不要整天被電視和媒體綑綁，找
回自己的根本，讀更多的書，成為有見識、訊息靈通的公民。
讓我們和科學、科技的進展齊頭並進，了解氣候變化、能源系
統、運輸方案和疾病管制等，支持公眾行動以護衛未來。讓我
們研究政府預算，知道什麼是該花的，什麼則是政治把戲，不

要再讓有錢有勢者拿走所有的好處。我們不可忘了身邊、社區和地球村另一邊的窮人。我們自身的安全與和平端賴我們是否出於憐憫之心做出行動以及和貧苦者的相互關係。

美國在登峰造極之時是個追求卓越與機會平等的社會。且讓我們繼續追求這樣的理想。儘管美國在世界經濟和地理政治的龍頭地位不保，不像二次大戰之後那樣獨領風騷，全球經濟、社會能夠平衡發展也是可喜可賀之事。但我們也不能面對全球競爭就縮頭縮腦。我們必須在自己身上投資，以擁有更好的健康、更安全的環境、更多的知識與更先進的技能，如此一來，美國的榮景依然指日可待。一個強壯、繁榮的美國不只是在全球市場有立足之地，也能促進全球各國的合作，有利於全球政治情勢的發展。我們身在一個互相連結的國際社會，未來就看我們是否能在競爭與合作的關係中保持平衡。

每一個美國人都有自己的角色。我們無意鼓吹階級戰爭。就我們所知，美國最有錢的人，從卡內基到比爾·蓋茲，乃至巴菲特和索羅斯，這些人不只是商業手段高明，更能負起巨大的社會責任。我們沒有藉口把錢藏在避稅天堂，或利用遊說減稅，我們目前需要的是高度的公民責任，支持公眾行動。比爾·蓋茲、巴菲特和索羅斯為全球健康、減少貧窮、增進政府管理和政治自由捐贈的數百億美元證明，有遠見的個人可以利用獨特的商業眼光幫忙解決全球問題。

未來的命運掌握在我們手中。我們共同的未來已受到貧富

之別、短視近利和生態危機的威脅。為了讓國人重新自由與平
等，眼前還有巨大的挑戰。我們對自己的子女和未來的世世代
代都有很大的責任。且讓我們重新開始。

誌謝

探討政治經濟的專書必然要論及個人責任。不管作者如何詮釋一國的政治和經濟，他都必須為書中論述扛起全部的責任。同時，這樣的專書無可避免地也是作者與同事、親友討論無數次之後的結果。從這樣的角度來看，本書也算是集體創作，源於眾人多年來對美國政治與經濟危機的探究。

我總會把我那些剛開始醞釀、半生不熟的想法拿出來，與我的家人分享。最糟的在我家廚房就被淘汰了。事實上，廚房就是我們的家庭會議室。我常和我太太桑妮亞、我女兒麗莎、漢娜、安德麗亞以及我兒子亞當和麥特討論每日經濟新聞，想把這些片斷的資料湊成更大片的拼圖。我真的很感謝他們多年來容忍我把一連串的意見調查結果、國家會計資料和總統預算放上餐桌，也不怪我老是在餐桌上把書堆得像山一樣。

我也要特別感謝我在地球研究所的助理沙安尼吉特（Aniket Shah）。他總是在我身邊提醒我，幫我組織、分析、過濾龐大的資料與研究，要我寫得更清晰、論點明確一點而且準時交稿！如果沒有安尼吉特，就沒有這本書。我們也很高興這本書在最後的成書階段多了一位好夥伴寶格（Claire Bulger），幫忙最後再次校潤全書。她是我們地球研究所的新成員。她有一對鷹眼，一眼就可挑出錯誤和含糊之處，並加以修正、釐清。

我也像過去一樣非常依賴我的朋友和同事，總要他們幫忙看部分稿子，給我一些建議或評論。我要特別謝謝史坦佛（Meir Stampfer）、麥亞瑟（John McArthur）與馬杜基（Foad Mardukhi）這幾位朋友的細讀並給我詳細的意見。我也得謝謝我岳父埃爾利希（Walter Ehrlich），他對公共事件觀察入微，而且有獨到的見解。他也對本書部分章節提出不少意見。我還要謝謝甘迺迪的文膽索倫森給我的啟發並慷慨與我分享他的見解。他認為政府就是和平與解決問題的工具。不幸，他已在2010年過世。他那理性、憐憫和樂觀的話語將永遠留在我們心中。我在地球研究所的同事陶布里奇（Erin Trowbridge）與李奎英（Kyu-Young Lee）也幫我把公共政策對話透過社會網絡、部落格與媒體辯論延伸出去。感謝他們！

多年來，我一直覺得國內政治黑暗，公共政策辯論流於黨派之間的口水戰，沒有人關注社會大眾對幸福的企盼與渴望。我在2009年去了一趟不丹，與不丹政府共同推廣「國民幸福指數」（Gross National Happiness）的概念，也因此更了解，在我們這個時代，社會全體要如何追求幸福。為此，我也要向不丹首相廷禮（Jigme Thinley）、國王納姆耶爾・旺楚克（Jigme Khesar Namgyel Wangchuk）、不丹駐聯合國代表拉圖・旺楚克（Lhatu Wangchuk）及該國國家幸福指數發展委員會祕書長堤思庭（Karma Tshiteem）致謝。

今天，美國的政論之所以流於荒誕，主要是媒體很多都不負責，無數的電視和廣播談話節目把聽眾拉到極端，遠離真理和基本公民道德。我因此感謝有些電視台讓我有機會上節目談論這本書，以幽默而不失莊重的方式讓大家了解目前國家的政治、經濟問題。在此特別感謝史卡博羅（Joe Scarborough）、柏澤辛斯基（Mika Brzezinski）、札卡里亞（Fareed Zakaria）、基恩（Tom Keene）和羅思（Charlie Rose），謝謝他們的專業和責任心，也感謝他們邀請我定期上他們的節目。

我在哥倫比亞大學地球研究所任職、在聯合國倡導消滅貧窮計畫，不時又必須去非洲、亞洲和中東實地研究。我能從百忙之中抽出時間，把自己的想法和反思寫出來，多虧我有許許多多優秀同事在各方面給我的支援。因此，我要特別感謝我們團隊的這幾位：我的辦公室主任盧賓斯坦（Joanna Rubinstein）、我的執行助理克利德克（Heidi Kleedtke）、行政助理惠特（Donald Wheat）與艾斯普特（Suzette Espeut）、千禧發展計畫中心（MDG Center）主任尼昂（Amadou Niang）和貝嘉蕭（Belay Begashaw）、地球研究所的營運長柯恩（Steve Cohen）以及副所長史羅瑟（Peter Schlosser）。十年來，哥倫比亞大學一直是我們最理想的家，在此僅向校長博靈傑（Lee Bollinger）表示最深的謝意。

我的意念得以成書，特別仰賴我的編輯和文稿代理人。這本書得以問世，每一個階段都有勞他們發揮專業。藍燈書屋的編輯賈歐（Jonathan Jao）常為我的文稿增添畫龍點睛之妙。我過去的書多虧莫耶斯（Scott Moyers）與懷禮（Andrew Wylie）之助，本書也不例外。打從他們得知我想寫一本書探討美國政治和經濟困境，一直到付梓的這個漫長過程，他們不斷給我意見和鼓勵，並為此書催生。我就像仰望天空的旅行者那樣仰慕他們的才華。

我也感謝各位讀者對我的信心，願意傾聽我的理念，謝謝你們在讀了《終結貧窮》和《66億人的共同繁榮》等著作和文章之後不斷給我的寶貴意見，讓我的書像一個有機的生命體，生生不息。

延伸閱讀

　　寫這本書最大的快樂之一，就是藉這個機會閱讀數十本經典之作與數百篇學術論文，題目包括道德哲學、政治經濟學、美國現代史與神經生理學。讀者可藉由這裡的參考書單了解本書探討的所有主題。因資料極多，我過濾了之後，篩選出一定的範圍，讓讀者得以掌握閱讀的方向。

　　鑑於美國政治經濟的複雜，下面著作是我認為最重要的專書。但這些著作不是抽樣，也無法涵蓋所有引發激辯的議題，而是我個人認為分析得最好的作品。我在思索事實與意見、真理與宣傳的差異之時，這些書都留給我非常深刻的印象。我把這些書依主題分成幾大類，雖然難免有重複的地方，但我希望讀者能藉此更了解本書文本。

美國現代政治史

　　本書詳述的事件始於1960年代，亦即行動政府登峰造極之時，包括甘迺迪的「新境界」（New Frontier）與詹森的對貧窮宣戰。G. Calvin Mackenzie 與 Robert Weisbrot 合著的 *The Liberal Hour* 一書對那個時代的敘述非常深入。有多本專書都探討行動政府的結束，Thomas Edsall 與 Mary Edsall 合著

的 *Chain Reaction* 是不可多得的佳作，此書描述民權運動的興起及其造成的改變，從1960年代的甘迺迪、詹森寫至1980年代雷根執政。Judith Stein寫的 *Pivotal Decade* 則是描述1970年代如何成為1960年代與保守1980年的政治橋樑：1960年代是自由主義思潮抬頭之時，1980年代則是保守主義當道，因此1970年代這十年至為關鍵。至於雷根主政的年代，Sean Wilentz在 *The Age of Reagan* 一書的描述十分周詳而有說服力。

就美國進入現代鍍金時代的描述而言，最好的史家莫過於Kevin Philips。自他在1969年出版 *The Emerging Republican Majority* 一書以來，他持續記載以金融為基礎的資本主義在美國的興起，以及政治和社會如何因此變得耗弱。Philips論新鍍金時代的巨著包括：*Arrogant Capital (1994), Wealth and Democracy (2002)* 與 *Bad Money (2008)*。

快樂經濟學

經濟學家長久一來未能注意幸福的議題，近年才認真研究這個領域。最近出版最重要的兩本書是Richard Layard所著 *Happiness: Lessons from a New Science* 以及Carol Graham的 *Pursuit of Happiness*。他們研究了數百篇相關學術論文。另一本拆解消費與幸福連結的重量級著作則是Avner Offer的 *The Challenge of Affluence: Self-Control and Well-Being in the United States and Britain Since 1950*。

快樂的神經科學與心理學

　　當然，不只是經濟學家想要了解消費行為與幸福的關係。就這方面的研究而言，經濟學家的起步可說晚了，心理學家和神經科學家早已努力了好幾十年，近年因腦部造影這樣的新工具，研究因而有了重大突破。在這個領域，最近出版的專書包括 Donald Pfaff 的 *The Neuroscience of Fair Play*、David Linden 的 *The Compass of Pleasure*、Deirdre Barrett 的 *Supernormal Stimuli* 以及 Daniel Gilbert 的 *Stumbling on Happiness*。這領域的研究最常出現的主題就是，幸福的感受來自我們無法意識的心靈過程，而我們對相關腦部迴路的了解還很少。但我們已經發現，在這個社會與經濟之中，我們的腦部迴路已受到種種危險的影響，不只是毒品的濫用，還有無孔不入的廣告、大眾媒體的視覺意象、各種新奇卻不健康的食物製造方法及企業無休無止的公關活動。

先哲的智慧

　　遠在腦部造影科技和民意調查出現之前，哲學家早已正確指出人類的境況與通往幸福、滿足之路。有兩位在兩千多年前即留下智慧的印記，也就是釋迦牟尼佛與亞里斯多德。雖然佛教主要在東亞與南亞流傳，而亞里斯多德的思想影響西方文明，這兩種思想一樣偉大，俱是真知灼見，而且可以互補。為了寫這本書，我拿出亞里斯多德的經典之作 *The Nicomachean*

Ethics 來讀，而得醍醐之味。此書可說是西方最偉大的哲學著作。至於佛教經典，除了「四聖締」和「八正道」，我發現達賴喇嘛對佛教思想的介紹也可給人深深的啟發。他最讓我感動的兩本著作是 *Ethics for the New Millennium* 與 *The Art of Happiness*。

在現代，從歐洲啟蒙時代至今，哲學家一直在思索人類行動的深層動機與幸福的終極源頭。亞當‧斯密所著 *The Theory of Moral Sentiments* 一書所述不但至為精確，而且讀來令人覺得樂趣無窮。他闡述個人的許多動機都受到社會動力和地位的影響。現代哲學家強調的不只是快樂從何而來，還包括怎麼做才能符合公平、正義的原則。讀者可參看 John Rawls 的 *A Theory of Justice* 以及 Robert Nozick 的 *Anarchy, State, and Utopia*，這兩本書都論及個人自由、社會正義與倫理責任等重要主題。哲學家 Peter Singer 最近出版的 *The Life You Can Save* 也是很有用的力作。另外，Jonathan Haidt 在 *The Happiness Hypothesis* 一書融會了古代聖哲的訓示、現代哲學家的智慧，也涵蓋現代心理學的洞見。我發現此書不但可刺激一個人的思考與辯論，而且上窮碧落下黃泉，帶我們涉獵古今人類對這些重要主題的思索。

經濟學論述的支柱

本書最重要的經濟主題就是美國的市場與政府已經失

衡。美國經濟要能振衰起弊必須靠混合型經濟。亞當‧斯密已深知這點。《國富論》（尤其是第五書）的讀者將可想起亞當‧斯密提倡政府該特別在執法、公共工程和教育應該扮演主動、積極的角色。二十世紀，有關「小政府」最有影響力的論述，包括海耶克的《通往奴役之路》與傅利曼之*Capitalism and Freedom*。遺憾的是，這兩本書引用的人要比真正閱讀的人多。其實，此兩書今日讀來歷久彌新，不但可提醒讀者，即使是像海耶克和傅利曼主張大市場的自由主義者也認為政府該負起經濟責任，至少該致力於環境保護、基礎建設和教育。此外，我們也該好好讀讀德國市場經濟學家呂樸克的經典之作《人道經濟學》。此書強調，如要保護人類價值，免於受到市場的壓迫，必須謹守道德界線。

　　近年來探討美國經濟弊病之書已汗牛充棟。學者紛紛撻伐政府疏於經濟管制，無法維持經濟穩定，提供的公共財也不足。有關美國金融和貨幣的問題，可能要好幾頁才列得完。關於葛林斯潘的遺害，可參考William Fleckenstein與Frederick Sheehan合著的*Greenspan's Bubbles*。美國社會安全網的崩壞則可參看Andrew Hacker寫的*The Great Risk Shift*。美國健保制度的問題，可閱讀Kaiser Permanente執行長George Halvorson所著*Health Care Will Not Reform Itself*一書。頂尖經濟學家Claudia Goldin與Lawrence Katz也在*The Race Between Education and Technology*一書深入探討政府在教育方面做得不

夠。至於政府債務失控的危險，詳見經濟學家Carmen Reinhart
與Kenneth Rogoff合著的 *This Time Is Different*。透過本書，我
們可從長遠的歷史觀點來看預算浪費造成的禍害。

惡質公共政策最可怕的後果就是貧富不均，特別是鉅富
的收入飆高。這樣的不平等或許源於1970年代的全球化，但
政府刻意為富人減少最高邊際稅率、金融法規鬆綁、討好大
企業，更加劇這樣的不平等。海外避稅天堂更使富人得以坐
擁更多的財富。這方面的問題，參看Nicholas Shaxson的力作
*Treasure Islands: Uncovering the Damage of Offshore Banking and
Tax Havens*。另一個相關問題則是企業股東和董事會對公司約
束力薄弱，致使企業執行長的薪酬過高。請參看哈佛法學院教
授Lucian Bebchuk與Jesse Fried在 *Pay Without Performance: The
Unfulfilled Promise of Executive Compensation* 一書的論述。

政治制度的比較

我不斷在本書中強調，美國人如果能了解市場和政府的
角色及其選擇，特別是取法瑞典的社會民主制度，將能獲得很
大的好處。有關瑞典的社會民主制度最好的分析是為社會學
家Gosta Esping-Andersen與人共合編著的 *The Three Worlds of
Welfare Capitalism and Why We Need a New Welfare State*。美國
人也該設法比較美國在經濟、社會與環境等重要層面的表現與
世界其他高所得國家的比較。經濟合作發展組織、世界經濟論

壇、國際透明組織與聯合國的發展計劃都有很多線上資料和排行可做為參考。美國人可藉此好好思考，如要改變，該怎麼做才好。

美國的政治價值

或許寫這本書最大的驚喜就是了解美國人民的共識和價值觀。福斯電視台每天告訴我們，美國是個保守的國家，看看茶黨就知道了。但事實並非如此。美國其實是個中庸、務實的國家，樂於幫助窮人。大多數的美國人都認為窮人應該努力擺脫貧窮，提升自己的經濟地位。

近年來，政治學家致力描述這種「中間」觀點，如 Benjamin Page 與 Lawrence Jacobs 合著的 *Class War? What Americans Really Think About Economic Inequality*。另外也可參看 Larry Bartels 寫的 *Unequal Democracy: The Political Economy of the New Gilded Age*。作者論道，即使美國政治走極端，讓富人在國會呼風喚雨，一般美國老百姓還是偏好中庸之道。美國人真的相信的是一回事，聽別人說美國相信什麼又是另一回事，這完全是企業宣傳操縱的結果。參看 Naomi Oreskes 與 Erik Conway 合著 *Merchants of Doubt* 一書，我們就可明白美國大企業何以是環境污染的罪魁禍首。

當然，由於美國人對政府失去信賴，公共價值觀也岌岌可危。就公共信賴問題的研究，最頂尖的學者是社會、政治學家

Robert Putnam。Putnam 著 *Bowling Alone* 在一書深刻探討美國近幾十年來「社會資本」已漸漸流失。

如今，民意調查普及，我們得以了解美國人的價值觀，不容企業宣傳扭曲。如蓋洛普、拉斯穆森與皮優研究中心經常發布重要民意調查結果，可在線上查閱。此外，我們也可注意馬里蘭大學 Innovative Center on Policy Institute 公布的資料，以了解民眾的政治觀點。

盤根錯節的解決之道

我曾在先前出版的《終結貧窮》和《66億人的共同繁榮》兩書強調，美國當前面臨的問題非常複雜，如要解決必須觀照全面、不斷調適，而且要有目標。簡而言之，我們需要「複雜的系統思考」，才能走到下一步。成功沒有神奇的解決之道，也沒有捷徑。在不久的將來，要同時解決能源、環境和經濟問題，或許最重要的就是系統思考。近日在系統思考與持續變革方面出版的一些新書包括 Steven Cohen 的 *Sustainability Management*、Peter Calthorpe 著 *Urbanism in the Age of Climate Change*、Charles Weiss 與 William Bonvillian 合著的 *Structuring an Energy Technology Revolution*、Lester Brown 寫的 *World on the Edge* 以及 William Mitchell 等人合著的 *Reinventing the Automobile*。

注釋

第一部

第1章：為美國經濟危機把脈

1. U.S. Census Bureau, "Current Population Survey: Annual Social and Economic (ASEC) Supplement." 根據美國人口普查局的調查資料，約有4千4百萬人或者14.3%的美國人活在貧窮線之下。另外有6千萬人介於貧窮線和貧窮線標準數值的兩倍之間，這個範圍可謂在貧窮的陰影之下。

2. Plato, "Apology," in Five Dialogues, transl. G.M.A. Grube (Indianapolis: Hackett, 2002), p. 41.

第2章：失落的繁華

1. Gallup Poll, "In general, are you satisfied or dissatisfied with the way things are going in the United States at this time?," May 5–8, 2011.

2. Rasmussen Reports, "Right Direction or Wrong Track," March 2011.

3. Rasmussen Reports, "65% Now Hold Populist, or Mainstream, Views," January 2010.

4. Robert D. Putnam, *Bowling Alone: The Collapse and Revival of American Community* (New York: Simon & Schuster, 2002); Robert D. Putnam, "E Pluribus Unum: Diversity and Community in the Twenty-first Century: The 2006 Johan Skytte Prize Lecture," *Scandinavian Political Studies* 30, no. 2 (June 2007).

5. Richard Easterlin, "Does Economic Growth Improve the Human Lot? Some Empirical Evidence," in Paul A. David and Melvin W. Reder, eds., *Nations and Households in Economic Growth: Essays in Honor of Moses Abramovitz* (New York: Academic Press, 1974).

6. Betsey Stevenson and Justin Wolfers, "The Paradox of Declining Female

Happiness," NBER Working Paper Series, No. 14969, May 2009.

7. Tom Rath and Jim Harter, *Wellbeing: The Five Essential Elements*, Appendix G: "Wellbeing Around the World" (New York: Gallup Press, 2010).蓋洛普要求受訪者表示,他們活在什麼樣的社會之中,是「繁榮」、「掙扎」或者「受苦」?表示自己身在「繁榮」社會的美國受訪者比例在世界各國中排行第19,遜於丹麥、芬蘭、愛爾蘭、挪威、瑞典、荷蘭、加拿大、紐西蘭、瑞士、澳洲、西班牙、以色列、奧地利、英國、比利時、墨西哥、巴拿馬、阿拉伯聯合大公國,只比法國、沙烏地阿拉伯、波多黎各和牙買加好一點。

8. Philip Brickman and Donald Campbell, "Hedonic Relativism and Planning the Good Society," in M. H. Apley, ed., *Adaptation Level Theory: A Symposium* (New York: Academic Press, 1971), pp. 287–302.

9. Data from U.S. Bureau of Labor Statistics, "Employment Situation Summary" and "Overview of BLS Statistics on Employment." 正如我們所知,失業率本身可能掩飾更嚴重的低度就業危機。有幾百萬工作人口因找不到工作而從職場退出(但新聞報導的失業率只包括那些主動找工作而無法找到工作的人),還有幾百萬人不得不接受兼職的工作。因此官方報告的失業率偏低,把上述兩種人加起來才能反映真正的失業率。這樣的失業率接近成年人口的20%。此外,有兩百萬人以上因犯罪入獄(大都是年輕人),也不得不退出職場。

10. 同前注。

11. For current data, see: U.S. Bureau of Labor Statistics, "Employment Situation Summary." For historical data, see U.S. Census Bureau, *Income, Poverty and Health Insurance Coverage in the US: 2009*.

12. The 2011 estimate comes from Congressional Budget Office, "An Analysis of the President's Budgetary Proposals for Fiscal Year 2012," Table 1.5.

13. Alicia M. Munnell, Anthony Webb, and Francesca Golub-Soss, "The National Retirement Risk Index: After the Crash," Center for Retirement Research, October 2009, No. 9-22, p. 1.

14. 大多數私部門的退休計畫都屬確定提撥制(defined-contributition plan),指雇主或員工依退休辦法每年或每月提撥一定數額之退休基金,交付信託人保管、投資,於退休時將此資金及其投資孳息給付給員工,因此數目多寡取決於工作時間長度。但很多中央政府和地方政府雇員的退休計畫皆屬確定給付制(defined-benefit plans),意謂政府機關必須準備充足的基金以確保得以支付員工退休金。如果政府或信託人對退休基金的管理不當，造成虧損，如2008年或其後遇上的金融危機，就得挹注更多的資金才能應付所需。到2011年為止，不管中央或地方政府在退休金的支付上都因財務困難而有延遲。

15. See International Monetary Fund, "World Economic Outlook Database: October 2010," for China's national savings rate.

16. American Society of Civil Engineers, "2009 Report Card for America's Infrastructure," March 2009.

17. Organisation for Economic Co-operation and Development, Programme for International Student Assessment, "PISA 2009 Results." 美國高中生的表現退步不少。在1950和1960年代，美國高中生畢業的比例上升，但到1980和1990年代不但停滯，甚至開始下滑。過去十年雖然些微回升，但以2009年畢業的比例來看（畢業生總數除以剛進高中的人數），甚至比1970年還低！根據美國教育部的統計，1970年畢業的比例為78%，1984年降為74%，1994年為73%，2001年為72%，直至2008年才升為75%。少數族裔的畢業比例更不及70%。近年研究顯示，不到半數的高中畢業生準備上大學。U.S. Department of Education, National Center for Educational Statistics, June 2010, "The Condition of Education 2010," p. 214.

18. John Michael Lee and Anita Rawls, "The College Completion Agenda: 2010 Progress Report," The College Board, 2010, p. 10.

19. 同前注。

20. John Gibbons, "I Can't Get No . . . Job Satisfaction," The Conference Board, January 2010.

21. See the U.S. Department of Agriculture's Supplemental Nutrition Assistance Program website (http://www.fns.usda.gov/snap/) for more information.

22. For wealth inequality, see Office of Management and Budget, "A New Era of Responsibility," February 2009, p. 9. For income inequality, see Gerald Prante and Mark Robyn, "Fiscal Fact: Summary of Latest Federal Income Tax Data," Tax Foundation, October 6, 2010.

23. See Robert Innes and Arnab Mitra, "Is Dishonesty Contagious?," June 2009, and the references therein.

24. Goldman Sachs settlement: Patricia Hurtado and Christine Harper, "SEC Settlement with Goldman Sachs for $550 Million Approved by US Judge," Bloomberg News, July 21, 2010. Goldman Sachs 2009 income: Goldman Sachs website. Countrywide: Alex Dobuzinskis, "Mozilo Settles

Countrywide Fraud Case at $67.5 million," Reuters News, October 15, 2010. Angelo Mozilo net worth: Kamelia Angelova, "Worst CEOs Ever: Angelo Mozilo," Business Insider, June 8, 2009.

第3章：自由市場的謬誤

1. Jeffrey Sachs and Michael Bruno, *Economics of Worldwide Stagflation* (Cambridge: Harvard University Press, 1985).

2. Adam Smith, *An Inquiry into the Nature and Causes of the Wealth of Nations* (Oxford: Oxford University Press, 1993), Book 1, Chapter 2.

3. 一旦達成市場平衡，資源分配即達到最理想的狀態，不必再做調整。在此情況下，沒有人利益受損，而且得以使某些人口的生活水準提高。此即所謂的柏拉圖效率（Pareto efficiency）。

4. Friedrich Hayek, *The Road to Serfdom* (Chicago: University of Chicago Press, 1944), p. 36.

5. Smith, *An Inquiry into the Nature and Causes of the Wealth of Nations*, Book 5, Section 1.

6. 效率應該以財物和服務對消費者的真正價值來衡量。GNP的提高並不一定能夠證明效率增加，因GNP所包含的市場交易可能無法真正帶給人民幸福（如企業透過詐騙、污染和壓榨員工休閒時間獲得的利益。）

7. Pew Research Center for the People & the Press, "Trends in Political Values and Core Attitudes: 1987–2009," May 21, 2009.

8. *Forbes*, "The World's Billionaires," 2011.

9. 軍隊、警察、監獄和法院構成所謂政府的「守夜功能」。純粹的自由主義者贊成「守夜型國家」，也就是政府管制僅限於保護私人財產、私人安全與國家安全的核心任務。

10. Gallup Poll, "Views of Income Taxes Among Most Positive Since 1956," April 13, 2009.

11. Pew Research Center, "Trends in Political Values and Core Attitudes: 1987–2009," p. 43.

12. 史上也有種族或宗教團體任憑其他團體自生自滅的例子。

13. See responses to similar questions and topics in Benjamin Page and Lawrence Jacobs, *Class War: What Americans Really Think About Economic Inequality* (Chicago: University of Chicago Press, 2009).

14. 除非美國社會和教育政策有重大變革，今日只有少數貧窮兒童得以上大學。貧窮兒童活在難以翻身的逆境之中。他們從小在窮苦的社區長大，健康條件不佳，學校的教育水準低落。父母因為教育程度低，所以無法幫助孩子的學業。少數族裔的孩子更有遭受種族歧視的問題。結果，在美國父母的教育和社經程度也與孩子的學業表現和未來的收入息息相關。父母擁有大學學位、家境富裕的，其子女就比較可能順利取得大學文憑，一樣過著富裕的生活。反之，父母教育程度低的貧戶，就難以讓孩子接受好的教育。根據OECD的調查研究（參看下面的圖表），在OECD國家當中，社會流動性最低的國家就是美國。我們總以為美國是個充滿機會，人人皆可翻身的國家，其實不然。

父母背景對中學學生學業表現的影響

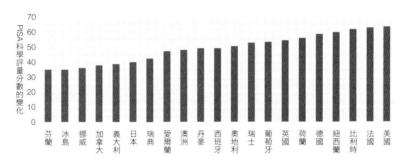

■ 因社經背景變動而造成的分數變化

資料來源：OECD，〈經濟政策改革：追求成長：OECD 2010〉

15. 有人認為市場可能是個自然的現象，反映人類天生具有「互通有無、交易、買賣」（套用亞當・斯密的名言）的傾向。但我們必須考慮到一點：現代市場並非以交易以基礎，而是基於複雜的貨幣機構、金融市場、商業法、公司法、智慧財產權協定、合約的履行和財產保護等。我們可以下結論說，今日的市場生於複雜的法律與制度設計，也具有交易的經濟動機。

第4章：政府背棄公眾利益

1. Franklin D. Roosevelt, Second Inaugural Address, January 20, 1937.
2. Ronald Reagan, First Inaugural Address, January 20, 1981.
3. Bill Clinton, radio address, January 27, 1996.
4. 根據歷史學家，六○年代之後發生的政府大反轉在美國史上並非獨一無二的事件。小史萊辛格（Arthur Schlesinger, Jr.）等人論道，美國常在公共行動主義和退卻之間擺盪。例如，從1870年代至1890年代，國家的重要工業紛紛建立，如鐵路、煉鋼、煉油、肉品包裝和型錄零售等，政府任富商坐大，自己則躲在陰影之中。鍍金時代於焉誕生，民眾開始起而反制，先是茶葉黨，抨擊華爾街的劫掠，接下來發難的則是進步黨，有系統地發動一系列的改革，以控制企業濫用國家資源。進步黨在1910年代式微之後，取而代之的則是1920年代的重商年代。由於那時是在第一次世界大戰之後，美國渴望恢復常態。那風起雲湧的20年代（也是大蕭條的序曲）很多方面都和2008年之前的景況很像：飛快的金融改革、財富與收入的不平等、投機文化、貸款容易推升房地產的榮景，然而最後還是不得不面臨金融大崩壞。
5. 除非特別指明，前文所有的預算資料都來自美國行政管理和預算局歷史資料檔案。
6. 這種區分在前注的資料檔案裡自1962年起才出現（表8.2）。
7. U.S. Census Bureau, "Population Division: Historical Census Statistics on the Foreign-Born Population of the United States: 1850–2000."
8. U.S. Census Bureau, *Income, Poverty and Health Insurance Coverage in the US: 2009*, Tables B1, B2.
9. 下圖顯示總稅收、國防支出和非國防支出占GDP比例。
10. 在1970年代早期，也就是二次大戰落幕後的時期，布列敦森林體系的固定匯率制瓦解，美元停兌黃金。自1946年至1971年，美元與黃金的兌換比率一直固定為每盎司35美元，美國以外的外國中央銀行都以這樣的保證價格將儲備美元換為黃金。但尼克森總統在1971年8月15日關閉黃金窗口，使美元與黃金脫鉤。尼克森此舉是為了讓西方世界分擔越戰為美國帶來的高額負債，且為了彌補巨大的軍費開支，政府只能選擇發行美元導致黃金儲備劇減。可見，尼克森的如意算盤是藉由切斷美元與黃金的聯繫，緩解黃金儲備的壓力。美國無法一邊趕印美鈔，一邊使美元與黃金維持固定匯率，只好放棄後者。接下來的幾年，由於各國中央銀行皆需適應新的貨幣自由，沒有一定的貨幣標準，於是造成嚴重通貨膨脹。到了80年代，世界各國的中央銀行已習慣浮動匯率，也把通貨膨脹率壓下來。儘管如此，保守的政客與擁護自由市場的人依然堅持70年代的通貨膨脹就是政府對經濟無力的證明。

11. Judith Stein, *Pivotal Decade: How the United States Traded Factories for Finance in the Seventies* (New Haven: Yale University Press, 2010).

總稅收、國防支出和非國防支出占GDP比例

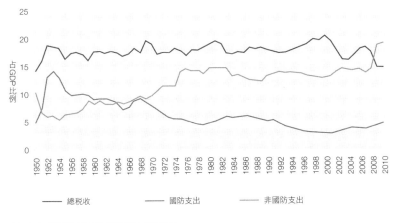

資料來源：美國行政管理和預算局歷史資料檔案

12. 來自陽光帶的民主黨議員也在1978年推翻對勞工有利的法案。佛羅里達參議員史東（Richard Stone）解釋說，支持勞工就是「阻礙陽光帶的進步，陽光帶的工作機會將因此減少。」

13. 同前注，p. 193.

14. See Table 17.1 of the Office of Management and Budget Historical Tables.

15. See Table 3.1 of the Office of Management and Budget Historical Tables.

16. See Table 3.2 of the Office of Management and Budget Historical Tables.

17. 同前注。

18. International Energy Agency, Data Services.

19. 收入不平等的改革可參看2008年的最新研究資料。國家貧窮率最早的資料可追溯到1959年。至於全職男性員工的收入，最新資料來自2009年。

20. Emmanuel Saez and Thomas Piketty, data set for "Income Inequality in the United States, 1913–1998," updated July 2010.

第5章：分裂的國家

1. 我對陽光帶和冰雪帶各州歸納如下。陽光帶：阿拉巴馬、亞利桑那、阿肯色、加州、佛羅里達、喬治亞、路易斯安那、密西西比、新墨西哥、北卡羅來納、奧克拉荷馬、南卡羅來納、德州和維吉尼亞。冰雪帶：康乃迪克、伊利諾、印第安那、愛荷華、坎薩斯、緬因、麻州、密西根、明尼蘇達、密蘇里、內布拉斯加、新罕布夏、紐澤西、紐約州、北達科塔、俄亥俄、賓州、羅德島、南達科塔、佛蒙特和威斯康辛。

2. Larry Dewitt, "The Decision to Exclude Agricultural and Domestic Workers from the 1935 Social Security Act," U.S. Social Security Administration, 2010.

3. 詹森總統簽署1964民權法案和1965年選舉權法之時，已知如此一來南方就會落入共和黨之手。他在簽署民權法案之時，轉身對助理說，接下來的三十年，他即將把南方交給共和黨人。足證他的道德勇氣過人，才有此大膽之舉。

4. Thomas Byrne Edsall and Mary D. Edsall, *Chain Reaction: The Impact of Race, Rights, and Taxes on American Politics* (New York: W. W. Norton, 1991), pp. 141–44.

5. For 1970 and 1990 Hispanic population data, see U.S. Census Bureau, "Hispanics in the US." For 2007 data, see Pew Hispanic Center, "Statistic Portraits of Hispanics in the US, 2009."

6. Zoltan Hajnal et al., "Immigration and the Political Transformation of White America: How Local Immigrant Context Shapes White Policy Views and Partisanship," University of California, San Diego Center for Comparative Immigration Studies, International Migration Conference, March 12, 2010. 根據Hajnal等人的研究，拉丁裔人口的增加使美國白人轉為保守，特別是在拉丁裔特別多的地區：「與眾多拉丁裔比鄰而居的白種美國人傾向保守。如果各方面的條件皆相同，住在拉丁裔聚集之地的白種美

國人比較不願聯邦政府致力於彌補收入的不平等，也不贊同政府補助窮人或沒有保險者的醫療費用……他們不認為貧窮是急需解決的嚴重問題。白人對拉丁裔的反感和過去他們對非裔如出一轍。白人對社會底層所需的服務和開支非常淡漠。」

7. Congressional Budget Office, "The Impact of Unauthorized Immigrants on the Budgets of State and Local Governments," December 2007.

8. Between 1900 and 1960, every president except Californian Herbert Hoover hailed from the Snowbelt: William McKinley (Ohio), Theodore Roosevelt (New York), William Howard Taft (Ohio), Woodrow Wilson (New Jersey), Warren Harding (Ohio), Calvin Coolidge (Massachusetts), Herbert Hoover (California), Franklin D. Roosevelt (New York), Harry Truman (Missouri), Dwight D. Eisenhower (Kansas), and John F. Kennedy (Massachusetts). After 1960, the only president from outside the Sunbelt was Gerald Ford of Michigan, who took office upon Richard Nixon's resignation rather than by winning a national election. Ford went down to defeat in 1976, to Sunbelt candidate Jimmy Carter. The elected presidents between 1964 and 2004 include Lyndon B. Johnson (Texas), Jimmy Carter (Georgia), Ronald Reagan (California), George H.W. Bush (Texas), Bill Clinton (Arkansas), and George W. Bush (Texas).

9. 這種現象就是美國兩黨政治系統運作的結果。只要候選人囊括一半的選票再多一票，就算大獲全勝，輸的一方無法取得任何代表權。這和在歐洲普及的比例代表制有很大的不同。如採比例代表制則政黨取得的席次多寡視獲得選票比例而定。

10. The following data are from the Pew Forum on Religion & Public Life, "US Religious Landscape Survey: Religious Affiliation, Diverse and Dynamic," February 2008.

11. For an overview of the increased sorting of American households by "education, income, race, and way of life," see Bill Bishop, *The Big Sort: Why the Clustering of Like-Minded America Is Tearing Us Apart* (New York: Houghton Mifflin, 2008); Paul Jargowsky and Todd Swanstrom, "Economic Integration: Why It Matters and How Cities Can Get More of It," Chicago: CEOs for Cities, City Vitals Series.

12. The following data are from Benjamin Page and Lawrence Jacobs, *Class War? What Americans Really Think About Economic Inequality* (Chicago: University of Chicago Press, 2009).

13. 普林斯頓大學教授巴泰爾斯（Larry Bartels）從自己最近的調查資料發現類似觀點。他指出公眾態度有幾個特點，包括支持公平機會，認為有些人沒有機會接受好的教育，以及「富人應付的稅太少」（59.2%的人贊同）。

14. Pew Research Center, "Trends in Political Values and Core Attitudes: 1987–2009," May 21, 2009, pp. 72–73, 140.

15. 同前注，p. 106.

16. *USA Today*/Gallup Poll, June 11–13, 2010.

17. Jon Cohen, "Most Americans Say Regulate Greenhouse Gases," *Washington Post*, June 10, 2010.

18. Rasmussen Reports, "Support for Renewable Energy Resources Reaches Highest Level Yet," January 2011.

第6章：新全球化

1. Adam Smith, *An Inquiry into the Nature and Causes of the Wealth of Nations* (Oxford: Oxford University Press, 1993), Book 4, Chapter 7.

2. United Nations Conference on Trade and Development (UNCTAD), "Largest Transnational Corporations," Document 5, http://www.unctad.org/templates/page.asp?intItemID=2443&lang=1.

3. For details on General Electric, see General Electric website and annual 10-K filing.

4. 國外收益等於公司在海外所得扣除支付給外國投資人的報酬。海外所得包括美國跨國公司在外國的收益以及外國公司支付給美國公民的股利。海外所得的增加不但反映美國公司在外國分公司的收益增多，也反映愈來愈多美國公司利用避稅天堂將所得轉移出去。很多大企業集團紛紛利用不同地區稅率及免稅條件的差異，將利潤轉移到稅率低或可免稅的分公司，這也是新全球化的現象之一。

5. For U.S.-China trade: U.S. Census Bureau, "Foreign Trade: Trade in Goods with China." For U.S. value-added data: U.S. Department of Commerce, Bureau of Economic Analysis, "Industry Economic Accounts."

6. U.S. Bureau of Labor Statistics, "Current Employment Statistics: National."

7. U.S. Bureau of Labor Statistics, "Establishment Data: Historical Employment."

8. 同前注。

9. Shan Jingjing, "Blue Book of Cities in China," Chinese Academy of Social Science.

10. UN Population Division Home Page.

11. 目前新興的經濟體簡稱為金磚四國（BRIC），包括巴西、蘇俄、印度與中國，四國人口總數約為27億人。如果我們把任何發展迅速的國家都納入新興市場，應該包括更多國家，如智利、埃及、墨西哥、奈及利亞、南非和越南。2010年開發中國家GDP成長率約為7%，顯示今日開發中國家成長的幅度十分驚人。

12. H. Garretsen and Jolanda Peeters, "Capital Mobility, Agglomeration and Corporate Tax Rates: Is the Race to the Bottom for Real?," *CESifo Economic Studies* 53, no. 2 (2007), pp. 263–93.

13. See Table 2.3 of the Office of Management and Budget Historical Tables.

14. For example, see Rasmussen Reports, "Energy Update," April 2011.

第7章：分贓政治

1. 2010年瑞典大選為例，有八個政黨進入國會，由四個政黨聯合執政。美國、英國、加拿大和澳洲的政治系統都屬多數決制，但西歐很多國家都採共識決制。

2. Maurice Duverger, "Factors in a Two Party and Multiparty System," in *Party Politics and Pressure Groups* (New York: Thomas Y. Crowell, 1972), pp. 23–32.

3. All data from OECD Social Expenditure Database and OECD Statistical Database.

4. 由於美國人口眾多、複雜，加上地域、種族、族裔與宗教的分歧，很難達成共識。反之，像丹麥、挪威、瑞典都只有幾百萬人，族裔與宗教差別不大，又沒有地域隔閡，因此比較容易形成一個有共識的社會。

5. Institute for Democracy and Electoral Assistance, "Voter Turnout by Country."

6. Spending in presidential election years (2000, 2004, 2008) averages around $1.5 billion more than in nonpresidential election years, with presidential and off-year elections on the same common upward trend.

7. Robert Kaiser, *So Damn Much Money: The Triumph of Lobbying and the Corrosion of American Government* (New York: Alfred A. Knopf, 2009), pp. 343–44.

8. Gallup Poll, "Automobile, Banking Industry Images Slide Further," August 17, 2009.

9. Andrew J. Bacevich, *Washington Rules: America's Path to Permanent War* (New York: Henry Holt, 2010).

10. Dwight D. Eisenhower, "Farewell Address," January 17, 1961.

11. Peter Orszag, "One Nation, Two Deficits," *New York Times*, September 6, 2010. He writes: "It would be tough, then, to squeeze more than a half percent of G.D.P. from spending by 2015. Additional revenue—in the range of 0.5 to 1.5 percent of the economy—will therefore be necessary to reduce the deficit to sustainable levels."

12. Christina D. Romer, "What Obama Should Say About the Deficit," *New York Times*, January 15, 2011.

13. ABC News "Summary: 2009 Polling on a 'Public Option.'"

14. Congressional Budget Office, "Estimate of Direct Spending and Revenue Effects of H.R. 2," February 18, 2011.

15. 政治學家佛格森（Thomas Ferguson）1995年論柯林頓時期健保改革計劃用來評論歐巴馬的健保改革也頭頭是道，幾乎一字都不必改。不管在1994年或2009年，健保法案的背後都有一隻手在操控，也就是醫療／保險產業。佛格森的文章刊登於1994年，政府終於將民眾等待已久的健保藍圖公諸於世，然而這樣的策略免不了是和醫療／保險產業妥協的結果，而非採取加拿大的健保模式，亦即由政府「單一支付」(single-payer) 的醫療系統。雖然政府仔細考慮到民眾可以享受的利益與給付範圍，健保草案還是極度複雜，一般選民難以評估好壞，政府也沒告訴民眾這樣的健保系統總花費為何。基本設計看來倚重規模大的保險業者和醫療產業，包括教學醫院。開辦數年之後，或許會在巨大的財務壓力之下不得不縮減給付或使醫療品質打折。（Thomas Ferguson, Golden Rule: The Investment Theory of Party Competition and the Logic of Money-Driven Political Systems [Chicago: University of Chicago Press, 1995], p. 327）。柯林頓或歐巴馬都不敢對漫天開價的私人醫療體系開刀，可見醫療／保險產業過去三十年來為了阻撓健保改革不斷在遊說方面下足了功夫。

16. Campaign Finance Institute, "New Figures Show That Obama Raised About One-Third of His General Funds from Donors Who Gave $200 or Less," January 8, 2010.

17. Center for Responsive Politics, "Banking on Connections," June 3, 2010, p.

1.
18. 同前注，p. 3.
19. The following is based on Jesse Drucker, "Google 2.4% Rate Shows How $60 Billion Lost to Tax Loopholes," Bloomberg News, October 21, 2010.
20. See Chapter 1 of Title 26 of the Internal Revenue Code.
21. U.S. Government Accountability Office, "International Taxation: Large US Corporations and Federal Contractors with Subsidiaries in Jurisdictions Listed as Tax Havens or Financial Privacy Jurisdictions," GAO-09-157, December 2008.
22. Jane G. Gravelle, "Tax Havens: International Tax Avoidance and Evasion," Congressional Research Service Report for Congress, July 2009.
23. Nolan McCarty et al., *Polarized America: The Dance of Ideology and Unequal Riches* (Cambridge: MIT Press, 2006), p. 272.
24. Business Wire, "Business and Financial Leaders Lord Rothschild and Rupert Murdoch Invest in Genie Oil & Gas," November 15, 2010.
25. Luca Di Leo and Jeffrey Sparshott, "Corporate Profits Rise to Record Annual Rate," *Wall Street Journal*, November 24, 2010.
26. Aaron Lucchetti and Stephen Grocer, "On Street, Pay Vaults to Record Altitude," *Wall Street Journal*, February 2, 2011.

第8章：心靈危機

1. Coen Advertising Expenditure Dataset, quoted in Douglas Galbi, "U.S. Advertising Expenditure, 1998–2007," Purple Motes blog, February 16, 2009.
2. Thorstein Veblen, *The Theory of the Leisure Class: An Economic Study of Institutions* (New York: Macmillan, 1902), pp. 68–101.
3. Edward Bernays, *Propaganda*, 1928, pp. 9, 35:
故意而巧妙地操縱大眾的習慣與意見是民主社會的一個重要元素。能操縱社會這個無形機制的就是國家真正的統治力。我們被治理，心靈受人塑造，品味被人左右，意念也也得聽別人的，卻不知道究竟是誰在控制、擺布我們。數百萬人的命運就這樣被看不見的統治者控制。就連最有影響力的公眾人物，他們的話語和行動也被人操控，而沒有人知道誰在背後操控他們。更重要的是，我們的思想和習慣也受到權威的影響。

4. U.S. Census Bureau, "No. HS-42: Selected Communications Media: 1920 to 2001."

5. Henry J. Kaiser Family Foundation, "Food for Thought: Television Food Advertising to Children in the United States," March 2007, p. 2.

6. Joe McGinniss, *The Selling of the President 1968* (New York: Trident, 1969).

7. Henry J. Kaiser Family Foundation, "Food for Thought," p. 57.

8. Deirdre Barrett, *Supernormal Stimuli: How Primal Urges Overran Their Evolutionary Purpose* (New York: W. W. Norton, 2010).

9. 傳播媒體的管制主要可分為三種。首先，聯邦通訊傳播委員會（FCC）堅持某些節目不得有廣告。第二，FCC要求廣播和電視台必須基於「公平原則」呈現各種不同的觀點。第三，FCC限制媒體的所有權，以避免地方電台、報紙和電視台的壟斷。這三大管制使美國在1970年代得以有效管理私人媒體。然而，到了1980年代之後因政策鬆綁而解禁，直到今天仍是。

10. Wilhelm Röpke, *A Humane Economy: The Social Framework of the Free Market* (Wilmington: ISI Books, 1960), p. 137.

11. Max Weber, *The Protestant Ethic and the Spirit of Capitalism* (Mineola, N.Y.: Dover, 2003), p. 53.

12. John Maynard Keynes, *The Economic Consequences of the Peace* (Toronto: University of Toronto Libraries, 2011), Chapter 2, Paragraph 20.

13. Andrew Carnegie, "The Gospel of Wealth and Other Timely Essays."

14. Google: "Google Search Advertising Revenue Grows 20.2% in 2010," January 20, 2011. Facebook: "Facebook's Ad Revenue Hit $1.86b for 2010," January 17, 2011.

15. Emily Steel, "A Web Pioneer Profiles Users by Name," *Wall Street Journal*, October 25, 2010.

16. The following data are from Roger Bohn and James Short, "How Much Information? 2009 Report on American Consumers," Global Information Industry Center, December 2009.

17. National Endowment for the Arts, "To Read or Not to Read: A Question of National Consequence," Research Report No. 47, November 2007, Sections 1 and 2.

18. Mark Bauerlein, *The Dumbest Generation* (New York: Penguin, 2008), p. 16.

19. Pew Research Center for the People & the Press, "Public Knows Basic Facts About Politics, Economics, but Struggles with Specifics," November 2010.

第二部

第9章:有心有感的社會

1. Attributed to Aristotle in Stobaeus, *Florilegium*, transl. J.E.C. Welldon.
2. For GDP data, see World Bank Data and Statistics, http://siteresources. worldbank.org/DATASTATISTICS/Resources/GNIPC.pdf. For life expectancy data, see World Health Organization Global Health Observatory Data Repository.
3. Geoffrey Miller, *Spent* (New York: Penguin, 2009), p. 65.
4. Elizabeth Dunn, Daniel T. Gilbert, and Timothy Wilson, "If Money Doesn't Make You Happy Then You Probably Aren't Spending It Right," *Journal of Consumer Psychology* 21, no. 2, pp. 115–25.
5. 同前注,p. 123.
6. U.S. Bureau of Labor Statistics, "Economic News Release: Table A-4—Employment Status of the Civilian Population 25 Years and Over by Educational Attainment." 教育程度與失業率的差別更為明顯。2010年12月二十五歲以上的人失業率,未有高中文憑者為15.3%,而有高中文憑者為9.8%,高中畢業後仍有進修者(未有大學文憑)為8.1%,具學士資格以上者則為4.8%。
7. 1824年法國科學家傅利葉(Joseph Fourier)率先提出地球自然環境「溫室效應」概念。1896年瑞士化學家亞瑞尼斯(Svente Arrhenius)更提出詳細數據。
8. Pew Research Center for the People & the Press, "Public Praises Science; Scientists Fault Public, Media," July 2009.
9. Bob Altemeyer, "Why Do Religious Fundamentalists Tend to Be Prejudiced?," *International Journal for the Psychology of Religion* 13, no. 1 (2003): 17. 亞特梅爾(Altemeyer)下結論道:「太早強調家庭宗教可能導致『我們與他人』的區分,進一步造成偏見。」霍爾(Hall)、馬茲(Matz)與伍德(Wood)也發現宗教和種族歧視息息相關。他們推

測，強烈認同一個團體可能排斥其他非我族類。

10. Robert Putnam, "E Pluribus Unum: Diversity and Community in the Twenty-first Century: The 2006 Johan Skytte Prize Lecture," *Scandinavian Political Studies* 30, no. 2 (June 2007).

11. Senate floor statement by Senator James Inhofe, July 28, 2003.

12. Hans Jonas, *The Imperative of Responsibility: In Search of an Ethics for a Technological Age* (Chicago: University of Chicago Press, 1985).

13. National Intelligence Council, "Global Trends 2025: A Transformed World," November 2008.

14. Hans Küng, "Manifesto for a Global Economic Ethic," Tübingen: Global Ethic Foundation, 2009, p. 5.

15. John F. Kennedy, Address before the Irish Parliament, June 1963, http://ua_tuathal.tripod.com/kennedy.html.

16. John F. Kennedy, Remarks at American University Commencement, June 1963.

第10章：再造繁榮

1. U.S. Department of Education, National Center for Educational Statistics, "The Condition of Education 2010," June 2010, p. 214.

2. 起初幾年政府應該補助購買電動車的人，以幫助產業進入學習曲線。之後，電動車就可和傳統使用汽油的車輛競爭。然而由於使用汽油會對破壞環境，開汽油車的人必須多付一點稅。

3. U.S. Department of Education, "Mortgaging Our Future: How Financial Barriers to College Undercut America's Global Competitiveness," A Report of the Advisory Committee on Student Financial Assistance, September 2006, p. iii.

4. See U.S. Bureau of Labor Statistics, "Economic News Release: Table A-15—Alternative Measures of Labor Underutilization."

5. Organisation for Economic Co-operation and Development, "Public Expenditure and Participant Stocks on LMP," Statistical Database.

6. U.S. Department of Education, "Mortgaging Our Future: How Financial Barriers to College Undercut America's Global Competitiveness."

7. U.S. Department of Education, "Revenues and Expenditures for Public Elementary and Secondary School Districts: School Year 2007–2008 (Fiscal

Year 2008)," NCES 2010-323, August 2010, p. 6.

8. U.S. Department of Education, "The Condition of Education 2010," p. 277.

9. McKinsey & Company, "Winning by Degrees: The Strategies of Highly Productive Higher-Education Institutions," November 2010, p. 8.

10. America's Promise Alliance, "Building a Grad Nation: Progress and Challenge in Ending the High School Dropout Epidemic," November 2010, p. 16.

11. 同前注。

12. 同前注。這篇報告的結論是:「雖然這些特許學校中有17%提供比傳統公共學校更優質的教育,半數特許學校則和一般公立學校差不多,另有三分之一以上則不如地區公立學校。」

13. For more information on James Heckman's research on early childhood investment, see http://www.heckmanequation.org/.

14. U.S. Census Bureau, "Table 3: Poverty Status of People, by Age, Race, and Hispanic Origin: 1958–2009," Current Population Survey, Annual and Social Economic Supplements.

15. Gösta Esping-Andersen et al., *Why We Need a New Welfare State* (Oxford: Oxford University Press, 2002); particularly see Chapter 3, "A Child-Centered Social Investment Strategy," pp. 26–67); and Gösta Esping-Andersen, "Unequal Opportunities and the Mechanisms of Social Inheritance," in *Generational Income Mobility in North America and Europe*, ed. Miles Corak (Cambridge: Cambridge University Press, 2004).

16. For U.S. data, see U.S. Census Bureau, *Income, Poverty and Health Insurance Coverage in the US: 2009*, p. 15. For Sweden data, see Gösta Esping-Andersen, "Unequal Opportunities and the Mechanisms of Social Inheritance," p. 308.

17. Organization for Economic Co-operation and Development, "OECD Family Database."

18. George Halvorson, *Health Care Will Not Reform Itself* (New York: CRC Press, 2009).海爾佛森(George Halvorson)的論點如下:醫療/保險業者獲利可觀,沒有理由會放棄到口的肥肉:「在美國很多醫療/保險業者都以營利為目的,而且收益豐碩 —— 他們幾乎都是經濟的贏家,而非輸家……要這個資本雄厚、高成長、高收益的產業自願降低價格,同時提供高品質的醫療,實在過於天真。」海爾佛森並解釋,多重慢性病的治療需要多位醫師因此醫療費用很高:「美國目前支付的醫療費用超過75%用於治療慢性病，而其中的80%都用在罹患多種慢性病的病人身上。」由於病人要看的醫師很多，免不了重複檢驗、檢查，相關醫療行政費用也多，如帳單服務或病歷管理等。問題是，這樣的醫療體系很難幫助病人從改善生活型態、飲食、運動等做起，以減少病症。醫療保險給付系統也是醫療費用節節升高的一個因素。由於雇主提供的醫療保險可以抵稅，醫師也樂意配合，多做一些處置和服務。至於治療結果，那就不是那麼重要了。海爾佛森還提到令人憂心的一點：「如果美國醫院盡心盡力照顧病人，把病人治好，並無法多賺錢。病人怎麼醫治都治不好賺的錢才多。」此外，他也舉例說明，由於健保改革可能使醫療費用降低，醫師收入變少，醫師因此認為自己的工作受到威脅。

19. McKinsey & Company, "Accounting for the Cost of Health Care in the United States," January 2007, p. 10.
20. For classification details, see Organisation for Economic Co-operation and Development, "OECD Health Data, Part II: International Classification for Health Accounts (ICHA)."
21. U.S. Energy Information Administration, "Net Generation by Energy Source: Total," January 2011.
22. Lawrence Burns, Vijay Modi, and Jeffrey Sachs, "Transition to a Sustainable Energy System for the United States," December 16, 2010, unpublished paper.
23. U.S. Department of Defense, "DoD Request: FY 2011," http://comptroller.defense.gov/Budget2011.html.
24. Robert F. Kennedy, Remarks at the University of Kansas, March 18, 1968.
25. American Human Development Project, "The Measure of America 2010–2011: Mapping Risks and Resilience."
26. Karma Ura, "Gross National Happiness," Centre for Bhutan Studies.
27. For a recent useful survey, see David Blanchflower and Andrew Oswald, "International Happiness," NBER Working Paper No. 16668, January 2011.
28. For more information on these studies, see Organization for Economic Co-operation and Development, "Global Project on Measuring the Progress of Societies"; William Nordhaus and James Tobin, "Is Growth Obsolete?," in *The Measurement of Economic and Social Performance*, NBER Book Series Studies in Income and Wealth, 1973; *Economist* Intelligence Unit, "The Economist Intelligence Unit's Quality-of-Life Index," *The World in*

2005; Joseph Stiglitz and Amartya Sen, "Commission on the Measurement of Economic Performance and Social Progress"; Paul Dolan et al., "Measuring Subjective Well-Being for Public Policy," Office for National Statistics—Government of the United Kingdom, February 2011.

第11章：文明的帳單

1. Congressional Budget Office, "An Analysis of the President's Budgetary Proposals for Fiscal Year 2012," Table 1.5.

2. See Table 7.1 of the Office of Management and Budget Historical Tables.

3. Congressional Budget Office, "An Analysis of the President's Budgetary Proposals for Fiscal Year 2012," Table 1.5.

4. See Table 8.4 of the Office of Management and Budget Historical Tables.

5. Justice Oliver Wendell Holmes, Jr., attributed in Felix Frankfurter, *Mr. Justice Holmes and the Supreme Court* (Cambridge: Harvard University Press, 1961), p. 71.

6. Center for Responsive Politics, "Congressional Members' Personal Wealth Expands Despite Sour Economy," November 2010.

7. All the calculations that follow are based on the Congressional Budget Office report "The Budget and Economic Outlook: Fiscal Years 2011 to 2021," January 2011. I do not report the CBO estimates exactly, but rather adjust them according to specific alternative assumptions that I believe form a more accurate baseline. For example, the CBO baseline for 2015 assumes a budget deficit of 3 percent of GDP (Tables 1–4). The CBO baseline assumes that the Bush tax cuts, currently in effect until 2012, are allowed to lapse after 2012. I instead assume for purposes of my baseline that they are continued after 2012. This adds around 2 percentage points of GDP to the CBO baseline deficit. The CBO baseline also assumes that civilian discretionary spending keeps up with inflation but not with GDP growth, causing discretionary civilian spending in 2015 to fall to 3.5 percent of GDP. I instead start with a baseline of discretionary civilian spending of 4 percent of GDP. I also assume that debt servicing in 2015 is 3 percent of GDP, while the CBO assumes 2.5 percent of GDP. The overall effect is a baseline of 6 percent of GDP, rather than the CBO's 3 percent of GDP.

8. See Tables 1.2 and 8.4 of the Office of Management and Budget Historical

Tables.

9. "In FY 2010, Congress approved more than 9,000 earmarks costing taxpayers close to $16 billion." See U.S. Government Executive Office, "The National Commission on Fiscal Responsibility and Reform: The Moment of Truth," December 2010, p. 27.

10. See Table 3.2 of the Office of Management and Budget Historical Tables.

11. 很多人都認為外援可能會吃掉巨額預算,因此主張停止外援,以縮減赤字。其實,這是因為對外援不了解造成的。根據2010年11月的民意調查,一般美國人都認為外援約占聯邦預算的25%。那麼他們認為外援該占聯邦預算的比例為何,大多數的人都答道:10%。正確答案是外援只占預算的0.8%(GDP的0.2%),一般大眾的認知足足多了30倍。如果照大眾的看法該減為預算的10%,還是比實際金額大了12倍!(World Public Opinion, "American Public Opinion on Foreign Aid," November 30, 2010)

12. The "Medicaid and Related" category comprises the following: Medicaid, Refundable Premium Assistance Tax Credit, Reinsurance and Risk Adjustment Program Payments, and Payments to Reduce Cost Sharing in Qualified Health Plans. The "Other" category comprises the following: Other Health, Children's Health Insurance, Family and Other Support Assistance, Earned Income Tax Credit, Child Tax Credit, Making Work Pay Tax Credit, Payment to States for Foster Care, Housing Assistance, and Other. (Office of Management and Budget Historical Table 8.5.)

13. Neil King, Jr., and Scott Greenberg, "Poll Shows Budget-Cuts Dilemma," Wall Street Journal, March 3, 2011.

14. 這類支出指的是給付給符合某些低收入標準的個人的扶助金。

15. The FY 2011 budget estimate for TANF programs was approximately $17.4 billion. The total outlays for Means Tested programs in FY 2011 was approximately $498 billion (OMB Budget Table 8.2), and the U.S. GDP is projected to be $15.1 trillion. (U.S. Department of Health and Human Services, "Temporary Assistance for Needy Families: FY 2012 Budget," p. 305.)

16. See Office of Management and Budget Historical Budget Table 11.3 for the category "Family Support Payments to States and TANF," divided by GDP in Historical Table 1.2.

17. See Office of Management and Budget Historical Table 8.7.

18. U.S. Government Executive Office, "The National Commission on Fiscal Responsibility and Reform: The Moment of Truth," December 2010.

19. Angus Maddison, *The World Economy: A Millennial Perspective/Historic Statistics* (Paris: Development Centre of the Organization for Economic Cooperation and Development, 2006), p. 264.

20. Calculated using total federal receipts from Office of Management and Budget Historical Table 1.2 and total tax collection per OECD statistical database.

21. New Hampshire collects taxes on dividends and interest income only.

22. Charles M. Tiebout, "A Pure Theory of Local Expenditures," *Journal of Political Economy* 64, no. 5 (October 1956), pp. 416–24.

23. Pew Research Center for the People & the Press, "Trends in Political Values and Core Attitudes: 1987–2009," May 21, 2009, p. 131.

24. See Office of Management and Budget Historical Table 12.1.

25. Data for calculations from Thomas Piketty and Emmanuel Saez, "How Progressive Is the US Federal Tax System? A Historical and International Perspective," *Journal of Economic Perspectives* 21, no. 1 (Winter 2007), pp. 3–24; Congressional Budget Office, "Average Federal Taxes by Income Group," June 2010.

26. See Office of Management and Budget, "A New Era of Responsibility," February 2009, p. 9, and Edward N. Wolff, "Recent Trends in Household Wealth in the United States: Rising Debt and the Middle-Class Squeeze—an Update to 2007," Levy Economics Institute of Bard College, March 2010.

27. Federal Reserve Statistical Release, "Flow of Funds Account of the United States: Flows and Outstandings Fourth Quarter 2010," March 10, 2011.

28. Internal Revenue Service, "Reducing the Federal Tax Gap: A Report on Improving Voluntary Compliance," August 2007.

29. American Petroleum Institute, "Motor Fuel Taxes."

30. The New York State Department of Taxation and Finance, "Stock Transfer Tax."

31. Gerald Prante and Mark Robyn, "Fiscal Fact: Summary of Latest Federal Income Tax Data," Tax Foundation, October 6, 2010.

第12章：高效能政府的七個習慣

1. John Paul Stevens, *Opinion of Stevens, J. Supreme Court of the United States. Citizens United Appellant vs. Federal Election Commission*, January 2010.
2. John F. Kennedy, Remarks of President John F. Kennedy at American University Commencement, June 1963.
3. John F. Kennedy, Address at Rice University on the Nation's Space Effort, September 12, 1962.
4. Jennifer Manning, "Membership of the 111th Congress: A Profile," Congressional Research Service, November 2010.
5. Partnership for Public Service, "Ready to Govern: Improving the Presidential Transition," January 2010, p. iii.
6. National Park Service Organic Act.
7. 照美國過去的歷史來看，第三黨發起的運動的確可能撼動政壇。1850年代崛起的共和黨擊敗輝格黨，帶領國家通過內戰的考驗，也終結奴隸制度。1880年代出現的人民黨則要求徹底的施政改革、議員的直選、婦女投票權和巨額工業信託基金的管理。人民黨雖然無法主導選舉，還是促使美國邁向進步年代，讓羅斯福和威爾森這樣的改革派總統主政。

第13章：新世代，新希望

1. Alexis de Tocqueville, *The Old Regime and the French Revolution*, trans. John Bonner (New York: Harper & Brothers, 1856), p. 124.
2. Henry Ashby Turner, Jr., *Hitler's Thirty Days to Power: January 1933* (London: Bloomsbury, 1996).
3. Pew Research Center for the People & the Press, "Millennials: Confident, Connected, Open to Change," February 24, 2010.
4. U.S. Census Bureau, "Population by Age and Race 2009."
5. Johan Rockström, "A Safe Operating Space for Humanity," *Nature* 461 (September 2009), pp. 472–75.
6. See Jeffrey D. Sachs, *Common Wealth: Economics for a Crowded Planet* (New York: Penguin, 2008), Chapter 5.
7. For 2011 Gross World Product data, see International Monetary Fund,

"World Economic Outlook Database: April 2011."

8. Donald Pfaff, *The Neuroscience of Fair Play: Why We (Usually) Follow the Golden Rule* (New York: Dana Press, 2007).最近科學最重要的進展之一，就是神經生物學家揭開人類衝突與合作的基本神經化學路徑。神經科學家法夫（Donald Pfaff）指出，母親對後代的行為與母體的雌激素、皮質醇與催乳激素與催產素有關。至於雄性動物的攻擊性行為則是為了保護下一代和護衛地盤。這些行為都受到荷爾蒙與腦部神經系統的調節，涉及睪丸酮、血管加壓素、血管收縮素等。

9. See Foreword, Jeffrey D. Sachs, *Common Wealth: Economics for a Crowded Planet*, p. xii.

10. John F. Kennedy, Remarks of President John F. Kennedy at American University Commencement, June 1963.

11. 同前注。

參考文獻

ABC News, "Summary of Polling on a 'Public Option,'" http://abcnews.go.com/images/PollingUnit/PublicOptionPolls.pdf.

Altemeyer, Bob. "Why Do Religious Fundamentalists Tend to Be Prejudiced?" *International Journal for the Psychology of Religion* 13, no. 1 (2003).

American Human Development Project. "The Measure of America 2010–2011: Mapping Risks and Resilience," http://www.measureofamerica.org/.

American Petroleum Institute. "Motor Fuel Taxes," http://www.api.org/statistics/fueltaxes/.

American Society of Civil Engineers. "2009 Report Card for America's Infrastructure," March 2009, http://apps.asce.org/reportcard/2009/grades.cfm.

America's Promise Alliance. "Building a Grad Nation: Progress and Challenge in Ending the High School Dropout Epidemic," November 2010, http://www.americaspromise.org/Our-Work/Grad-Nation/Building-a-Grad-Nation.aspx.

Angelova, Kamelia. "Worst CEOs Ever: Angelo Mozilo," June 8, 2009, http://www.businessinsider.com/worstceosever/angelo-mozilo.

Aristotle. In Stobaeus, *Florilegium*, transl. J.E.C. Welldon.

Bacevich, Andrew J. *Washington Rules: America's Path to Permanent War*. New York: Henry Holt, 2010.

Barrett, Deirdre. *Supernormal Stimuli: How Primal Urges Overran Their Evolutionary Purpose*. New York: W. W. Norton, 2010.

Bartels, Larry. "Homer Gets a Tax Cut: Inequality and Public Policy in the American Mind." *Perspectives on Politics* 3, no.1 (March 2005).

Bauerlein, Mark. *The Dumbest Generation*. New York: Penguin, 2008.

Bernays, Edward. *Propaganda*. 1928, http://sandiego.indymedia.org/media/2006/10/119695.pdf.

Bishop, Bill. *The Big Sort: Why the Clustering of Like-Minded America Is*

Tearing Us Apart. New York: Houghton Mifflin, 2008.

Blanchflower, David, and Andrew Oswald. "International Happiness." NBER Working Paper No. 16668, January 2011.

Bohn, Roger, and James Short. "How Much Information? 2009 Report on American Consumers." Global Information Industry Center, December 2009, http://hmi.ucsd.edu/pdf/HMI_2009_ConsumerReport_Dec9_2009.pdf.

Brickman, Philip, and Donald Campbell. "Hedonic Relativism and Planning the Good Society." In M. H. Apley, ed., *Adaptation Level Theory: A Symposium*. New York: Academic Press, 1971.

Burns, Lawrence, Vijay Modi, and Jeffrey Sachs. "Transition to a Sustainable Energy System for the United States," December 16, 2010, unpublished paper.

Business Wire. "Business and Financial Leaders Lord Rothschild and Rupert Murdoch Invest in Genie Oil & Gas," November 15, 2010, http://www.businesswire.com/news/home/20101115007704/en/Business-Financial-Leaders-Lord-Rothschild-Rupert-Murdoch.

Campaign Finance Institute. "New Figures Show That Obama Raised About One-Third of His General Funds from Donors Who Gave $200 or Less," January 8, 2010, http://www.cfinst.org/Press/Releases_tags/10-01-08/Revised_and_Updated_2008_Presidential_Statistics.aspx.

Carnegie, Andrew. "The Gospel of Wealth and Other Timely Essays," http://us.history.wisc.edu/hist102/pdocs/carnegie_wealth.pdf.

Center for Responsive Politics. "Banking on Connections," June 3, 2010, p. 1, http://www.opensecrets.org/news/FinancialRevolvingDoors.pdf.

——. "Congressional Members' Personal Wealth Expands Despite Sour Economy," November 2010, http://www.opensecrets.org/news/2010/11/congressional-members-personal-weal.html.

Clinton, Bill. Radio Address, January 27, 1996, http://www.presidency.ucsb.edu/medialist.php?presid=42.

CNN Election Center 2008, http://www.cnn.com/ELECTION/2010/results/main.results/.

Coen Advertising Expenditure Dataset, quoted in Douglas Galbi, "U.S. Advertising Expenditure, 1998–2007," Purple Motes blog, February 16, 2009, http://purplemotes.net/2009/02/16/us-advertisingexpenditure-1998-2007/.

Cohen, Jon. "Most Americans Say Regulate Greenhouse Gases." *Washington Post*, June 10, 2010, http://voices.washingtonpost.com/behind-the-numbers/2010/06/most_americans_say_regulate_gr.html.

Congressional Budget Office. "An Analysis of the President's Budgetary Proposals for Fiscal Year 2012," http://www.cbo.gov/doc.cfm?index=12130.

——. "Average Federal Taxes by Income Group," June 2010, http://www.cbo.gov/publications/collections/collections.cfm?collect=13.

——. "Estimate of Direct Spending and Revenue Effects of H.R. 2," February 18, 2011, http://www.cbo.gov/ftpdocs/120xx/doc12069/hr2.pdf.

——. "The Impact of Unauthorized Immigrants on the Budgets of State and Local Governments," December 2007, http://www.cbo.gov/ftpdocs/87xx/doc8711/12-6-Immigration.pdf.

Dewitt, Larry. "The Decision to Exclude Agricultural and Domestic Workers from the 1935 Social Security Act." U.S. Social Security Administration, 2010, http://www.ssa.gov/policy/docs/ssb/v70n4/v70n4p49.html.

Di Leo, Luca, and Jeffrey Sparshott. "Corporate Profits Rise to Record Annual Rate." *Wall Street Journal*, November 24, 2010.

Dobuzinskis, Alex. "Mozilo Settles Countrywide Fraud Case at $67.5 million." Reuters News, October 15, 2010, http://www.reuters.com/article/2010/10/15/us-sec-mozilo-idUSTRE69E4KN20101015.

Dolan, Paul, et al. "Measuring Subjective Well-Being for Public Policy." Office for National Statistics—Government of the United Kingdom, February 2011, http://www.statistics.gov.uk/articles/social_trends/measuring-subjective-wellbeing-for-public-policy.pdf.

Drucker, Jesse. "Google 2.4% Rate Shows How $60 Billion Lost to Tax Loopholes," Bloomberg News, October 21, 2010, http://www.bloomberg.com/news/2010-10-21/google-2-4-rate-shows-how-60-billion-u-s-revenue-lost-to-tax-loopholes.html.

Dunn, Elizabeth, Daniel T. Gilbert, and Timothy Wilson. "If Money Doesn't Make You Happy Then You Probably Aren't Spending It Right." *Journal of Consumer Psychology* 21, no. 2, pp. 115–25.

Duverger, Maurice. "Factors in a Two Party and Multiparty System." In *Party Politics and Pressure Groups*. New York: Thomas Y. Crowell, 1972.

Easterlin, Richard. "Does Economic Growth Improve the Human Lot?

Some Empirical Evidence." In Paul A. David and Melvin W. Reder, eds., *Nations and Households in Economic Growth: Essays in Honor of Moses Abramovitz*. New York: Academic Press, 1974.

Economist Intelligence Unit. "The *Economist* Intelligence Unit's Quality-of-Life Index," *The World in 2005*, http://www.economist.com/media/pdf/QUALITY_OF_LIFE.pdf.

Edsall, Thomas Byrne, and Mary D. Edsall. *Chain Reaction: The Impact of Race, Rights, and Taxes on American Politics*. New York: W. W. Norton, 1991.

Eisenhower, Dwight D. "Farewell Address," January 17, 1961, http://www.americanrhetoric.com/speeches/dwightdeisenhowerfarewell.html.

Esping-Andersen, Gösta. "Unequal Opportunities and the Mechanisms of Social Inheritance." In *Generational Income Mobility in North America and Europe*, ed. Miles Corak. Cambridge: Cambridge University Press, 2004.

Esping-Andersen, Gösta, et al. *Why We Need a New Welfare State*. Oxford: Oxford University Press, 2002.

"Facebook's Ad Revenue Hit $1.86b for 2010," January 17, 2011, http://mashable.com/2011/01/17/facebooks-ad-revenue-hit-1-86b-for-2010/.

Federal Reserve Statistical Release. "Flow of Funds Account of the United States: Flows and Outstandings Fourth Quarter 2010," March 10, 2011, http://www.federalreserve.gov/releases/z1/current/z1.pdf.

Ferguson, Thomas. *Golden Rule: The Investment Theory of Party Competition and the Logic of Money-Driven Political Systems*. Chicago: University of Chicago Press, 1995

Forbes. "The World's Billionaires," 2011, http://www.forbes.com/wealth/billionaires.

Gallup Poll. "Automobile, Banking Industry Images Slide Further," August 17, 2009, http://www.gallup.com/poll/122342/Automobile-Banking-Industry-Images-Slide-Further.aspx.

——. "In general, are you satisfied or dissatisfied with the way things are going in the United States at this time?," May 5–8, 2011, http://www.pollingreport.com/right.htm.

——. "Republicans, Democrats Still Fiercely Divided on Role of Gov-ernment," June 2010, http://www.gallup.com/poll/141056/republicans-democrats-fiercely-divided-role-gov.aspx.

——. "Views of Income Taxes Among Most Positive Since 1956," April 13, 2009, http://www.gallup.com/poll/117433/views-income-taxes-among-positive-1956.aspx.

Garretsen, H., and Jolanda Peeters. "Capital Mobility, Agglomeration and Corporate Tax Rates: Is the Race to the Bottom for Real?" *CESifo Economic Studies* 53, no. 2 (2007): 263–93.

General Electric annual 10-K filing, http://ir.10kwizard.com/filing.ph p?ipage=7438579&DSEQ=1&SEQ=14&SQDESC=SECTION_PAGE&exp=&source=329&welc_next=1&fg=24.

Gibbons, John. "I Can't Get No . . . Job Satisfaction." The Conference Board, January 2010, http://www.conference-board.org/publications/publicationdetail.cfm?publicationid=1727.

Goldman Sachs website, http://www2.goldmansachs.com/our-firm/investors/financials/current/10k/2009-10-k-doc.pdf.

"Google Search Advertising Revenue Grows 20.2% in 2010," January 20, 2011, http://www.telecompaper.com/news/google-search-advertising-revenue-grows-202-in-2010.

Gravelle, Jane G. "Tax Havens: International Tax Avoidance and Evasion." Congressional Research Service Report for Congress, July 2009.

Hajnal, Zoltan, et al. "Immigration and the Political Transformation of White America: How Local Immigrant Context Shapes White Policy Views and Partnership." University of California, San Diego Center for Comparative Immigration Studies, International Migration Conference, March 12, 2010, http://weber.ucsd.edu/~zhajnal/page5/files/immigration-implications-and-the-political-transformation-of-white-america.pdf.

Hall, Deborah, et al. "Why Don't We Practice What We Preach? A Meta-Analytic Review of Religious Racism." *Personal Social Psychology Review* 14, no. 1 (December 2009).

Halvorson, George. *Health Care Will Not Reform Itself*. New York: CRC Press, 2009.

Hayek, Friedrich. *The Road to Serfdom*. Chicago: University of Chicago Press, 1944.

Henry J. Kaiser Family Foundation. "Food for Thought: Television Food Advertising to Children in the United States," March 2007, http://www.kff.org/entmedia/upload/7618.pdf.

Holmes, Justice Oliver Wendell, Jr., attributed. In Frankfurter, Felix, *Mr. Justice Holmes and the Supreme Court*. Cambridge: Harvard University Press, 1961.

Hurtado, Patricia, and Christine Harper. "SEC Settlement with Goldman Sachs for $550 Million Approved by US Judge." Bloomberg News, July 21, 2010.

Inhofe, James, Senate floor statement, July 28, 2003, http://inhofe.senate.gov/pressreleases/climate.htm.

Innes, Robert, and Arnab Mitra, "Is Dishonesty Contagious?," June 2009, http://www.agecon.purdue.edu/news/seminarfiles/Innis_abstract.pdf, and the references therein.

Institute for Democracy and Electoral Assistance, "Voter Turnout by Country," http://www.idea.int/vt/country_view.cfm?country.

Internal Revenue Service. Internal Revenue Code, http://www.law.cornell.edu/uscode/html/uscode26/usc_sup_01_26_10_A_20_1.html.

——. "Reducing the Federal Tax Gap: A Report on Improving Voluntary Compliance," August 2007, http://www.irs.gov/pub/irs-news/tax_gap_report_final_080207_linked.pdf.

International Energy Agency, Data Services, http://wds.iea.org/WDS/TableViewer/dimView.aspx.

International Monetary Fund, "World Economic Outlook Database: October 2010," http://www.imf.org/external/pubs/ft/weo/2010/02/weodata/index.aspx.

——. "World Economic Outlook Database: April 2011," http://www.imf.org/external/pubs/ft/weo/2011/01/weodata/index.aspx.

Jargowsky, Paul, and Todd Swanstrom. "Economic Integration: Why It Matters and How Cities Can Get More of It." Chicago: CEOs for Cities, City Vitals Series, http://www.ceosforcities.org/pagefiles/EconomicIntegration.pdf.

Jingjing, Shan. "Blue Book of Cities in China." Chinese Academy of Social Science, http://www.chinadaily.com.cn/china/2009-06/16/content_8288412.htm.

Jonas, Hans. *The Imperative of Responsibility: In Search of an Ethics for the Technological Age*. Chicago: University of Chicago Press, 1985.

Kaiser, Robert. *So Damn Much Money: The Triumph of Lobbying and the Corrosion of American Government*. New York: Alfred A. Knopf, 2009.

Kennedy, John F. Address at Rice University on the Nation's Space Effort.

September 12, 1962, http://www.jfklibrary.org/Research/Ready-Reference/
JFK-Speeches/Address-at-Rice-University-on-the-Nations-Space-Effort-
September-12-1962.aspx.

——. Address before the Irish Parliament, June 1963, http://ua_tuathal.tripod.
com/kennedy.html.

——. Remarks of President John F. Kennedy at American University
Commencement, June 1963, http://www.jfklibrary.org/Research/Ready-
Reference/JFK-Speeches/Commencement-Address-at-American-University-
June-10-1963.aspx.

Kennedy, Robert F. Remarks at the University of Kansas, March 18,
1968, http://www.jfklibrary.org/Research/Ready-Reference/RFK-
Speeches/Remarks-of-Robert-F-Kennedy-at-the-University-of-Kansas-
March-18-1968.aspx.

Keynes, John Maynard. *The Economic Consequences of the Peace*. Toronto:
University of Toronto Libraries, 2011.

King, Neil, Jr., and Scott Greenberg. "Poll Shows Budget-Cuts Dilemma." *Wall
Street Journal*, March 3, 2011, http://online.wsj.com/article/SB10001424052
748704728004576176741120691736.html.

Küng, Hans. "Manifesto for a Global Economic Ethic." Tübingen: Global Ethic
Foundation, 2009, http://www.globaleconomicethic.org/main/pdf/ENG/we-
manifest-ENG.pdf.

Lee, John Michael, and Anita Rawls. "The College Completion Agenda: 2010
Progress Report." The College Board, 2010, http://completionagenda.
collegeboard.org/sites/default/files/reports_pdf/Progress_Report_2010.pdf.

Lucchetti, Aaron, and Stephen Grocer. "On Street, Pay Vaults to Record
Altitude." *Wall Street Journal*, February 2, 2011.

Maddison, Angus. *The World Economy: A Millennial Perspective/Historic
Statistics*. Paris: Development Centre of the Organisation for Economic Co-
operation and Development, 2006.

Manning, Jennifer. "Membership of the 111th Congress: A Profile."
Congressional Research Service, November 2010, http://www.fas.org/sgp/
crs/misc/R40086.pdf.

McCarty, Nolan, et al. *Polarized America: The Dance of Ideology and Unequal
Riches*. Cambridge: MIT Press, 2006.

McGinniss, Joe. *The Selling of the President 1968*. New York: Trident, 1969.

McKinsey & Company. "Accounting for the Cost of Health Care in the United States," January 2007, http://www.mckinsey.com/mgi/reports/pdfs/health-care/MGI_US_HC_fullreport.pdf.

———. "Winning by Degrees: The Strategies of Highly Productive Higher-Education Institutions," November 2010.

Miller, Geoffrey. *Spent*. New York: Penguin, 2009.

Munnell, Alicia M., Anthony Webb, and Francesca Golub-Soss. "The National Retirement Risk Index: After the Crash." Center for Retirement Research, October 2009, No. 9-22.

Mysak, Joe. "Use Stock Transfer Tax Rebate to Rebuild New York." Bloomberg News, http://www.gothamcenter.org/newdeal/bloomberg_review.pdf.

National Endowment for the Arts. "To Read or Not to Read: A Question of National Consequence," Research Report No. 47, November 2007, http://www.nea.gov/news/news07/TRNR.html.

National Intelligence Council. "Global Trends 2025: A Transformed World," November 2008, http://www.dni.gov/nic/PDF_2025/2025_Global_Trends_Final_Report.pdf.

National Park Service Organic Act, http://www.nps.gov/legacy/organic-act.htm.

New York State Department of Taxation and Finance. "Stock Transfer Tax," http://www.tax.ny.gov/bus/stock/stktridx.htm.

Nordhaus, William, and James Tobin. "Is Growth Obsolete?" In *The Measurement of Economic and Social Performance*, NBER Book Series Studies in Income and Wealth, 1973.

Office of Management and Budget, Historical Tables, http://www.whitehouse.gov/omb/budget/Historicals.

———. "A New Era of Responsibility," February 2009, p. 9, http://www.gpoaccess.gov/usbudget/fy10/pdf/fy10-newera.pdf.

Organisation for Economic Co-operation and Development. "Doing Better for Children: OECD 2010," http://www.oecd.org/dataoecd/19/4/43570328.pdf.

———. "Economic Policy Reforms, Going for Growth: OECD 2010," http://www.oecd.org/dataoecd/3/62/44582910.pdf.

———. "Education at a Glance: 2009," http://www.oecd.org/document/24/0,3746,en_2649_39263238_43586328_1_1_1_1,00.html.

———. "Global Project on Measuring the Progress of Societies," www.oecd.org/progress.

——. "Growing Unequal? Income Distribution and Poverty in OECD Countries."

——. "Health Data 2010," http://www.oecd.org/document/16/0,3343 ,en_2649_34631_2085200_1_1_1_1,00.html.

——. "Obesity and the Economics of Prevention: Fit Not Fat," http://www.oecd. org/document/45/0,3746,en_2649_37407_46064099_1_1_1_37407,00.html.

——. "OECD Economic Outlook Database 88," www.oecd.org/ dataoecd/5/51/2483816.xls.

——. "OECD Factbook 2010: Economic, Environmental and Social Statistics," http://www.oecd-ilibrary.org/sites/factbook-2010-en/11/03/02/ index.html?contentType=&itemId=/content/chapter/factbook-2010-91-en&containerItemId=/content/serial/18147364&accessItemIds=&mimeTyp e=ext/html.

——. "OECD Family Database," http://www.oecd.org/document/4/0,3746 ,en_2649_34819_37836996_1_1_1_1,00.html.

——. "OECD Health Data. Part II: International Classification for Health Accounts (ICHA)," http://www.oecd.org/dataoecd/3/42/1896876.pdf.

——. "OECD STAT," http://stats.oecd.org/Index.aspx?DatasetCode=DECOMP.

——. Programme for International Student Assessment, "PISA 2009 Results," http://www.pisa.oecd.org/document/61/0,3746 ,en_32252351_32235731_46567613_1_1_1_1,00.html.

——. "Public Expenditure and Participant Stocks on LMP," Statistical Database, http://stats.oecd.org/Index_aspx?DatasetCode=LMPEXP.

——. "Social Expenditure Database," http://www.oecd.org/document/9/0,3343 ,en_2649_34637_38141385_1_1_1_1,00.html.

Orszag, Peter. "One Nation, Two Deficits." *New York Times*, September 6, 2010.

Page, Benjamin, and Lawrence Jacobs. *Class War? What Americans Really Think About Economic Inequality*. Chicago: University of Chicago Press, 2009.

Partnership for Public Service. "Ready to Govern: Improving the Presidential Transition," January 2010, www.ourpublicservice.org/OPS/publications/ download.php?id=138.

Pew Forum on Religion & Public Life. "US Religious Landscape Survey: Religious Affiliation, Diverse and Dynamic," February 2008, http:// religions.pewforum.org/pdf/report-religious-landscape-study-full.pdf.

Pew Hispanic Center. "Statistic Portraits of Hispanics in the US, 2009," http://
pewhispanic.org/factsheets/factsheet.php?FactsheetID=70.

Pew Research Center for the People & the Press. "Millennials: Confident,
Connected, Open to Change," February 24, 2010, http://pewresearch.org/
millennials/.

——. "Mixed Views on Tax Cuts, Support for START and Allowing Gays to
Serve Openly," December 2010, http://pewresearch.org/pubs/1822/poll-
bush-tax-cuts-start-treaty-boehner-pelosi-afghanistan-korea.

——. "Public Knows Basic Facts About Politics, Economics, but Struggles with
Specifics," November 2010, http://pewresearch.org/pubs/1804/political-
news-quiz-iq-deficit-defense-spending-tarp-inflation-boehner.

——. "Public Praises Science; Scientists Fault Public, Media," July 2009, http://
people-press.org/report/?pageid=1549.

——. "Taxed Enough Already?," September 20, 2010, http://pewresearch.org/
pubs/1734/taxed-enough-already-tea-party-pay-right-amount-taxes.

——. "Trends in Political Values and Core Attitudes: 1987–2009," May 21,
2009, http://people-press.org/files/legacy-pdf/517.pdf.

Pfaff, Donald. *The Neuroscience of Fair Play: Why We (Usually) Follow the
Golden Rule*. New York: Dana Press, 2007.

Piketty, Thomas, and Emmanuel Saez. "How Progressive Is the US Federal Tax
System? A Historical and International Perspective." *Journal of Economic
Perspectives* 21, no. 1 (Winter 2007): 3–24, http://www.taxfoundation.org/
news/show/250.html#Data.

Plato. "Apology." In *Five Dialogues*, transl. G.M.A. Grube. Indianapolis:
Hackett Publishing, 2002.

Prante, Gerald, and Mark Robyn. "Fiscal Fact: Summary of Latest Federal
Income Tax Data." Tax Foundation, October 6, 2010, http://www.
taxfoundation.org/news/show/250.html.

Putnam, Robert D. *Bowling Alone: The Collapse and Revival of American
Community*. New York: Simon & Schuster, 2002.

——. "E Pluribus Unum: Diversity and Community in the Twenty-first Century:
The 2006 Johan Skytte Prize Lecture." *Scandinavian Political Studies* 30,
no. 2 (June 2007).

Rasmussen Reports. "Energy Update," April 2011, http://www.
rasmussenreports.com/public_content/politics/current_events/environment_

energy/energy_update.

——. "Right Direction or Wrong Track," March 2011, http://www. rasmussenreports.com/public_content/politics/mood_of_america/right_ direction_or_wrong_track.

——. "65% Now Hold Populist, or Mainstream, Views," January 2010, http:// www.rasmussenreports.com/public_content/politics/general_politics/ january_2010/65_now_hold_populist_or_mainstream_views.

——. "Support for Renewable Energy Resources Reaches Highest Level Yet," January 2011, http://www.rasmussenreports.com/public_content/politics/ current_events/environment_energy/support_for_renewable_energy_ resources_reaches_highest_level_yet.

Rath, Tom, and Jim Harter. *Wellbeing: The Five Essential Elements*. New York: Gallup Press, 2010.

Reagan, Ronald. First Inaugural Address, January 20, 1981, http://www. presidency.ucsb.edu/ws/index.php?pid=43130#axzz1MeL0knUW.

Rockström, Johan. "A Safe Operating Space for Humanity." *Nature* 461 (September 2009).

Romer, Christina D., "What Obama Should Say About the Deficit." *New York Times*, January 16, 2011.

Roosevelt, Franklin D. Second Inaugural Address, January 20, 1937, http:// www.bartleby.com/124/pres50.html.

Röpke, Wilhelm. *A Humane Economy: The Social Framework of the Free Market*. Wilmington: ISI Books, 1960.

RTL Group IP Network. "Television 2010 International Key Facts," www.ip-network.com/tvkeyfacts.

Sachs, Jeffrey D. *Common Wealth: Economics for a Crowded Planet*. New York: Penguin, 2008.

Sachs, Jeffrey, and Michael Bruno. *Economics of Worldwide Stagflation*. Cambridge: Harvard University Press, 1985.

Saez, Emmanuel, and Thomas Piketty. Data set for "Income Inequality in the United States, 1913–1998," updated July 2010, http://elsa.berkeley. edu/~saez/.

Smith, Adam. *An Inquiry into the Nature and Causes of the Wealth of Nations*. Oxford: Oxford University Press, 1993.

Steel, Emily. "A Web Pioneer Profiles Users by Name." *Wall Street Journal*,

October 25, 2010, http://online.wsj.com/article/SB100014240527023044105 04575560243259416072.html.

Stein, Judith. *Pivotal Decade: How the United States Traded Factories for Finance in the Seventies.* New Haven: Yale University Press, 2010.

Stevens, John Paul. *Opinion of Stevens, J. Supreme Court of the United States. Citizens United Appellant vs. Federal Election Commission*, January 2010, http://www.law.cornell.edu/supct/html/08-205.ZX.html.

Stevenson, Betsey, and Justin Wolfers. "The Paradox of Declining Female Happiness." NBER Working Paper Series No. 14969, May 2009.

Stiglitz, Joseph, and Amartya Sen. "Commission on the Measurement of Economic Performance and Social Progress," http://www.stiglitz-sen-fitoussi.fr/en/index.htm.

Tax Foundation. "Federal Spending Received per Dollar of Taxes Paid by State, 2005," October 9, 2007, http://www.taxfoundation.org/research/show/266.html.

Tiebout, Charles M. "A Pure Theory of Local Expenditures," *Journal of Political Economy* 64, no. 5 (October 1956): 416–24.

Tocqueville, Alexis de. *The Old Regime and the French Revolution*, trans. John Bonner. New York: Harper & Brothers, 1856.

Transparency International. "2010 Corruption Perceptions Index," http://www.transparency.org/policy_research/surveys_indices/cpi/2010.

Turner, Henry Ashby, Jr., *Hitler's Thirty Days to Power: January 1933.* London: Bloomsbury Press, 1996.

UN Population Division Home Page, http://www.un.org/esa/population/.

UNCTAD. "Largest Transnational Corporations," Document 5, http://www.unctad.org/templates/page.asp?intItemID=2443&lang=1.

Ura, Karma. "Gross National Happiness." Centre for Bhutan Studies, http://www.grossnationalhappiness.com/gnhIndex/intruductionGNH.aspx.

USA Today/Gallup Poll, June 11–13, 2010, http://www.gallup.com/poll/File/140792/Government_Priorities_June_17_2010.pdf.

U.S. Bureau of Labor Statistics. "Current Employment Statistics: National," http://www.bls.gov/ces/tables.htm#ee.

——. "Economic News Release: Table A-4—Employment Status of the Civilian Population 25 Years and over by Educational Attainment," http://www.bls.gov/news.release/empsit.t04.htm.

——. "Economic News Release: Table A-15—Alternative Measures of Labor Underutilization," http://www.bls.gov/news.release/empsit.t15.htm.

——. "Employment Situation Summary," http://www.bls.gov/news.release/empsit.nr0.htm.

——. "Establishment Data: Historical Employment," ftp://ftp.bls.gov/pub/suppl/empsit.ceseeb1.txt.

——. "Overview of BLS Statistics on Employment," http://www.bls.gov/bls/employment.htm.

U.S. Census Bureau. "Current Population Survey: Annual Social and Economic (ASEC) Supplement," http://www.census.gov/hhes/www/cpstables/032010/pov/new01_200_01.htm.

——. "Foreign Trade: Trade in Goods with China," http://www.census.gov/foreign-trade/balance/c5700.html#2009.

——. "Hispanics in the US," http://www.census.gov/population/www/socdemo/hispanic/files/Internet_Hispanic_in_US_2006.pdf.

——. *Income, Poverty and Health Insurance Coverage in the US: 2009*, http://www.census.gov/prod/2010pubs/p60-238.pdf.

——. "No. HS-42: Selected Communications Media: 1920 to 2001," http://www.census.gov/statab/hist/HS-42.pdf.

——. "Population by Age and Race 2009," http://www.census.gov/compendia/statab/cats/population.html.

——. "Population Division: Historical Census Statistics on the Foreign-Born Population of the United States: 1850–2000," http://www.census.gov/population/www/documentation/twps0081/twps0081.pdf.

——. "Table 3: Poverty Status of People, by Age, Race, and Hispanic Origin: 1958–2009." Current Population Survey, Annual and Social Economic Supplements, http://www.census.gov/hhes/www/poverty/data/historical/people.html.

U.S. Department of Agriculture. Supplemental Nutrition Assistance Program website, http://www.fns.usda.gov/snap/.

U.S. Department of Commerce, Bureau of Economic Analysis. "Comparison of Personal Saving in the NIPAs with Personal Saving in the FFAs, http://www.bea.gov/national/nipaweb/Nipa-Frb.asp.

——. "Gross Domestic Product by State," http://www.bea.gov/regional/gsp/.

——. "Industry Economic Accounts," http://www.bea.gov/industry/gdpbyind_

data.htm.

——. "National Economic Accounts," http://www.bea.gov/national/.

——. "State Annual Personal Income," http://www.bea.gov/regional/spi/default.cfm?selTable=SA05N&selSeries=NAICS.

U.S. Department of Defense. "DoD Request: FY 2011," http://comptroller.defense.gov/Budget2011.html.

U.S. Department of Education. "Mortgaging Our Future: How Financial Barriers to College Undercut America's Global Competitiveness," A Report of the Advisory Committee on Student Financial Assistance, September 2006.

——. "Revenues and Expenditures for Public Elementary and Secondary School Districts: School Year 2007–2008 (Fiscal Year 2008)," NCES 2010-323, August 2010, http://nces.ed.gov/pubs2010/2010323.pdf.

U.S. Department of Education, National Center for Educational Statistics, "The Condition of Education 2010," June 2010, http://nces.ed.gov/pubs2010/2010028.pdf.

U.S. Department of Health and Human Services. "Temporary Assistance for Needy Families: FY 2012 Budget," p. 305, http://www.acf.hhs.gov/programs/olab/budget/2012/cj/TANF.pdf.

U.S. Energy Information Administration. "Net Generation by Energy Source: Total," January 2011, http://www.eia.doe.gov/cneaf/electricity/epm/table1_1.html.

U.S. Government Accountability Office. "International Taxation: Large US Corporations and Federal Contractors with Subsidiaries in Jurisdictions Listed as Tax Havens or Financial Privacy Jurisdictions," GAO-09-157. December 2008.

U.S. Government Executive Office. "The National Commission on Fiscal Responsibility and Reform: The Moment of Truth," December 2010, http://www.fiscalcommission.gov/sites/fiscalcommission.gov/files/documents/TheMomentofTruth12_1_2010.pdf.

Veblen, Thorstein. *The Theory of the Leisure Class: An Economic Study of Institutions*. New York: Macmillan, 1902.

Weber, Max. *The Protestant Ethic and the Spirit of Capitalism*. Mineola, N.Y.: Dover, 2003.

Wolff, Edward N. "Recent Trends in Household Wealth in the United States:

Rising Debt and the Middle-Class Squeeze—an Update to 2007," Levy Economics Institute of Bard College, March 2010, http://www.levyinstitute.org/pubs/wp_589.pdf.

World Bank Data and Statistics, http://siteresources.worldbank.org/DATASTATISTICS/Resources/GNIPC.pdf.

World Health Organization Global Health Observatory Data Repository, http://apps.who.int/ghodata/?vid=720.

World Public Opinion."American Public Opinion on Foreign Aid," November 30, 2010, http://www.worldpublicopinion.org/pipa/pdf/nov10/ForeignAid_Nov10_quaire.pdf.

國家圖書館出版品預行編目資料

文明的代價 / 傑佛瑞.薩克斯(Jeffrey D. Sachs) 著;廖月娟譯. -- 第
一版. -- 臺北市:遠見天下文化, 2013.09
  面; 公分. -- (財經企管;CB510)
譯自:The price of civilization : reawakening American virtue and
    prosperity
ISBN 978-986-320-289-9(平裝). -- ISBN 978-986-320-292-9(精裝)

1.經濟發展 2.經濟政策 3.美國
552.52   102018558

閱讀天下文化,傳播進步觀念。

- 書店通路 — 歡迎至各大書店‧網路書店選購天下文化叢書。

- 團體訂購 — 企業機關、學校團體訂購書籍,另享優惠或特製版本服務。
  請洽讀者服務專線 02-2662-0012 或 02-2517-3688＊904 由專人為您服務。

- 讀家官網 — 天下文化書坊
  天下文化書坊網站,提供最新出版書籍介紹、作者訪談、講堂活動、書摘簡報及精彩影音
  剪輯等,最即時、最完整的書籍資訊服務。
  www.bookzone.com.tw

- 閱讀社群 — 天下遠見讀書俱樂部
  全國首創最大 VIP 閱讀社群,由主編為您精選推薦書籍,可參加新書導讀及多元演講活
  動,並提供優先選領書籍特殊版或作者簽名版服務。
  RS.bookzone.com.tw

- 專屬書店 —「93巷‧人文空間」
  文人匯聚的新地標,在商業大樓林立中,獨樹一格空間,提供閱讀、餐飲、課程講座、
  場地出租等服務。
  地址:台北市松江路93巷2號1樓 電話:02-2509-5085
  CAFE.bookzone.com.tw

財經企管 BCB510B

文明的代價
追求繁榮、效率、正義、永續，沒有白吃午餐
The Price of Civilization: Reawakening American Virtue and Prosperity

作者 —— 傑佛瑞・薩克斯（Jeffrey D. Sachs）
譯者 —— 廖月娟
總編輯 —— 吳佩穎
責任編輯 —— 周宜芳
封面及美術設計 —— 張議文

出版者 —— 遠見天下文化出版股份有限公司
創辦人 —— 高希均、王力行
遠見・天下文化 事業群 董事長 —— 高希均
事業群發行人／CEO —— 王力行
天下文化社長 —— 林天來
天下文化總經理 —— 林芳燕
國際事務開發部兼版權中心總監 —— 潘欣
法律顧問 —— 理律法律事務所陳長文律師
著作權顧問 —— 魏啟翔律師
地址 —— 台北市 104 松江路 93 巷 1 號 2 樓

讀者服務專線 —— 02-2662-0012 ｜ 傳真 —— 02-2662-0007, 02-2662-0009
電子郵件信箱 —— cwpc@cwgv.com.tw
直接郵撥帳號 —— 1326703-6 號　遠見天下文化出版股份有限公司

電腦排版 —— 立全電腦印前排版有限公司
製版廠 —— 東豪印刷事業有限公司
印刷廠 —— 中原造像股份有限公司
裝訂廠 —— 精益裝訂股份有限公司
登記證 —— 局版台業字第 2517 號
總經銷 —— 大和書報圖書股份有限公司　　電話／(02)8990-2588
出版日期 —— 2022 年 07 月 30 日第二版第 1 次印行
　　　　　　2022 年 09 月 28 日第二版第 2 次印行

定價 —— NT$500
軟皮精裝版 ISBN 4713510943175

書號 —— BCB510B
天下文化官網 —— bookzone.cwgv.com.tw

天下文化
Believe in Reading